现代汉语逻辑结构标记的语体差异研究

汪欣欣·著

南京大学出版社

目　录

第一章　语体视角下的语法研究 ·················· 001
  1.1　语体语法研究的形成背景 ················ 001
  1.2　语体语法研究的基本范式 ················ 009
  1.3　语体语法研究的薄弱环节 ················ 016

第二章　研究对象与理论基础 ···················· 021
  2.1　逻辑结构标记 ························ 021
  2.2　理论来源 ···························· 029
  2.3　语料说明 ···························· 036

第三章　逻辑结构标记化的语体差异 ·············· 045
  3.1　逻辑结构标记化的类型 ·················· 045
  3.2　逻辑结构标记的语法化 ·················· 046
  3.3　逻辑结构标记的格式化 ·················· 080
  3.4　小结 ································ 097

第四章　逻辑结构标记方式的语体差异 ············ 099
  4.1　标记的隐现 ·························· 099
  4.2　标记的长度 ·························· 106

4.3　标记的叠加 …………………………………… 111
　　4.4　标记的停顿 …………………………………… 116
　　4.5　标记的扩充 …………………………………… 117
　　4.6　紧缩复句中的标记 …………………………… 120
　　4.7　逻辑关系构式 ………………………………… 124
　　4.8　小结 …………………………………………… 134

第五章　逻辑结构标记的量化分析思考 ……………… 136
　　5.1　标记程度 ……………………………………… 136
　　5.2　标记密度 ……………………………………… 159
　　5.3　标记深度 ……………………………………… 171
　　5.4　小结 …………………………………………… 181

第六章　主要语体的逻辑结构标记特征 ……………… 182
　　6.1　自然口语体的标记特征 ……………………… 182
　　6.2　网络语体的标记特征 ………………………… 184
　　6.3　诗歌语体的标记特征 ………………………… 188
　　6.4　操作语体的标记特征 ………………………… 192
　　6.5　政论语体的标记特征 ………………………… 196
　　6.6　公文语体的标记特征 ………………………… 201
　　6.7　科技语体的标记特征 ………………………… 204

第七章　语体因素分析 ………………………………… 208
　　7.1　现场性因素 …………………………………… 208
　　7.2　主观性因素 …………………………………… 211
　　7.3　信道因素 ……………………………………… 214
　　7.4　韵律因素 ……………………………………… 215

  7.5 人际关系因素 ·························· 217
  7.6 语体因素间的关系 ······················ 219

第八章 修辞研究与逻辑结构标记 ················ 222
  8.1 语体的分类与语体的连续性 ················ 222
  8.2 修辞视角下的逻辑结构标记 ················ 226

总 结 ······································ 229

参考文献 ······································ 233

第一章 | 语体视角下的语法研究

1.1 语体语法研究的形成背景

语体是话语活动的直接交际产物。语体的"体"指说话者和听话者在交际时产生、遵循的原则与规律。进行汉语语法研究需要有语体意识,汉语语法研究的深入也需要以语体细分为前提。语体在语言能力发展方面起到非常重要的作用,对语言教育者、语言研究者、语言教材编者和语言评估专家等都非常有价值。

语体对语法有一定的塑造作用,赵元任在《北京口语语法》(1952)和《汉语口语语法》(1979)这两部代表作中就已经考虑了语体在语法描写中的作用。这两本著作均是能体现赵元任先生汉语研究思想的著作,也均可认为是较早从语体角度研究汉语语法的著作,是进行汉语语体语法研究的基础。朱德熙早在《现代汉语语法研究的对象是什么?》(2001)一文中指出语料包含的层次越是复杂,语料内部的均匀性和一致性就越低,能够从中归纳出来的规律也就越概括,作为规律的约束力就越弱。张伯江、方梅(2014:4—5)也提到朱德熙和胡明扬先生很早就认识到不同语体的语料混在一起没有同质性,因此得不出可靠的语法规律。从以上研究可以看出,学界越来越重视语体对于语法研究的影响。

对于区分语体的语法研究,左思民在《话语语法研究的性质、范围和对象》(1999)中也提到"狭义的话语语法只指句子之间的形式衔接规律,广义的话语语法则指包括形式衔接和语义连贯在内的句子的连接规律,以及话语的语用意义的获得规律。口语和书面语在话语的形式衔接和语义连贯这两个方面常常呈现出不同的面貌,以至于很难用一样的方法进行研究"。严格来说,书面语和口语仅是最基本的一种对立,语言成品常常是不同语体不同程度糅合的结果,语言研究者的任务首先是辨清各种语体,然后分别研究其中的规律。以汉语复句的句间或句中的逻辑关联标记词为例,如果对口语和书面语体不加区分,便会忽视很多关联标记在不同语体中的分布差异性特点。

1.1.1 语言学研究转向多领域的融合

百余年来,当代语言学研究从早期偏重语言各子系统的分析性研究,转向各子系统之间的互动性研究。因此,语言学研究也逐渐走向了融合性研究,语体研究也随之转向,学界也逐渐认识到语体和语法之间存在制约关系,语体对语法有一定的塑造作用,如方梅(2007)和朱军、卢芸蓉(2013)。语体和语法之间存在的制约关系是动态的,语言形式非但不是语体的决定性因素或制约语体的唯一因素,相反,语言形式应是言语活动为适应某一交际需求而采取的一系列适应性策略。刘立华(2015)在对语体变异研究向功能视角转换的研究中提到"建构主义的观点认为,所有的文本形式,所有的话语实践形式无一不是社会地、历史地建构,是各种意识形态和利益、欲望的重新编码,意义所栖息的话语作为一个意义争斗的场所迫使人们越发开始对其合法性策略进行思考"。从刘立华文中这段对建构主义的阐述也可以看出,人们对"语言形式是语体决定性因素"这一观点的重新思考,发现越来越多的功能性因素对语体产生的影响,并且这也是当前语体研究的一个趋势。因此,当下要解决的第一个问题便是寻找一个视角或依托某一种理论提取这些影响语体的功能性因素,然后厘清其影响的权重。

1.1.2 语言学研究转向对复杂现象的关注

语言学研究的关注点从原来的词、词组和小句的研究，逐渐转向更为复杂的复句、语段乃至语篇研究，其中语体语法的研究对象也转向更为复杂的语言现象，这样会使语体语法研究更加深入且更有益于全面了解语体系统机制。

逻辑复杂是指各命题之间的关系，是一种最基本的复杂方式。语言在实际语境、语体中呈现出来的种种形式比逻辑复杂灵活得多，语言形式复杂和灵活是各种语体因素所致，本书主要目标就是最大限度地厘清各种相关语体因素，并对差异性的句法表现做出解释。如"派人去了解一下"和"先派人去，然后让他们去了解一下"这两种语言形式，相同之处是逻辑命题基本相同。不同之处在于前者是连谓形式，其形式复杂性较低，但是语义复杂性较高；而后者是使用带有逻辑结构标记的复句形式，其形式在句长上有所表现，但是语义的密度相对降低。

从历时的角度来看，汉语在严密度上也有很大的提升，虚词在其中起着非常重要的作用。关联标记产生，是应结构复杂化、表义精密化和语言功能强化的需要，因而丰富的关联标记也是结构复杂化和表义精密化程度高、语言系统功能强的一个重要指标（马清华 2005：289）。这也是语言学研究向更为宏观的复句、语篇等单位转换的一个契机，是对语言复杂化和多样化这两个重要问题的双重回应。

既然语言学研究对象逐渐转向更为复杂的语言现象，学界对语体语法相关的理论思考也有所深入。从传统修辞学视域中的语体研究，到吸收各种当代语言学理论的语体研究思考，语体研究经历了从简单而浮泛的文本语言特点总结向对影响语体变化的各种因素分析的发展，其中最主要的表现是语体语法研究近年来所表现出的"解构性倾向"。

随着研究的推进，学界也渐渐意识到语体并不是单一因素对语言系统施加影响，相反，研究发现语体是一个由多种因素共同作用的综合体。具体说来,对于语体的认识,学界多采用一种"分解"或"解构"的视角,在现有语体研究中,"语体成分""语体构成成分""语体(制约)因素""语体变量""语体特征"等术语常被使用,这些术语的存在都恰好证明了这种解构性的倾向,表明语体研究大都倾向于从语体这浑然一体的复杂现象中加以离析,这些要素之间还存在着一定关联,并且其间还有一定的因果关系。有学者很早就提出语体是超语言因素和言语风格相互作用的产物(王维成 1987),也有研究从语体构成的角度提出语体是非语言语境系列(制约因素)和语言序列(受约因素)的相互作用体与理论适应体,而作用和适应的结果便是某一语体整体性特征的形成(许钟宁 2007)。前述术语之间的因果关系如图1-1所示:

语体成分/语体构成成分 + 语体因素 ⇒ 语体特征

图1-1 语体机制示意图

本书参考了较具代表性的相关研究,对已有的语体因素代表性研究进行了分析并总结出以下术语:思想内容、功能、功能类型、功能意图、话语功能、交际目的、目的、交际对象、参与者的角色关系、人际关系、交际方式、传媒、方式、场合、传介方式、文本(张乃立 1987;王维成 1987;叶林海 1994;王德春、陈瑞端 2000;方梅 2007;冯胜利 2010;高顺全 2012;宗守云 2013;刘大为 2013)。但是,这些研究对语体因素研究的观点也并不统一,主要的分歧在于某些因素的有无,以及某些因素之间的关系,如对于"准备程度"因素,方梅(2007)将其视为"方式"维度下"计划程度"的一个参数,而刘大为(2013)则将其视为"人际关系"的重要因素。对于有些因素的影响机制似乎也陷入了一种循环论证,如宗守云(2013)将"文本"这种语言运筹的末端形式定义为语体最重要的要素,这种视角虽可以帮助我们认识语体的某些表面特点,有助于划分语体类型,但并不能很好地探究语体机制。

从已有研究可看出,既然"语体成分/语体构成成分"与"语体因素/

语体变量"共同作用构成语体,那么两者之间哪个处于主导地位? 王维成(1987)在语体分类的研究中就曾认为"由超语言因素构成的语体场是语体分类的首要标准";叶林海(1994)也曾明确表明"语体排斥个人风格的存在",因此,写说者的年龄、性别、气质、语言习惯等个人特点因素并不被纳入决定语体形成的社会情景因素,在排除了这些因素之后,作者便进一步认为交际目的、思想内容、交际方式和交际对象等因素是语体形成的决定性因素。虽然以上两种分类将"思想内容"纳入超语言因素这一点仍有待商榷,但是至少可以看出,起制约作用的"语体因素(语体变量)"是形成语体的决定性因素,因此,我们也可以看出针对语体因素(语体变量)的研究应是语体研究的重中之重。

对于语体因素的识别,我们面临的首要任务是需要对语体因素进行"增维",目前研究中的语体因素数目是远远不够的,研究者需要尽可能多地掌握数据,以便实现深度分析。而且,在以往研究涉及的语体因素中,有的属于主导因素,如交际方式;有的则是次生因素,如角色关系、信息发出者特征、信息接收者特征都受制于交际方式,众多因素之间甚至是互相影响的关系。由于语体语法研究的这种功能视角转向,我们必须考虑如何提取对语体或对语法产生影响的因素。因素的提取和分析是一个非常复杂的操作,这其中也涉及循环论证的问题。刘大为(2013)曾集中讨论了"分解——整合"所带来的语体变量的问题,包括变量的提取、语体变量与子变量、变量的组配与语体的类型以及语体变量与使用域等方面。基础变量的识别并不难,可是对语体变异产生关键影响的子变量则是学界目前面临的更重要的任务。

另外,随着网络即时交流工具的产生,对语体施加影响的因素也愈发细化,如"现场性"中的"空间维度"也逐渐被泛化和稀释,"现场"的"场"也不再局限于某个实际意义上的地点,而是要求话语发出者和接收者所使用传介方式的物质手段是相同的,这也是另外一种意义上的"在场",而且这种情况的"现场性"同样会形成互动,如微信聊天以及微博上的实时互动就是如此。这种"场"的宽泛和微信等网络聊天语体方式确实会给语言形式带来一定的影响，时空因素中对"空间"因素的突破势必使得语言中的某些形式脱离了原有的束缚，这无形间也会加大语言的差异化。

汉语的语体研究是一种典型的以功能为出发点的研究，但是近年来语体研究相较其他方面的语言学研究还是稍显薄弱，原因是我们对这些语言形式起制约作用的因素仍不能很好地把握，语言具有语体适应性是多种语体因素共同作用的结果，语体因素是一种多层面系统，多重因素对逻辑结构的标记化和再标记化施加影响，也就促成语体间的差异。

马清华、汪欣欣(2016)对意义复杂性、范式复杂性和处理复杂性进行了梳理，认为这三者分别对应现实、语言和心理，此文强调语言研究万不可只关注语言本身即范式复杂性方面，需要关注三种复杂性之间的互动关系。而语体系统正是同时关涉言外世界和语言符号系统，语音、文字和语法等语言各子系统已经因内部元素之间的互动而表现出极高的系统复杂性，加之言外世界还有诸多与之相关的功能性驱动因素，因此，对语体事实的提纯难度自然要较语法事实呈几何数量级递增。另外，从复杂性的类别看，语体系统所具备的复杂性相当于范式复杂性和意义复杂性的叠加。刘大为(2013)也曾认为虽然语体事实的提取有难度，但仍需从浑然一体的语言状态中找出牵制和影响整个语言活动的相关因素，这是语体语法研究所要面临的首要任务之一。而郭绍虞(1979:240)也很早就提出汉语语法中存在的复杂性，他认为如果不将语法研究结合语体，那么就不会理解汉语语法的复杂性。

袁毓林(2010:537)在研究中也曾提到其对认知解释的理解主要依据一些关于人脑的信息加工的理论和学说，不敢援引文化动因或者通俗心理学的解释因素，这对于语体研究有一定的启示作用。到底哪些语体变量是相关的且是可提取的？已有的某些文化动因或通俗的解释是否真的相关？这些问题对于我们目前所做的语体语法研究也颇为重要。胡范铸(2016)分析了当代修辞学研究的50个重要问题，其中第七个问题便是"语体变量如何提取？语体能否成为修辞学的核心范畴？"。刘大为(2013)认为应该从"功能意图、传介方式、人际关系"三个维度提取语体变量,但是胡范铸在文中对此表示质疑,提出是否从这三个维度进行提取就是充分的,如"消耗成本的高低"是否也有可能成为一个语体变量。这些研究也都体现了语体因素提取中存在的复杂性和难度。

在各类语体研究中,诸多学者都尝试对语体进行语体因素的提取操作,如张伯江(2012)提出三对"语体特征":庄重/非庄重、有准备/无准备、书面/口语。将其排列组合便可得八种语体：随意的口语、相声、大学生辩论、演讲/报告、网络聊天、作家模拟口语风格的文学作品、文化人士的网络访谈、书面语。关于语体因素的再细分或再归类,学界也曾有很多尝试,如徐默凡(2014)将"传介方式"这一语体变量分为媒介形式、传播方式和传播环境三个自变量。其中媒质形式变量为口说(听觉识别的符号序列)、书写(视觉识别的符号序列);传播手段变量为空气、电话、网络、纸媒等;传播环境变量为现场性、非现场性。徐默凡在其研究中选择了对研究对象"网聊语体"影响较大的传介方式变量进行研究,并且将其下分为媒介形式、传播手段和传播环境。也有研究以更为细化的变量进行分析。聂绛雯(2014)以新闻播报中的"图像化变量"为例对新闻语言形式的一些变异现象进行研究。王德春、陈瑞端(2000:3—6)把语体的制约因素概括为以下三个方面:(a)一定类型的语境,(b)与语境相应的语言手段,(c)反映客体的特定方式。宗守云(2013)在文中也提到"在语体研究中,语言特点、语言手段往往被看成制约语体的重要因素。然而,语言形式显然并不是制约语体的唯一因素",该研究已经看出语言形式并不是语体的决定性因素,这已经较语体初期的研究有了进一步的认识。另外,宗守云还认为"语体的制约因素有三个方面,文本、目的、场合,这三个因素的一致性导致了语体的原型效应"。语体因素的提取会随着研究对象(语言形式、文本类别)的不同而发生非常大的变化。

叶林海(1994)从信息论视角对语体因素进行了分析,并认为交际目的、思想内容、交际方式和交际对象等制约语言运用的社会情景因素是语体形成的决定性因素。本书对部分已有"语体因素(语体变量)"提取的相关研究进行了归纳(见表1-1),该表足以显示学界曾对提取"语体因素(语体变量)"所做出的努力,但却未达成一个相对一致的结论。

表1-1 已有研究中语体因素(语体变量)统计表

	张乃力(1987)	王维成(1987)	叶林海(1994)	王德春(2000)	方梅(2007)	冯胜利(2010)	高顺全(2012)	宗守云(2013)	刘大为(2013)	胡范铸(2016)	徐默凡(2014)
信息发出者	+										
信息自身/思想内容	+	+	+								
语境/场合				+			+	+			+
话语功能		+			+				+	+	
交际目的				+				+			
交际方式		+	+	+		+			+		+
信息通道特征/传媒	+				+		+				+
信息接收者特征	+			+							
角色关系		+							+	+	
消耗成本高低										+	
语言手段				+			+				
信息的有效力	+										

通过对语体因素提取研究的分析,我们发现目前该方向的研究中仍旧存在一些问题:

（1）未能很好地厘清各语体因素之间的层级关系；

（2）未能把握各语体因素之间的因果关系；

（3）部分研究将语体因素简单地二分为"内部因素"和"外部因素"，未能进一步考虑下位因素；

（4）未能较为正确地理解语体的性质。

上述问题对于科学化、系统化地进行语体研究、语体语法研究至关重要。此外，前文已有的语体因素提取方法或手段中，很少依循语言的运筹机制展开分析。

1.2 语体语法研究的基本范式

1.2.1 语体研究的基本路径

1.2.1.1 传统修辞学中的语体风格研究

语体和文体有着密切的联系，但语体不是文体，"语体"是说话的体式，是一种话语交际的"体"（方式或结构系统）（冯胜利 2010）。因此，语体指的不是诗、词、曲、赋、散文、小说等文体。在现代汉语中，菜谱、说明书、驾驶手册以至于新闻、评论、广告等都是不同的文体而非语体。在很长一段时间内，传统的汉语语体研究基本是在修辞学或文章学的研究视野下进行的，这些研究都更着力于语体的系统分类，如修辞学对语体的三种分类方法：二分法（口语、书面语）；三分法（口语、书面语、文艺语体）；四分法（交谈、叙事、抒情、论证）。篇章学研究比较看重文本的宏观特征，如：小说的情节结构；论证体的论证结构；对话体的话轮结构；描写体的空间关系结构（张伯江 2012）。修辞学和篇章学进行分类的时候并非不顾语法特征，但是相对来说，对语法的关注较为浮泛，也比较零散。

有研究将语体的构成性成分分为体目标记、体脉结构、体裁性质、韵律模型、表达方式、风格形态六种，将"风格形态"视作语体的构成性成分之一,认为"学术语体的语言特征是逻辑严谨、语词典重;日常谈话体则是自然疏放、生动灵活;文学语体,则是洒脱流畅、跌宕起伏等",认为语体和风格是语言运用的产物,语体是风格的内在基础,风格是语体的表现形态,那么风格作为语体的构成成分是合理的(丁金国 2007)。这种观点对于中国传统的文章学、风格学是适用的,但是对于语体语法的研究则作用不大。另外,前述六种构成性成分是我们在面对特定语体中已经形成语言结果时对所能观察到所有性质的一个再分析,而且基本不能对语体语法的研究有所推进。不少研究虽然做出了解析"语体"的努力,但是仍未找到一个合适的角度对其进行更为合理、可操作的下位因素提取。

1.2.1.2 系统功能语言学中的语域研究

进行语体语法研究离不开对"语域"这一术语的探讨,这个术语同时也在系统功能语言学、社会语言学、修辞学、语体语法等相关研究领域频现,但是何为语域、何为语体?目前学界的界定也较为宽泛,"题材(话语范围)"(可分为菜市行话、古董圈行话等)、"传播中介(谈话方式)"(可分为印刷材料、书信体、视频信息、录音信息等)、"言语的正式程度(谈话方式)"(可分为正式体、随便体、亲密体等)等较为宽泛的分类都可被视为不同语域(张惠民 1995:223),这种术语泛化使用的情况在一定程度上说明了学界对此类由于外界因素制约所形成的不同语言面貌的认识还有更待明确的地方。

国外的功能语言学派也关注语言随着语域(register)变化而产生的变化,尤其是系统功能语言学。"语域"理论是系统功能语言学中非常重要的一个理论,该理论来源于应用语言学中的"语言变体(language variation)"概念。进行功能语言学研究也自然绕不过语体研究,有学者认为语体是语言的功能变体,是人们运用语言进行交际的产物,并且制约着语言的运用(叶林海 1994)。Halliday 等(1964:87)区分了方言变异和功能变异(即语域变异)(转引自王瑾 2011)。以 Halliday 为代表的系统功能语言学则首先将"文化语境"和"情景语境"厘清,而后综观文化语境、情景语境对语言系统的共同影响。

在语域理论中,语场(field)、语式(mode)、语旨(tenor)是情景语境的三个因素,它们互相作用构建语域变体。而语域分析也是要对制约语言变体的通用原则加以发现。同社会语言学背景下的研究相比,系统功能语法中的语域理论也要更为系统。

对于语言功能对语言的分化,系统功能语言学也都有所关注,胡壮麟在《认知隐喻学》(2004)一书的第十六章中援引了 Halliday 对语篇的"雅式/土式"的区分,Halliday 把突出名词化的语篇称为雅式,把大量使用简单小句的语篇称为土式,这就已经是一种重视语体的思想。Halliday 从真实的语篇中提取语料,同时又认为科技语篇为了表达更复杂的经验和更高度的认知,因而它的句型基本上是雅式的,也就是说,科技语篇已完成了从简单的小句被"打包(pack)"成词组,或从两三个小句"打包"成一个小句的过程。Halliday 认为,科技语篇语法隐喻化的趋势在语义上是"事物化(thingization)",在语法上是"名词化(nominalization)"。

系统功能语法对语法的描述是一种资源观,Halliday 曾经提到"系统功能语法最初是从对汉语语法的研究中发展起来的,并且从早期开始就一直应用于教育领域和计算领域。与至今仍在学校教育中占主导地位的传统语法理论不一样的是,系统功能语法学是基于资源观而不是规则观,它展现的是整个语法系统而不是零散的各种结构"。这种资源观在一定程度上是可以为语体研究所用的。

虽然系统功能语法有应用于语体研究的潜力,但是很多问题仍不明朗。首先,我们在前文已经明确语言是一种复杂的适应性系统,这种观点下的语言首先是一种有机系统。系统功能语法虽也关注"系统",但是正如 Halliday 在其研究中所述"在系统功能语法中,语法资源可以被表征为一个相互关联的系统网络,每一个系统都是一个选择点。网络中的各系统都是从左到右排序的,从最概括的选择开始到最具体的选择点,所呈现的就是精密阶(the scale of delicacy)。语法在系统功能理论中它被看作是一个系统网络；它代表语言使用者可以利用的语法潜势。这一系统网络使我们可以描绘一门语言的整体语法架构，以精密阶为主要原则将各种相关系统有序地组织到一起。自然地，这些网络很容易变得非常庞大。储存在电脑上的系统英语语法显示大约有1 000个系统"（麦蒂森、韩礼德 2009：112—113）。我们至此可以看出，系统功能语法中的"系统"是一种以"精密阶"为核心或主体的、为教学或计算语言学等目的而建构出来的表征手段。起码在其对理论的描述中，我们并未看出其将语言视为一种有机的、复杂的自适应系统，在《系统功能语法：理论之初探》一书中，作者也仅是在论述"级阶"时提到"级阶可理解为将词汇语法系统分布到不同领域和单位的一个原则，这些领域和单位被组成一个成分等级或有机整体（organic wholes）和部分的等级"（麦蒂森、韩礼德 2009：136）。因此，基于该理论构建之初的特有目标，其在语体变量识别和提取方面作用暂不明显。

1.2.1.3　社会语言学中的语言变异研究

与系统功能语法类似，社会语言学也关注在外部动因驱动下语言形式如何变异，但是其关注点主要在于与社会生活有关的因素，游汝杰、邹嘉彦（2016：28—32）就认为很多所谓的语言变异不一定与社会因素相关，社会语言学强调结合社会性因素研究语言变异，强调语言变异的社会分层意义，没有社会意义的语言形式上的变化则不会被社会语言学视为"语言变体"。目前，社会语言学研究范式中主要涉及的社会因素包括：年龄、性别、教育程度、职业、社会阶层（社会地位）、经济地位、种族、族群、居住地、收入，甚至宗教组织的异同都可以被社会语言学研究范式视为语言社会变项。

另外，社会语言学同样关注语域研究，语域是语言使用的场合或领域的总称。但是基于社会语言的基本宗旨"是在语言集团的社会环境中，在共时的平面上研究语言语用的规则和演变，试图建立能够解释这些规则和演变的语言学理论"，这种研究势必使社会语言学将关注点侧重于语言外部系统的社会性因素，而本书所秉持的研究理念是语言自身是一种复杂的适应性系统,其时刻会发生动态适应性变化,不断地受到语言外部的影响,继而语言系统内部会发生一系列的复杂变化。也就是说,语体因素研究不应该局限在语言系统外部的社会性因素。因此,我们需要寻求一种可以兼顾社会性及非社会性语体因素的理论来辅助语言分析。

1.2.2 语体语法的基本研究范式

相对于语音、词汇等较易于被观察的语言现象来说,语法方面的差异则相对隐蔽,虽然汉语语体语法研究在近年来得到了学界重视并有了一定的发展,研究对象涉及语音、词汇、语法、篇章等多个层面,也关注了论元结构等语言现象,但语体研究相对于汉语其他领域研究仍显欠缺。这种研究上的欠缺有以下三点原因:一是理论薄弱,除了为数不多的论文属于宏观把握外,其余论文多关注微观,很少触及那些深层次规律性的问题,如语体成因、语体变量、语法与语体的互动关系等,这些研究会对人们了解汉语语法的语体差别和认识语体语法研究意义起到积极作用,这也是我们要开展本次研究的最重要原因之一;二是研究方法过于单一且陈旧,语法现象的语体分析比较集中于口语和书面语这两个过于宽泛的语体类型,我们认为现实中存在一个由"范式书面语"到"范式口语"的连续统,中间存在数量未定的一系列语体类型,而本研究正是要最大程度细化语体的分类,并基于大规模的语料文本分析去了解语体这种复杂系统的系统结构,以解释语体的分化动因;三则是语言学研究对语体研究的一种边缘化。

对于国外的语体研究,Biber & Conrad(2009)在著作最后对国外最近几十年较为有代表性的语体研究对象、所研究语体类型、所观察的语言现象或语言结构、使用的方法、主要发现进行了回顾。大多数研究是就某种或某几种语料进行分析,如口语体中的公司会议记录、课堂对话、大学讲座、工作环境对话等等,书面语体中的新闻媒体语篇、博士学位论文总结部分、学术论文、基金标书、科技文体、高中教材等。口语体涉及的语言现象或语言结构有结构的移位(structural move)、关联标记(coherence marker, 包括代词、话语标记等等)、话轮转换行为、词汇-语法特征、交际标记(interpersonal markers, 包括情态 modality、模糊语 vague language 等)、文本结构、语调等；书面语涉及的语言现象有词汇-句法特征、移位、that-从句、转述性动词(reporting verbs)、图式结构(schematic structure)、语言或礼貌性策略、隐喻、评估性标记(evaluation marker)、连词、修辞结构等等，所涉及的范围也比较广泛。

至于统计方法，针对口语体语料的分析多是从语用、系统功能语言学研究范式、会话分析、基于数据库的定量分析以及基于其上多种方法的多维度分析；针对书面语体语料的分析多是基于数据库的语体间差异分析(定性)、对比修辞分析(contrastive rhetoric)、基于社会建构理论(social constructionist theory)的分析、基于系统观功能语言学研究范式的分析。

对于横跨书面语和口语的语体研究则多采用基于数据库的量化分析和语体间特征对比的定性分析相结合的方式(quantitative & corpus-based analysis of cross-register comparison)。而像网络即时聊天文本等，Biber 则将其视为一种特殊语体(special register)，学界对此特殊语体的研究多使用描述法和分析法相结合的方式。

Biber 也是将多种语体纳入同一研究较多的一个学者，并提出了 MD 分析(MD analysis, multidimensional analysis)，基于此方法，Biber 对共 23 种书面和口语体进行分析，涉及了这些语体中的 67 个不同的词汇和语法特征，他在该研究中识别出了 6 个不同的语言变异维度，并且深入到语体的下位子语体(subregister)的分析。之后 Biber 又对这种 MD 分析进行了拓展，Biber(1995)对类型学意义上不同的四种语言进行了语体分析，有英语、韩语、Somali 语和 Nukulaelae Tuvaluan 语，该研究着重讨论了这四种语言在语体分化/变异(register variation)方面呈现出惊人的差异。我们认为这也说明了语体分化是一种跨语言存在的语言现象，这也首先肯定我们从语体入手研究的正确性。但是

Biber(1995)的研究是对可能受到语体变异及语言功能改变影响的语言现象进行了穷尽式分析,对象包括词类、语法范畴、句法结构等,而本研究则是以逻辑结构标记来进行语体分析。

在语体相关的语言学研究中,研究范式的确定对了解语体的性质至关重要。刘大为(2013)曾提出共时的语体研究有四种基本的研究范式——解释范式、推绎范式、本体范式和语篇范式。首先"解释范式"最主要的任务就是找到制约语言事实的语体变量,继而对语言的形义变化做出解释;"推绎范式"则有更高的目标,即对语体变量所施加的影响进行更广范围的推测,追求探索人的语体能力,我们认为推绎范式是基于解释范式的一种推进;"本体范式"则会基于一个更为宏观的视角,对语体的运作(即如何被使用)以及语体间的关系进行思考;而"语篇范式"则是针对某一特定的语体存在进行分析,与"本体范式"的抽象视角是相对的。然而这四种研究范式在实际的研究中基本上不是孤立的,也不宜人为地将其割裂开。刘大为也在该研究中明确"无论哪一种范式中都需要解释以及解释的反向运作——推绎,都必须以语体变量为核心概念并围绕它展开"。刘大为也提到目前本体范式的研究较少,我们认为其中一个非常重要的原因就是语体研究缺少理论的支撑,如"了解语体之间的关系"这样的问题则必须依靠可靠的理论才能进行。

本研究以复杂系统理论为视角,将语体视为复杂适应性系统,而对作为其子系统的各语体间的关系也会有更进一步的了解。本研究在展开时也力求以"解释范式"为基础,追求在"推绎范式"和"本体范式"上的突破。例如,在将菜谱这种操作说明语体作为对象进行分析时,我们通过对语料的分析发现菜谱语体是一种时间序列性非常强的语体,这种需严格遵循时间顺序的、几乎不容置疑的语言形式势必带有较高的指令性,因此,我们认为在与其他操作大类下的语体进行比较时,其他操作语体如果对操作的时间顺序要求不高,那么就会更多地使用说明性、条件性甚至论证性的语言标记,而且通过其他学者以往的研究,如陈柯言(2015)对操作语体大类下的几种子语体(菜谱类、驾驶类、摄影类、试验类、武术类、说明书类)中的假设标记进行了初步统计分析,研究发现这几种语体中的假设标记也有数量和分布上的差异,其中菜谱类语体中的假设类标记最少。我们对其他操作语体(如数码单反相机的操作指南)进行分析后发现,我们的推论是合理且有根据的,这种推论就是对"语体能力"运作机制的一种追求,涉及了对操作语体大类下各种子语体之间关系的思考。

语体差异在不同的语言表达层面及语言结构中都有所体现,而汉语语体语法研究近年来渐渐得到人们的重视,并取得了较大进展,涉及语音、词汇、语法以及篇章等各个层面。但研究尚不够全面和深入,且鲜见对不同语体中的关联标记词等较具系统性的语言现象进行全面的研究。修辞学界一直对虚词类问题关注较少,这其中当然也包括逻辑结构标记所涉及的各种词类,郭绍虞(1979:77)就曾慨叹修辞学类书籍对虚词类的忽视。

1.3 语体语法研究的薄弱环节

1.3.1 理论支撑薄弱

虽然语体语法在近年来有了一定规模的研究,但研究尚不够全面和深入,且鲜见对不同语体中的关联性标记词等较具系统性的语言现象进行全面的研究,其中的一个重要原因就是研究理论的薄弱,大多数研究都关注个别语言现象,很少触及深层次规律性问题,对语体成因、语体因素、语法与语体的互动关系等问题更是涉及较少,这也是我们要开展本次研究的重要原因之一。

近年来,语体研究渐渐回热,但是该研究方向基础理论方面的薄弱问题却日渐突出。陶红印(1999)曾提出"以语体为中心的语法研究具有重大理论意义,应该是今后语言学研究的一个基本出发点"。张伯江(2005)也特别介绍了语体语法的研究,介绍了功能视角下语体语法研究的基本观点和对语体的分类,功能语法认为以语体为核心的语法描写应该是今后语言研究的最基本出发点。任何严谨的语法学家如果打算忽视语体的区别而提出汉语语法的规律,那就必须首先在方法论上提出自己的依据来。类似将语体和语法紧密联系的观点,给汉语语法学研究开辟了另外一个视角,但同时学界也开始思考语法和语体之间的关系是什么、语体中有哪些语体变量、语体变量如何提取等理论性问题。

学界对语体性质以及语体和语法的关系也比较关注,如冯胜利(2012)认为如果根据人们交际的基本属性来定义,语体是一种语言的功能,是人们用语言来确定和调节在场说听者之间关系的语言功能。冯胜利先生在该文中也提出语体功能和语法结构必然具有某种对应性。综上所述,学界已经接受并逐渐重视语体和语法之间具有相互塑造的作用这种观点,但是欠缺的仍是理论方面的指导。

1.3.2 研究方法简单

已有研究常会枚举不同语体中某种句法结构或语法现象,然后对其句法表现进行分析,这种思路下的研究在近几年取得不少研究成果,如王洪君等(2009)对"了₂"语体使用倾向的研究;又如陶红印、刘娅琼(2010a,2010b)对把字句、被动语、光杆动词句等汉语特殊句式的语体研究;还有如 Lamarre(2016)对路径动词和动趋复合词在不同语体(电视剧剧本、小说)中使用差异进行的研究,这些研究使学界看到了语体间的一些明显句法差异。但是枚举式研究方法并不能很好地捕捉语体作为复杂适应性系统所具有的一些性质。句法现象的罗列并不是语体研究最终要达到的目标,我们对很多语言现象的动因依旧无从把握。即使是已有的语体规律的发现也可能导致进一步的研究偏差,如将科技文本描述成多用关联标记以使语篇富有逻辑性,但是在本次研究中我们对自然口语对话、自然口语独白、科技文本三种语体进行了分析,发现三种语体所运用的逻辑结构标记在数量上相差并不悬殊,差异更多表现在逻辑结构标记的分化及多样化的方式上。

目前也有研究在进行前就确定一定数量的连词,然后再去观察这些连词在某几种语体中出现的频率,继而得出连词出现频率的高低与语篇的一些性质是否直接相关的结论,但是这种技术路线会使研究者忽略语体分化的某些特征。本研究认为某些最常用的连词一定会在偏口语或较随意的书面语体中更常见,而在一些正式书面语体中所使用的连词便会有所不同,但是正式书面语体使用的连词数量并不一定低于所谓的常用连词。而且,不同语体对逻辑结构标记的使用会表现出一定的倾向性差异,如口语独白语体中的让步关系标记较科技文本更为多样化,科技文本因其要进行事实和证据的罗列以及科学的举证,所以表示并列关系标记所占比例最大;另外,使语篇连贯、话语流利的因素不仅在于连词,还有更多相关因素共同作用,如果仅考虑特定数量的连词,那就会在无形中忽视很多其他对形成语篇至关重要的逻辑结构标记。

由于语体本身的复杂性,国内外语言学界在语体分类和对某一语体的界定方面仍存在一定问题。Giménez-Moreno & Skorczynska(2013)指出基于语料库的语体变异(register variation,RA)研究还需要加强,对各个语体的参数描述也需要细化。对于语体的划分,国内的语法研究仍存在着一定程度的简单化处理倾向,似乎还是会不自觉地对各种语体进行较宏观层面上的归类,往往都是在苦苦搜寻某种更具代表性的语体,然后以该语体的语言特点来说明众多与其相关的、但是有可能性质完全不相关的语体的特点。因此语体语法研究目前面临的一个较为重要的问题就是语体的细分,即在目前的语体分类细度上再向前走一步,如口语体可以分出独白体和对话语体,独白体又可分为叙述体、论证体、说明体、劝告体等,对话语体还有日常对话和特殊对话的区别,这也体现了语体细分的重要性。张伯江、方梅(2014:6)还提到国外学者对语体问题的重视程度远比国内学者高,他们的做法有十分严格的标准和可操作性,这也反映出国内语体语法研究的一个非常重要的问题所在。这种趋于简化的处理方法也正表明了目前汉语语体语法研究缺少一个系统的理论支撑，只能在语体研究的"解释范式"上徘徊，还远远不能企及对语体系统运作的更高层次的把握。

1.3.3 研究地位边缘

在上述问题的影响下，语体方面的研究曾一度滑向语言学研究较为边缘的地位；而语法学者更多的是从语法特征角度去谈论语体，也反过来用语体作为语法解释的手段，这也应该是目前汉语语法学者最应该关注的问题之一，对语体的关注之于汉语国际教育、第二语言习得都有非常重要的意义。

语体语法的研究理应是当代修辞学研究中的一个重要研究领域，同时也应该是语言学研究中非常重要的一个学科分支，但近年来此方向研究却一直游离在主流语言学研究的边缘。对不同语体中的语言进行分析会涉及对人类的行为和心理层次的研究，即语言是如何从思想和行为中产生，其在狭义上最起码可以归入语义学范畴。本研究的观点是，语体研究是语言学中非常重要的一个研究领域。胡范铸（2016）就曾认为中国的修辞学研究正在面临"双重边缘化"：一是在语言学科内部的边缘化，二是随着语言学科在整个学术界的边缘化而进一步被边缘化。如此背景更使得语体研究成为一个非常尴尬的领域，不少语言学本体研究者甚至不屑于进行语体或修辞研究，这在无形中造成了语法学和修辞学的割裂，这种割裂无益于汉语语法学的整体研究。

近年来，语言的变异、多样化、复杂化是语言学领域内较为热门的专题，这些研究的目标又存在一定的交叉，尤其是在探求语言运转机制上。语言的发展历史包括语言化、结构化、标记化、结构复杂化、主观化等阶段（马清华、汪欣欣 2016）。每一个阶段都是语言运转不可或缺的环节，而语言的多样化、语体间的语言变异也是语言运转的环节。如果将此类研究摒弃于语言学研究领域之外，则会阻碍对语言运筹机制的了解,这种割裂的视角会阻碍我们观察语言作为一个复杂适应系统的运作机制,这样的研究视角势必会导致研究偏差:一是会使修辞学、语体学不能依靠于科学的研究方法,二是对语言学整体研究都是一种缺憾。因此,语体语法研究既要借助一种有解释力的理论,又要寻求一种语言现象作为观察视角。

第二章 研究对象与理论基础

2.1 逻辑结构标记

2.1.1 逻辑结构标记的界定

2.1.1.1 逻辑结构标记

句法结构可以进一步分为狭义句法结构和逻辑结构,狭义句法结构的说明关系多靠语义选择限制来说明人、物、事的情状,如主谓、动宾、偏正、中补,这些结构主要见于小句及以下层次;逻辑结构的说明关系多靠常识、省略、关联词来说明事的义理,如因果、假设、条件、让步、目的、连锁,主要见于分句之间(马清华 2012b)。复句之间表示因果、假设、条件、让步、目的、连锁的逻辑结构标记(以下均称"逻辑结构标记")以及标记化程度对理解篇章形成、话语活动的完成至关重要,这些逻辑结构标记在不同的语体下也会呈现出系统的差异性分布。这些逻辑结构标记与话语高度相关,对探析语言的运筹机制具有重要意义。

本书以现代汉语多种语体语料为基础,以各语体中的逻辑结构标记为研究对象,探析语体系统的分化动因。逻辑结构标记可以细分为两个大类:

(一)关联标记词,主要包括句间的连词、关联性副词;

(二)关联类的话语标记,即仍具有逻辑关联意义的话语标记。

以上两类都是本书的研究对象。

对于逻辑结构标记的构成,原苏荣(2015)认为副词性关联词语来源有三个:(1)关联副词,如汉语中的"就、还、却",英语中的 still,just,even 等。(2)兼具语篇连接功能的汉语语气副词和副词性短语,如"宁可、幸而",英语中具有相当功能的副词,如 furthermore,actually 等。(3)在固定或类固定短语中内部起关联作用的词语,汉语中如"越……越……、非……不……"等;英语里如 neither...nor..., now...now... 等。万光荣(2012:108)也提到副词关联标记包括句间连词,如"因为、所以、虽然、但是",关联副词,如"就、还、也、又",助词"的话"和超词形式"不但不、就是因为、与其说"等等。万光荣使用了"超词形式"这一术语来表示"短语类或跨层组合的关联标记"。

另外,逻辑结构标记中是否包含一定数量的实词,此问题也需要予以思考。陈钒(2011:26)也提到实词是否存在逻辑结构标记的显著关系,在此不予讨论,因为实词的开放性会使得从实词中选择逻辑结构标记的任务非常复杂,另外,该研究也提到"百分百找出虚词中所有的逻辑标注也是一个非常复杂的工作"。

复句之间所表达的逻辑关系会随语体而变化,最直接的体现就是逻辑结构标记,逻辑结构的标记化程度和标记方式等对语体的塑造起到了重要作用,逻辑结构标记在不同语体中的差异性分布也是语言多样性的一种表现。丁金国(2014)也指出需要从承载语体形态的语言标记探索语体的机制。唯有语言标记才是可把握的物质形式,这也说明逻辑结构标记对语体的变化有一定的适应性和敏感性。

郭绍虞(1979:75)认为汉语的一般虚词在语句中起到一种脉络作用。本书认为逻辑结构标记更像是贯穿于文本或者言语活动的关键节点,它们有助于篇章的形成或言语活动的顺利进行。但是已有研究多关注的是某类关联标记的功能,对标记形成的动因研究不够深入。基于此背景,本书主要从逻辑结构标记化(包括逻辑结构标记的语法化类型、逻辑结构标记的语法化及其显著分布的语体)、逻辑结构标记的方式(包括标记的优势分布表现、标记的隐现、标记长度表现、标记的范式等内容),以及各种逻辑结构标记在语体中的标记程度、标记密度、标记深度等方面进行了分析,之后从语体角度对各语体中的逻辑结构标记特征群进行了总结,从两个维度对各语体中逻辑结构标记的标记系统性差异进行了分析。

2.1.1.2 相关术语

复句之间表示逻辑关系的关联词有很多种叫法,各种叫法之间既有重合,也有各自的特点。本研究中的"逻辑结构标记"既可体现复句之间的逻辑语义关系,又能标志篇章或话语活动是否完成。如果仅用"话语标记"等术语,一是不能很好地体现复句之间的逻辑语义关系;二是在已有的研究中,话语标记等多指口语体中的标记,而且话语标记也不是完全不表示逻辑关系,如宋晖(2014)就在文中提到"话语标记为小句与小句架起了一座逻辑语义桥梁。……话语标记无疑在关联过程中起到逻辑语义的作用",相反,这些所谓的"话语标记"正是表示言语交际中逻辑语义的一种形式标志。因此,本书认为话语标记亦可归入"逻辑结构标记"。董秀芳(2016:225)也曾认为"具有篇章连接作用的副词和连词与话语密切相关,由于语言变化在很多情况下都是在语言使用中发生的,因此话语相关性使得副词和连词成为更新较快的语言成分"。

另一相关术语为"联系项",联系项包括连词、介词、格标记、各种从属小句引导词、修饰语标记、副词标记以及领属标记等。当联系项将两个有并列或从属关系的成分连结成一个更大的单位时,联系项的优先位置是在两个被联系项之间[刘丹青(2003:69);转引自储泽祥、刘琪2014]。系统功能语法也对类似的语言现象进行过分析,即对不同顺序的结构表现方式进行分析,即"逻辑纯理功能"(麦蒂森、韩礼德 2009:135)。

2.1.2 逻辑结构标记的语体适应性

针对逻辑结构标记,本书认为不管是从篇章连接作用还是从逻辑结构标记本身的特点来说,都是语体研究的一个非常好的入手点。

马清华(2012a:138—139)区分了句法结构和逻辑结构,发现由联合到偏正存在着一定的发生学关系,偏正复句内部也存在着有序的系统复杂化和自繁殖活动。逻辑结构标记由于语法化吸收了句法关系,恰好可以体现复句逻辑关系的发生轨迹。为体现关联词所能彰显的逻辑关系,本研究将其称为"逻辑结构标记"。发生学视角是一个历时维度,我们此次进行的语体研究则是一个相对共时的视角,各语体作为不同的共时语言变体,其逻辑结构标记在分布上的不同也可以在一定程度上体现复句逻辑关系的演变轨迹。

从跨从句的语法化角度来看,霍伯尔、特拉格特(2008:235)认为无论是词项的语法化还是形态项的语法化,都要受到所表达的语法功能的制约,以及基于来源项为所讨论的功能进行适当推理的制约。语法标记的形式与其功能之间存在着极为密切的认知关系,这一点应该是任何方向的语法研究所应遵循的原则,尤其是语法化研究。换句话说,所有语言形式的变化都有其功能上的驱动。霍伯尔等也提到即使在同一语言中,由于说话者和说话场合等因素的不同,从句也会形成差异,在随便的言语场合中,相对独立的从句只是非常简单地并置在一起;而在典型的传统书面语法环境中,则产生复杂的修辞结构。在汉语中亦是如此,不同语体中的复句连接方式及关联标记也会因语体不同而形成很大的差异,这也都是由语体功能驱动所致,同时也体现了逻辑结构标记在不同的功能驱动下呈现出的语体适应性。陈中干(1995:91)则指出关联词作为复句的语法标志的作用,并认为这种标志的作用很重要,它给人一个信号,让人从中体会到表达者使用这个信号的某种作用。这里包含逻辑的、语法的、修辞的种种内在因素。而本书研究的任务之一也是要在语言系统运筹的基础上厘清逻辑结构标记在各种语体中的分化机制。

2.1.3 逻辑结构标记的语体研究现状

2.1.3.1 逻辑结构标记的语体差异

针对逻辑结构标记或其中的一个子类的语体差异，学界曾有一定的关注和研究。胡范铸(2016)提出了话语标记如何与修辞研究衔接的问题，涉及的问题包括这些修饰性的话语标记如何与句子共同构筑话语行为？这些修饰语的基本功能是否仅局限于人际功能和篇章功能？如果仅就人际功能而言，这些话语标记是离散的还是有序的？如果是有序的，那么"人际功能"中的子功能参数如何提取，如何区分层级？总体看来，其研究所关注的是这些相当复杂的话语标记如何在内部和外部都获得系统性。从其关注的一系列问题能看出，逻辑结构标记的系统性以及影响其分布和表现的功能参数确实是学界所关注且仍对其较为迷惑的问题之一。

更早的研究有科托夫、董达武(1986)从整体上对汉语句法现象的功能分层进行了分析，他们认为新结构成分(白话语法)、旧结构成分(文言)和外来结构成分(外语成分)在不同的功能语体中的活跃程度是不同的，如在公文事务语言中，文言句法成分被提到了首位，借用成分在政论问题中则比较活跃，而在科技文本中则是驳杂的。另外，科托夫还对复句之间连接方式的语体差异进行了初步探索，如书卷体句法的特点是使用完整形式的联接词语，而谈话体句法的特点则是无联接词语的联想关系；在谈话体复合句里，组成部分之间的联系也能用小品词来表示。

针对关联词的语体差异性表现，方梅(2007)也曾提到"在准备的言谈中，话语组织的功能词(如话语标记)使用相对较少，而无准备的言谈中会大量使用话语标记"。张雪平(2014)提出从假设连词在不同语体的语篇中的分布情况可以看出它们的语体特点，其语体特点与其使用频率也有关联，即假设连词的语体分布范围大小与其频率高低大致相关，频率高的假设连词多口语和书面语兼用，而频率较低的假设连词一般只用于书面语。该文只区分了口语和书面语之分,并未深入地进行语体细分研究。

姚双云(2015)调查了 71 个常用连词在口语中的互动性,统计了《对话》《杨澜访谈录》《康熙来了》等三个电视访谈节目的口语语篇中的话轮数量,并在文中提出了如下假设:连词是表征口语互动强弱的重要参数,口语的互动性与连词的使用频次正相关。该研究认为互动性越高的口语语篇,其使用的连词也就越多,并指出所讨论的连词用法是宽泛的说法,既包括真值意义用法,也包括话语标记及各类浮现用法,二者构成一个连续统。作者还统计了连词在三类口语语篇中的出现次数,并认为这些数据说明在三类不同的口语语篇中,连词的使用数量有显著的差异,且连词使用频率的互动性程度有密切联系。但是,连词的使用频次高低还有其他制约因素,自然话语中还包含大量的其他类别的逻辑结构标记,如让步、转折范畴的标记,这种现象出现是由于说话者在进行长篇的叙述独白时会不停地进行逻辑上的协调以使得讲话可以进行下去,会使用各种语义范畴的连词进行逻辑上的调整。因此,对于口语互动性与连词使用频次之间的复杂关系,也应引起注意。

姚双云(2015)认为连词对语篇语义的精确性与明晰性所产生的调节作用不能一概而论,需要结合具体语体类型来分析。书面语篇中,使用连词能够在一定程度上提高语篇的逻辑性;而口语语篇中频繁地使用连词,是为了适应口语交际的互动性特征。在口语语篇中,大量连词不表真值意义,只具有程序性意义。这一点同本书涉及的演说语体中的语言规律符合,大量让步连词在语义上已经有所弱化,只是表示一些程序性的意义,向承接义的连词范畴转变。另外,偏正关系的形成和话语活动的进行必定不仅仅依靠连词的作用,还有很多其他因素共同作用。

语篇面貌的呈现,其最终原因在于语言外部世界的需求驱动。语言系统的变异成分同一些非语言的社会因素存在着一种共变关系。逻辑关联标记分布的语体分化,其最终原因也是其受到语体及语篇功能的驱动。左思民(1999)也提到复句研究稍显滞后的原因在于未能多从交际功能的角度观察复句,从而导致研究面的狭隘和研究深度的不足。

修辞结构理论(rhetorical structure theory,RST)也对复句问题较为关注,徐赳赳、Webster(1999)就对该理论的要点进行了梳理。RST理论认为一个篇章中的各个小句,不是杂乱无章地堆在一起的,小句与小句之间存在各种各样的语义关系。另外,篇章的整体性(unity)和连贯性(coherence)都源于功能性,因此RST理论研究句子与句子之间的关系是从功能的角度考虑的。最后,整个篇章中的各个小句的组合是有层次的。该研究中还提到由于RST理论最初目的就是为设计具有一定创作篇章能力的计算机程序提供理论依据,因此,RST理论也明确其研究对象为书面语,并不涉及对话和口语。

自然语言处理等领域的研究则更为关注各功能性标记在文本分类中的应用,孟晓亮、侯敏(2009)就提出有相当一部分话语标记具有明显的语体特征,但是该研究对话语标记的界定是"具有连接上下文、转换话轮、征询意见、补正命题、转换话题、表明态度等功能;不影响话语的真值条件;不对话语的命题内容增加任何新信息;与说话时的情况有关,但与被论及的事物本身无关;不是句法上的必有成分,使用上具有可选性"。而本书研究对象"逻辑结构标记"则关乎话语的真值条件,给话语的命题内容增加新信息。本书观点之一为逻辑结构标记是语体分类的重要标准。同时,本研究也认为逻辑结构标记较话语标记更能体现语体间的细微差异。

2.1.3.2 非典型复句关系标记的语体差异

以"逻辑结构标记"为研究对象还有一个较为重要的原因,即可以很好地观察话语标记、逻辑结构标记、句法结构标记和情态标记这四个标记系统之间存在的互动和转化关系,如果单独以一种标记为研究对象,如仅以话语标记为研究对象,则会忽视这一点且会忽略很多重要的内容,以"因为……,所以……"为例,如例(1)至例(3):

(1) 我们找过街道,〈因为〉产权是咱们这边,〈所以〉他不能随便动。(MLC 语料库/自然对话)

(2) 〈因为〉现在来讲呢,我看有的年轻人跳集体舞或是什么的,我也挺支持他们的,对吧。(北京口语语料库/口语独白)

(3) 〈所以〉在这最近呢,这个生了一个小男孩儿,都两周岁了,是吧。(北京口语语料库/口语独白)

"因为、所以、虽然、但是"这类标记在有些语体中会表现程度较强的程序性倾向,完全可以视为话语标记,如例(2)和例(3),但是在很多情况下依然属于逻辑语义明晰的标记,如例(1)中"因为……,所以……"的因果关系,在每种语体中,这种"话语标记/关联标记"的比例是不同的,标记化程度也是不同的,如果仅对话语标记或关联标记其中一种进行研究,那么则会人为地割裂或忽视这几种标记系统之间的互动和联系。

除典型的复句关系标记外,非典型的复句关系标记也逐渐得到学界重视,如对"就因为、正由于"等比词大或具有跨层特征的"超词形式"的研究(刘华林 2019)。在非典型汉语复句关系标记的语法成分中,学界对情态成分兼作关联标记的研究较多,逻辑结构标记与情态标记等也都是密切相关的,同"语气"也有着密切的关联,而广义的"情态"是句子除命题外的时、体、否定、语气等成分,是除句核成分外的超核成分,是陈述的依附成分(马清华 2017)。具体的研究有:情态标记兼具关联功能的个案研究(原苏荣 2009)。杨黎黎(2012)认为"可能"类情态词已经发展成为表示让步关系的标记。储泽祥、刘琪(2014)提出"忽然"可以依据时间顺序在语篇中起连接作用,在表示情况发生得很迅速而又出乎意料的同时,兼作语篇连接标记。赵春利、何凡(2020)也探讨了副词"索性"的话语功能及关联关系。另外,学界对名、形容词等实词类的兼职关联作用也有涉及,如对于名词类跨层结构"问题是"和形源词"主要"标记化进行的研究(张璐 2015)。

2.2 理论来源

2.2.1 系统运筹语法

基于以上研究背景,本研究选择从复杂系统原理出发,并主要在"系统运筹语法"范式下进行研究,该理论模型(马清华 2005;2008;2009 等)从复杂系统观点分析语言问题,建构了语言系统运筹的基本动力公式:

$$需要(N) \times 基础(B) \times 策略(T) \rightarrow 目标(A)$$

该公式主要表现的是语言中的任何存在、运作和发展都是动因上必要、条件上有备、方式上有据的。此观点背景下的语言研究更适于去识别语体因素和区分各种语体因素的层级。我们对学界已有研究涉及的语体因素相关术语的具体内容加以辨析[详见"表 1-1 已有研究中语体因素(语体变量)统计表"],并合并重复的因素项,认为各因素可归入"需要(动因)""基础(条件)""策略(方式)"这三个更大的类别。如表 2-1 所示。

表 2-1 已有研究涉及语体因素列表

需要(动因)	基础(条件)		策略(方式)
思想内容、功能、功能类型、功能意图、话语功能、交际目的	交际对象、参与者的角色关系、人际关系	交际方式、传媒方式、场合、传介方式	文本

语言是人类用以交流的工具,同时也是一个复杂适应性系统。马清华(2008;2012b:204—210)对语言的工具性有如下论述:语言中众多原则或特征都可以从某些有限的初始特性中逐级推导出来……语言是人类在心智可达、生理可表的条件下创造出来进行知、情、意交际的听觉渠道工具。工具性本质决定了语言必然具有效用原则和优化原则……

这里的"效用原则"对语法现象的语体差异研究颇具解释力,语言工具要能有效为表达和交流服务,必带着一切工具所具有的实用性本质。当效用性和规则性发生冲突时,竞争的结局往往是效用性占上风。另外,因为语言自身就是一个复杂的适应性系统,系统适应性对语言活动提出了得体性要求。当然,也必须明确,语言的系统性特征归根结底也是由语言的工具性本质所决定的。因此,语法层面受到的影响,各种语言结构、语言现象的使用频率和分布等都要受到语言工具性这一原则的作用,也都会遵守系统运筹语法所提出来的这一公式,这也将会是本研究所坚持的观点。

2.2.2 其他理论

本研究主要以系统运筹语法为基本理论依据。除此之外,本研究还充分吸收当代语言学中的标记理论、计量文体学等理论中的研究观念或研究方法。

2.2.2.1 标记理论

标记理论(markedness theory)由布拉格学派创立于20世纪30年代,是结构主义语言学中的一种重要理论。语言中的标记现象是指一个范畴内部存在的某种不对称现象(沈家煊 1999:22)。"标记(markedness)"这一概念源于布拉格学派特鲁别茨柯依(Trubetzkoy)提出的"音位对立"概念,即"一对音位对立中其中一个成分的特点是具有标记而另一个成分则没有这种标记",后被雅各布森(Jakobson)等首先应用于形态句法学和语义学领域(Croft 2002:87)。有标记和无标记这对概念在语言分析的全部层次上都起作用,体现了标记现象的普遍性(沈家煊 1999:24;石毓智 2001:224)。因此,标记理论发展到今天已经成为一套较完整的理论体系,其主要目的就是通过分析语言各个子系统中的标记现象来建立语言的标记模式(markedness pattern)。诸多当代语言学理论都将标记理论应用于分析和描写语言中的各种标记现象与特征。

相对于有标记成分,标记理论认为无标记成分更为自然和常用,且出现频率高于或等于有标记项目(沈家煊 1999:32—34)。本研究也发现逻辑结构标记的有标记与无标记在不同语体中呈现显著差异,有标记用法并不通用于所有语体,多种语体中的逻辑关系表达都表现出无标记。除无标记外,还有大量处在语法化过程中的语言形式可以用来表示逻辑关系。以上这些现象都充分体现了标记的不对称现象。

语言习得方面的证据也可以证明逻辑结构标记的不对称性。在句子的基本语义成分中,很多逻辑结构标记(尤其是成偶对格式的标记)无疑是除表述(含谓词和格成分)以外的剩余成分(马清华 2007),也就是除反映客观事物间关系之外的主观态度,对句义的基本表述(命题)大多没有直接性影响。这也可以从语言习得和第二语言习得的角度发现证据,如王克喜(2015:218)指出儿童在 4 岁左右形成的语言系统是一种感性语言系统,这种系统的特征是儿童基本掌握了口语,但是很少出现逻辑关系的连接词;又如少数民族学生在面对关联标记、话语标记时也会采取回避的政策,整体使用量偏少,标记漏用的现象十分普遍。陈睿(2015:93—106)认为这其中的一个主要原因是汉语作为第二语言学习者急于将自己的意思表达出来,他们期望话语接收方能对已经接收的句子成分进行再一步加工,进而理解其表达的意思,所以常常将自己不熟悉的且与所表达中心意思无过多关联的话语标记忽略。这种来自母语和二语习得方面的证据也恰好佐证了各种逻辑结构标记相对于句子的核心成分来说是一种"外围性"成分,其语用目的明显,是与话语高度相关的。因此,逻辑结构标记在不同语体中会有一定的变化,所以这也说明基于逻辑结构标记的语体研究是一个非常值得深入挖掘的研究方向。

2.2.2.2　计量文体学

学界很早就意识到对个别语言特征的分析并不能揭示语体间的共性与差异,并且认为可以用共现的语言特征来对比不同的语体。但由于技术制约,直到 20 世纪 80 年代,基于大规模数据的语体对比分析才开始慢慢兴起,如 Biber(1995)的多维度分析法。Giménez-Moreno &

Skorczynska(2013)指出基于语料库的语体研究还需要加强,对各个语体的参数描述需要细化。欧洲的语言计量研究较为活跃,如德国、捷克等,19世纪末20世纪初的德国就大量出现了以概率统计思想为基础的语言计量研究。阿尔特曼(Altmann)学派是当代计量语言学中最具影响力的学派之一,该学派提出的一系列计量语言学定律和计量指标在语体和文体研究方面有广泛的应用,如 Popescu & Altmann(2009)的词频研究、Köhler(2012)的句法计量研究。另外,还有一些研究涉及语体的历时计量指标,如 Degaetano-Ortlieb 等(2012)认为"get+被动态"等句型可作为语体发展变化的句法层面指标。

整体来看,国外的语体计量定律和指标十分丰富,但是汉语在形式上与印欧语和拉丁文字存在较大差别,从这些语言材料中发现的计量定律和指标是否适用于汉语研究仍需获得汉语研究者的检验。近年来,汉语语体研究发展迅速,学界对语体的复杂本质有了更深入的了解,逐渐对"语体接触""语体融合""语体是一种连续统"等观念达成共识,但是对以上问题的认识多处在描述阶段,Hou 等(2019a)指出某一语体在语体连续统中处在什么位置、不同语体间的距离有多大,这些问题在已有研究中都鲜有论及。因此,语体研究亟须量化研究方法的助力。20世纪60年代左右,国内就出现了计量风格学的研究,至80年代以 Herdan 和 Zipf 等学者为代表的计量语言学研究引入国内(萧申生 1982;冯志伟 1983)后,国内学者也开始对不同语体中的词汇、句法、语篇等进行计量分析。计量语言学的快速发展使得汉语语体计量研究的规模也有所提升。

也有研究利用 Biber 的多维度分析法(MDA)对汉语语体进行分析,如刘艳春等(2016)、刘艳春(2019)等。从语体类别来看,国内语体计量研究也多基于文学语体,如刘颖、肖天久(2014),王崇(2015),涂梦纯、刘颖(2019)。方菁、郭继荣(2018)认为近年来此类研究的研究对象才从最初的文学文体扩展至实用文体。从语体计量的指标来看,早期多关注一些突出的语言特征,比如文本的标点频次、词频、句式的频次等基本的频次指标。文本计量有时也需要通过不同的计量指标来发掘语言单位在几个统计参数上所表现出来的计量特征，因此。指标体系也愈加精细化。计量指标有反映文本宏观语言特征的型例比、标准型例比、平均词长、平均句长等，也有反映分布特征的词汇密度、词汇比例等，如黄伟、刘海涛（2009）以词长、句长、词的型例比、单/双音节词比例、副词/名词/代词比例、标点比例等16个语言结构特征作为文本特征进行了聚类分析研究；也有研究以词频及衍生参数为计量指标，如王洋等（2009）发现《毛泽东选集》《邓小平文选》《红楼梦》等文本中的词频都符合 Zipf 分布规律，同类研究还有邓耀臣、冯志伟（2013）基于词长和词频的语体计量研究。另有基于依存句法标注树库的语体差异研究（刘丙丽等 2013）。文体或语体差异研究较少关注语段层面特征，特别是跟语言单位的组合关系相关的特征。近两年，此类研究增多，如 Hou 等（2019b）对不同的中国文学作品文本进行分析，探讨了汉语声调动链（tone motif）和词长动链及其叠加指标作为文体计量指标的可能性。涉及语体历时计量指标的研究有基于词长历时变化的分析（陈衡 2016），也有汉语词频的历时变化研究，如张聪（2017）和张聪、刘海涛（2018）。

  学界也有针对不同语体的语句或语篇复杂度的研究，Halliday（1989:84—86）指出对话语篇经常被认为是小句的简单链接，Halliday 通过实际的语料分析得出事实并非如此。相反，口语中的小句有着非常错综复杂的结构，其依存关系并不只有"parataxis（并列）"和"hypotaxis（从属）"，另外还涉及逻辑语义关系表达的多种类型。这就说明在不同的语体中，小句的链接方式、逻辑语义连接关系、句子的结合方式都会有较大差异。

  Halliday（1989:79）也在同一研究中指出"书面语比口语具有更高的复杂性"这种观点是错误的，口语体同书面语的复杂性是同等的，只是复杂的方式有所不同。而且既然我们认为语言是一个复杂的适应性系统，语言在不同语体中又具有一定的适应性，因此要研究语体的分化机制,或者语言在不同语体中的多样化机制,从逻辑结构标记入手是可行的。姚锡远(1990:54)曾将不同语体在语言材料、表现方法等的选择和运用上所存在的明显差异称为语体的表层对立;将不同语体间交叉渗透倾向中的差异称为深层对立,也是统一中的对立。深层的对立主要表现在相同的词语、语法要素和修辞手段在不同语体中于信息指向、信息焦点、信息效果和编码方式上存在的细微差别。相对于词汇的语体研究来说,本书认为逻辑结构标记的语体研究可以视为语体的一种深层对立。

如果我们将不同语体视为一个包含多种语体的连续统,那么处于连续统两个顶端的便是典型口语和典型书面语,而根据 Halliday 的观点,这些语体语言的复杂度相差并不大,区别只是其复杂的方式有所差别。Halliday 以口语和书面语为例,给出的解释是"虽然书面语的内容、论据等更为复杂,但是语体的句法是极其简单的,如名词性结构中包含内嵌式小句(embedded clause),但是却没有呈现出口语中常见的动态复杂性(dynamic complexity)。相比较来说,口语体正是由于其如流水般的形式表现出了动态复杂性"。口语体倾向于表征过程这一事实的自然后果就导致其并非只是简单地单独表征数个过程,相反,口语体需要以不同的方式对这些相互关联的过程进行部署,Halliday 据此提出了"小句复杂性(clause complex)"的概念。本研究同样希望能回答语言复杂、复杂性、复杂化、多样性、多样化等问题。

基于对系统运筹语法、标记理论以及计量文体学等理论的吸收,本研究的基本观点是语言是一种复杂适应性系统,系统和系统所处的环境是不可分的,语言系统也是如此,因此系统所处的环境也是系统的一部分,甚至贡献了一定的系统复杂性。

本研究认为,语言研究终究要回落到语言的通信本质上。这种研究理念的转变对于语体语法研究理论的选择具有非常重要的作用。语体是语言的功能变体,更有观点认为社会功能性是语体的本质属性之一(王维成 1987),这种功能观点促使对语言外因素作用的逐渐关注。因此我们不可否认,在当今语言学研究的两大研究范式"形式——功能"之间,"功能"范式相对来说更适用于语体语法研究。有观点认为语言既是一种符号体系,也是一种行为过程,修辞学在本质上就是基于行为过程的语言学。正是由于修辞的这种本质,胡范铸(2016)提出系统功能语言学、互动语言学这些特别关注行为过程的语言学范式是否可以为推进修辞学和语法学的"接口"研究有所作为。在功能派别的众多范式中,系统原理是一个较为适当的角度。学界对此也曾有过关注,不过响应寥寥。李熙宗(2011)就认为由于语体系统就是一个复杂系统,所以语体学研究必须坚持系统论的观点,而针对复杂系统这一现象,也只有将纷繁复杂的语体现象置于系统中考察,才可以准确地观察语体的机制,另外还有研究曾凭借信息论的观点去思考对语体形成起到关键作用的社会情景因素(王维成 1987;叶林海 1994),或以交际过程模式中各个变量(信息发出者、信息自身、信息通道特征、信息接收者特征、信息的有效力)为依据对语体进行科学的认识(张乃立 1987)。系统论和信息论这两者又是密切相关的,而且类似角度的思考似乎也给予语体研究或语体因素研究以一定的方向性。

最为重要的一点是,由其他研究范式转向系统论或信息论正是最大化地遵循语言的本质。吴军(2014:50)认为语言和通信的联系是天然的,通信的本质就是一个编解码和传输的过程,该研究还提到自然语言处理领域早期研究止步不前的原因正是业界将关注点放至语法、语义以及知识的表述方面,与语言的通信本质差距较大。而之后当自然语言处理研究的问题回到通信系统中的解码问题时,该领域才有了突破性的进展。而本书认为语言本体研究乃至修辞或语体研究,都必须回归至语言的通信本质,很多问题才有可能得到解决。但是囿于研究条件的限制以及理论发展所必经的探索期,对语言的研究与通信原理则呈现较大的距离,之间关联较少,且大多数学者都未注意到语言和通信之间的相通性。在复杂系统原理下对语言问题进行分析是一种循着语言运行机制而对语言做出解释和预测的视角。

2.3 语料说明

2.3.1 语料标准

语体分类关乎语体研究的精准性。学界遵循的语体分类规则并不统一,对于语体的分类存在一定的主观性,且多采用典型例证法,语体类别的判定更多地依靠研究人员的主观语感(陈芯莹、刘海涛 2014)。具体的分类依据包括传输媒介、语言内容和语言形式等。

目前,最基本和最常见的分类方法就是口语和书面语的划分,其中书面语料较为常见也易于获取,如将"科技语体、公文语体、政论语体"等视为书面语体,这是以"传输媒介"为标准来划分语体。在传统的语体或语体语法研究中,多数研究都是以此为分类标准,具体如图 2-1 所示。

另外,还有语体分类以"语言内容"来区分,语体又可以分为"科技语体""艺术语体""政论语体"等,其中最直接的就是以"词汇内容"为分类标准,如王德春、陈瑞端(2000:102—108)在对政论语体的特征进行论述时就主要围绕着政论词语、专门术语等。

除"语言内容"外,还有研究以"语言形式"为标准划分语体,可分为"演说语体""谈话语体"等。但是在目前的语体分类研究中,"传输媒介、语言内容、语言形式"等分类准则经常杂糅在一起,如王德春、陈瑞端(2000)将语体分为谈话语体、艺术语体、政论语体、科学语体、事务语体、报道语体六种。

另外,按"文体"进行分类也是已有语体研究中较为常见的一种分类,不少语体的分类恰是基于文体的分类。不过,从本质上来看,语体是一种说话和交际的方式或结构系统,"诗、词、曲、赋、散文、小说、菜谱、说明书、驾驶手册、新闻、评论、广告"等作为文体的语言材料都不应

图 2-1 传统语体分类示意图

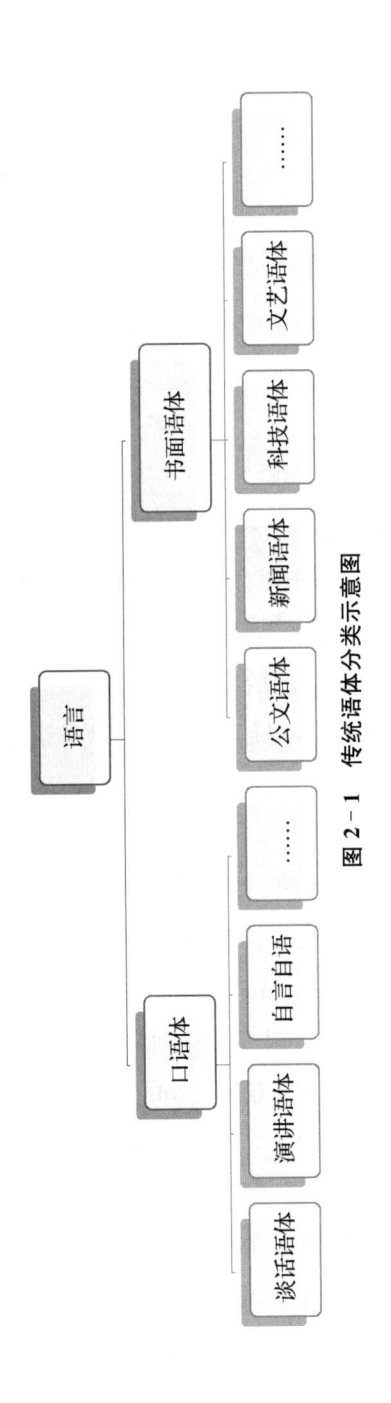

该视为单独的语体,而且随着媒体的多元化,这种依据文体进行的语体研究越来越不适用。

因此,根据上述已有的语体分类操作,不难发现学界对语体系统本质的认识仍旧存在一定问题,这导致了传统语体分类也存在一定的不足。不难看出语体的分类并不是从"媒介、内容、功能、形式"等任何单一角度就能划分的,如"口语——书面"的区分是基于媒介的不同,"艺术、政论"等语体的区分是基于内容的不同,这些分类准则分属于不同层次。

2.3.2 语料来源

基于以上背景,本研究的语料选取遵循以下特点:

(1) 关注真实语体。对于语体语法研究中使用的语料,本书认为语体研究不能只选取标准规范的"模范语言"语料,如《人民日报》中的文本等。本研究所使用的语言包括自然发生的口语对话,这类语言虽不如《人民日报》语言标准规范,但是"语法是要服从语言实际应用的",即便这些语言是有噪音的,当语料达到一定规模后,所反映的就是不同语体下真实的语言使用情况。

(2) 涉及多种口语。为了更好地观察口语体的内部分化情况,除自然对话外,本书还使用了口语独白、网络聊天、辩论、演说、电视剧对话、情景剧对话、小说对话部分、相声等多种口语语料作为辅助性分析语料。在各种语体语料中,口语语料较难把握,究其原因,一是汉语口语语料库匮乏,二是何为典型的口语这一问题还不是非常确定。因此,不少研究便将电影剧本、话剧剧本等也等同为一般的口语语料,然而这并不完全体现出口语体的特点。Sinclair(1991:16)认为在口语语料较为缺乏的情况下,确实会将电影剧本、话剧剧本等材料视为口语语料,但这些材料是经过加工的语言("considered" language),是在人为情境下写出的模仿口语的一种语言。这类语言每一种都有其特色,但是都不能真正地反映自然口语。另外,还有公共会议、庭审对话、广播或电视节目转写的文本等材料,尽管这些材料大多是即兴话语和深思语言的混合使用,但是台词或只是被读出来的陈述还是不能作为自然口语的代表。Sinclair 在其研究中将上述文本称为"类言语/准言语(quasi-speech)"。因此,本书主要关注自然状态下的口语对话和独白,但是也将电视剧对话、情景剧对话、小说对话部分等语料作为与自然口语相比而言的"准言语"以进行对比分析。

(3) 细分艺术语体。不少语体语法研究将散文或小说作为一种相对同质、纯粹的语体进行分析,但是本研究的观点是:散文和小说是混合语体,不适合以其作为语料进行研究,而且不管是语言学界还是文学界,对散文和小说的界定都不是十分统一,广义的散文甚至可以包括除韵文以外的所有体裁。另外,单是小说,其内部叙述话语就包括直接引语、间接引语、叙述者对小说人物言语行为的一般性叙述、叙述者的言语表述等,每一种表述中所调用的句法形式都有差异,如果将散文和小说就此视为两种内部同质性程度较高的语体,那么研究结果也势必会出现一些偏差。

基于以上原则,本书主要选取下述各类文本作为研究的语料来源(详见表 2-2)。

表 2-2 本书语料来源及语料规模表

序号	语料来源	语料规模(单位:字)
1	自然对话	131 218
2	口语独白	68 257
3	网络聊天	266 958
4	非正式访谈	167 464
5	辩论	100 793
6	演说	103 235
7	电视剧对话	104 400
8	情景剧对话	238 456
9	小说对话部分	199 543

续 表

序号	语料来源	语料规模(单位:字)
10	相声	204 069
11	诗歌	107 807
12	散文	107 725
13	操作指南	141 565
14	操作流程	30 766
15	操作说明	29 631
16	公文	181 540
17	论述类政论文本	32 764
18	正式谈话类政论文本	102 875
19	报告类政论文本	105 834
20	科技文本	208 942

具体语料来源如下：

（1）自然对话。该语料主要取自中国传媒大学媒体语言语料库（media language corpus，MLC）（以下简称"MLC语料库"），以自然场景下发生的非正式采访对话为主。

（2）口语独白。自然口语包含对话和独白形式，本研究以自然对话语料为主要的口语语料，但是为了观察话轮交替对自然语言的影响，也选用了部分口语独白语料辅以分析。此部分语料主要取自北京语言大学语言研究所开发的"北京口语语料查询系统"（以下简称"北京口语语料库"）。

（3）网络聊天。该语料主要取自个人收集的即时聊天文本和微博等。

（4）非正式访谈。该语料主要取自《鲁豫有约》等非正式的访谈节目，该类语料为对话形式，但是正式度要远高于"自然对话"。

（5）辩论。该语料主要取自历年"全国大专辩论赛""公诉人与律师电视辩论赛"等文本。为保持语料整齐，本研究将主持语、评委与观众提问的部分剔除。

（6）演说。该语料主要取自中央电视台综合频道（CCTV-1）的《开讲啦》节目，节目以嘉宾进行独白式演讲为主。因此，该语料也可称为"独立口语"。为保证语料内部的一致性，本研究所选的文本以在北方方言区居住或生活的嘉宾演说文本为主。

（7）电视剧对话。该语料主要取自电视剧《北京爱情故事》中的对话文本。

（8）情景剧对话。该语料主要取自情景剧《我爱我家》，不少语体研究将电视剧对话或情景剧对话文本也视为口语大类。实际上，此类语料是一种在非自然情况下发生的伪自然口语，同纯粹自然情况下发生的口语对话或独白相比缺少了重复、停顿等典型的口语特征。因此，电视剧对话和情景剧对话并不是真正的口语，但是却也可以用来观察各种语体因素对语言的影响。

（9）小说对话部分。该语料主要以多篇当代小说中的口语性引语作为语料。

（10）相声。相声是一种艺术语言形式，内容较贴近日常生活，但是语言形式上又具有一定的艺术特色。本研究所使用的相声语料主要取自刘宝瑞、张寿臣、郭荣起等相声大师相声选段的转写文本。

（11）诗歌。本研究的诗歌语体语料主要包括以下两个来源：诗歌文本。主要取自现代新诗。歌词文本。歌词作为一种较为特殊的韵律文本形式，是语体研究不可忽视的文本。因此，本研究选取的歌词文本均为中国内地流行歌曲的歌词，以汉语官话区籍贯唱作者的作品为主。

（12）散文。对于艺术语言大类下的散文和小说语言，本研究的态度较为谨慎。因此，本研究中仅部分章节选取了散文例句作为对比。

（13）操作指南。操作指南是指导读者或听者完成某个具体任务的语言形式。该语料主要取自《中华美食大全》等已正式出版的菜谱文本。

(14)操作流程。该语料取自机构或组织中的流程或任务指导书,以各机构或组织中执行某项工作所需要的流程指导书为语料主体,如街道办事处的办事流程、手术室工作流程等。

(15)操作说明。该语料主要取自家用电器、电子产品的说明书文本,作为操作语体下位语体之间的对比。

(16)公文文本。该语料主要包括"函、通知、请示、规定、决定、公告、通告、议案、意见"等通行于公务场合的事务性语言,并涉及两个子类:上行公文、下行公文。

(17)论述类政论文本。该语料取自《矛盾论》《实践论》等,文本语言重在论述。

(18)正式谈话类政论文本。该语料以《邓小平文选》为主体,文本具有较强的口语特征,有部分研究将其直接视为口语材料,本研究则将其同报告类政论文本和论述类政论文本加以区分。

(19)报告类政论文本。该语料主要取自近年来的国务院政府工作报告,此类工作报告同时以口说和书面两种形式向受众传播,最主要的目的就是向民众报告党和政府的各项工作的进展。

(20)科技文本。该语料主要取自理工科教材文本。

另外,本书部分章节还使用了北京大学CCL语料库和北京语言大学BCC现代汉语语料库中的语料作为补充语料。

在此说明,虽然本研究获取的直接语料是诗歌、散文、政府工作报告、小说、菜谱等20种具体的文本,但是这些文本都只是其所属语体大类中的一种语体变体。在各文本所属的语体大类中,还存在着一系列相关的语体变体连续统,以上是本研究所一直秉持的理念。

为更清晰地标注例句的来源及语体,本书的例句来源标注如下:

例句。(语料来源/语体分类)

如:专家说要控制好血糖的话必须要经常检测血糖,〈可是〉血糖试纸挺贵的。(MLC语料库/自然对话)

例句中的逻辑结构标记以"〈 〉"符号标注。

2.3.3 语料处理方法

目前,语体语法研究中的语料分析方法有如下几类:第一类多是对某一或某些句法结构、语法现象进行分析,从某封闭文本或特定封闭语料中选取特定的语言项目进行分析,如以《成功之路》系列教材为语料来源,选取其中的同义动词结合韵律、语体所进行的分析(骆健飞2015);又如许彩云(2014:8)选择《中华人民共和国宪法》和《温家宝2013年政府工作报告》作为指令性语体的研究对象。第二类是在某几种特定语体中对某一特定的语言结构进行检索,如朱军、卢芸蓉(2013)基于九种语体各20万字的语料中对"对于/关于NP"式介宾结构的分析。第三类语料处理方法是同时对不同语体语料中的某一或某几个特定的语言现象进行检索和分析,如刘林、陈振宇(2012)对"了、着、过"在操作语体中的表现进行了分析。

上述研究的语料选择方法多是从某个已定的语料库中检索目标句法结构、语法现象,即采用关键词检索法获取语料,这种语料检索和处理方法对于此类研究是最为简易可行的,但是对于全方位了解语体的整体运筹机制仍存在一定的问题。胡范铸(2016)提出修辞研究的语料选择是否只需要关注语言中的"结构性特征"这一重要问题。本书所要着力探讨的是逻辑结构标记,也就是说,如果只关注这些已经标记化的、相对成熟的逻辑结构标记是否就是充分的?本次研究确实在某些语体中发现了一些正处于标记化过程中的语言现象,而只有将已成标记和标记过程的语言成分充分结合起来,才能了解逻辑结构标记范畴在不同语体下的差异性表现。

因此,对单一标记检索这种语料获取方法并不能避免此问题,一则会忽略语言中不少功能性成分,尤其是面对逻辑结构标记这种与话语高度相关的语言成分;二则会忽视语言中的某些非句内信息和语境信息,如对多重复句的研究也必须考虑其与句群之间的关系。由于逻辑结构标记属于功能性标记,而且不少逻辑结构标记还正处于标记化的过程中,所以事先确定关键词进行搜索这种方法是不可行也是不切实际的。因此,本书所选择的方法是从自建语体语料库的每种语体中随机抽取同等规模的语料样本,利用由北京外国语大学中国外语教育研究中心开发的 BFSU Qualitative Coder 量化标注工具,对表示各种逻辑关系的标记词以及处在标记化过程中的逻辑关系表达手段进行穷尽性标注。

在语料抽样方法上,国内学者如耿直(2012:30)使用等距抽样法,即"反映语料分布总体面貌的情况下缩小语料分析数量的一种抽样方法。如介词'比'在国家语委语料库中的不同语料来源篇目检索中检索出约 5 000 次,我们每 10 条语料取 1 条语料,可以等距抽样出 500 条语料"。而本研究已经掌握 20 种不同语体的语料,每一种语体语料的同质性都较高,"等距抽样"适用于同质性较高的研究对象,正适用于我们目前所进行的语体研究。根据语料库传统上分词的做法,如 Brown 语料库(Brown University Standard Corpus of Present-Day Edited American English)、LOB 语料库(The Lancaster-Oslo/Bergen Corpus)、国际英语语料库(The International Corpus of English)均是由若干文本组成,每个文本 2 000 多个词(刘颖 2014a:10—17)。另外,如果对语料库不标明文件的大小和来源等基本信息,则会容易被认为是随机采集的小规模的样本碎片。

因此按照惯例,本研究也首先将所获取的所有语料进行分词,将之切分成平均 2 000 词的文本,然后进行等距抽样,并从每种语体中抽取共约 20 000 词的文本。另外,为了提升处理上的精准性,我们也对语料中的标点再次进行了人工核实,尤其是口语类语料,以使得之后的分句、计算平均句长等步骤所得的结果更为精确。

第三章 逻辑结构标记化的语体差异

3.1 逻辑结构标记化的类型

语言的发展历史包括语言化、结构化、标记化、结构复杂化、主观化等步骤(马清华、汪欣欣 2016)。每一个步骤都是语言系统运转不可或缺的环节。逻辑关系的标记化在语言的复杂化和多样化的进程中是非常重要的一个步骤。

关系标记就其形式而言,本身是一个词汇问题,而就其所表意义而言,又是一个句法关系问题。可见,任何关系都兼跨两种关系域:一是自身语法义的演变关系(即语法化关系)或与其他标记的关系(如替换、累积、互补、代偿等各种关系);二是跟相关结构关系的关系。从最广泛的意义上看,语法化实属标记化的一个方面,其词汇特征表现为一词多义。把标记性成分或其句法意义的形成叫作标记化,很显然,标记化的动力一方面来自句法结构关系的表达之需,另一方面来自标记聚合系统中的价值竞争(马清华 2005:289—290)。

本章将逻辑结构标记分为单项标记和偶对标记,并就单项标记的语法化、偶对标记的格式化等内容进行论述。

3.2 逻辑结构标记的语法化

3.2.1 非逻辑结构标记的语法化

在现代汉语中，除存在大量已经语法化为连词、关联副词或关联性话语标记的逻辑结构标记外，其他非逻辑结构标记成分也会语法化成为逻辑结构标记，这种非逻辑结构标记的语法化现象在一些语体中体现得非常明显。

这些非逻辑结构标记成分兼作逻辑关系表征手段从某种角度上也可以被视为对逻辑关系关联范畴的一种扩张，马清华（2005：336）把从非关联意义演变而来的关联手段称为"一级外变"，也就是在语言系统中关联领域之外的资源中寻求对关联手段的"代偿"，其文中列举了七种可转向关联范畴的非关联范畴，其中包括：联（关联成分由甲种关联功能产生出乙种关联功能）、时（如汉语"的时候"可表示假设；英语副词then 表当时，又表承接或结果）、格（如格标转成连词）、状（如类同义词"如、若"等转成连词）、指（如近指、近称代词转成连词）、量（如少量范畴词转成的转折连词）、态（如现代汉语"再"表再发态，又表让步），当然，该文也认为可发展的非关联范畴手段并不局限于以上七种。本小节所涉及的情态标记，还有部分时间名词、性质形容词等可以归属为各种实词附类，这些非逻辑结构标记成分在一定语体性因素的作用下都可以转而成为临时性的逻辑结构标记，实际上就是一种非逻辑结构标记向逻辑结构标记语法化的过程。

3.2.1.1 情态标记

3.2.1.1.1 "起来"

汉语学界对"起来"作为起始体标记的研究较多，"起来"经常用来表示事件起始及延续，是典型的始发体标记，戴耀晶（1997：101）指出"起来"作为起始体标记正处在演化的过程中，动态性很强。"起来"从趋向位移义,到结果意义,再发展出始发体意义,其语义一直处于一个逐渐虚化的过程。

(一)"起来"的语体差异

研究发现"动词＋起来"在部分语体中更倾向于被用作一个相对独立的逻辑结构标记,可以负载一定的逻辑关系表达作用,其在自然对话、非正式访谈、相声、演说、散文等语料中都有相似表现,如例(1)至例(7)所示:

(1) 整个算〈起来〉,除去任何保险,也就得到一万四五千元吧。(MLC语料库/自然对话)

(←如果整个算的话,除去任何保险,也就得到一万四五千元吧。)

(2) 他一气许给你俩嘴巴呀,你们打〈起来〉,你不怕他打你吗!(《小神仙》/相声)

(←如果你们打的话,你不怕他打你吗!)

(3) 其实现在想〈起来〉,很多人会觉得很武断,如果你唱歌没唱出来怎么办?(《开讲啦》/演说)

(←其实现在如果想的话,很多人会觉得很武断,如果你唱歌没唱出来怎么办?)

(4) 排论〈起来〉,他得叫玉顺嫂姑。(《玉顺嫂的股》/散文)

(←如果排论的话,他得叫玉顺嫂姑。)

(5) 严格说〈起来〉,其实那不像一段相声,倒像是一个演讲,其中也记述了我们这十年来的风雨历程。(《鲁豫有约》/非正式访谈)

(←如果严格说的话,其实那不像一段相声,倒像是一个演讲,其中也记述了我们这十年来的风雨历程。)

(6) 飞〈起来〉,就是置身至福。(《风筝火鸟》/诗歌)

(←如果飞的话,就是置身至福。)

(7) 论〈起来〉,你们该管他爸叫表舅,她也算是你们的表妹嘛!

(《我爱我家》/情景剧对话)

(←如果论辈分的话,你们该管他爸叫表舅,她也算是你们的表妹嘛!)

有研究认为上述几个例子中的"算起来、打起来、想起来、排论起来、说起来、飞起来、论起来"等都是一种没有实际意义的话题标记,如王晓雯(2012:26)。但是本研究对此持有不同的观点,即当这些"起来"所在的小句基本都可以由典型的假设义标记"如果……的话"转写,而且语义并没有发生改变时,就说明"起来"在上述语体中确实有表达假设义的表达作用。

但是在科技文本等客观性和说理性较强的语体中,"起来"还是更多地表示位移趋向,或始发体意义,并没有大量地被用以表达假设关系,如例(8)和例(9):

(8) 同其他科学一样,植物学也是在人们长期的生产斗争和科学实验过程中,产生和发展〈起来〉的。(《植物学》/科技文本)

(9) 到达两极的染色体又聚集〈起来〉,重新出现核膜、核仁,形成二个子核。(《植物学》/科技文本)

在操作指南语体和公文语体中也是如此,"起来"也并未发展出逻辑关系的表达作用,如:

(10) 在热锅内放油少许,把去籽的干辣椒和花椒在锅内稍炸起锅,铲〈起来〉在菜板上剁碎。(《中华美食大全》/操作指南)

(11) 通过以岗定责,定期评岗,把维护党员权利与党员履行义务有机统一〈起来〉,初步建立了新形势下农村无职党员实践"三个代表"、永葆先进性的有效机制。(《西戈壁镇基层组织建设工作汇报》/公文文本)

(二)"起来"与典型假设关系标记的共现

另外,本研究还发现"如果""要"等典型假设关系标记经常与"起来"共现,如例(12)和例(13):

(12)〈要〉说〈起来〉,他也不是别人。(《我爱我家》/情景剧对话)
(13)〈如果〉雨忽然大〈起来〉,女孩子们就会仓惶地躲进地铁站。(《森林的裙裾》/散文)

综上所述,"起来"在口语类和部分艺术语体中有更多的用例用以表示逻辑关系,而且常与典型的假设关系标记共现。另外,表示逻辑关系的"起来"所在小句的独立性都更高,常现于句首,在语流上也更倾向于与其后小句有所停顿。口语体和艺术语体会更多地利用句中的时体成分去表达逻辑关系,除借用语言中已有的时、体标记来完成逻辑关系的传达外,语气类副词也是临时性逻辑结构标记的一个重要来源。

3.2.1.1.2 "其实"

语气副词是逻辑结构标记的一个重要来源。"其实"一词本为副词,也是较为典型的语气副词,承上启下表示所说的是实际情况,多含有轻微的转折语义。

(一)"其实"的语体差异

"其实"在各种语体中分布差异十分明显。以自然对话和科技文本两种语体为例,在同约2万字的抽样语料中,自然对话中使用了14例"其实"表示转折关系(样本中共含有93例转折标记),而科技文本中并没有使用"其实"表示转折关系(样本中共含有59例转折标记),具体比例如表3-1所示:

表3-1 "其实"在转折关系标记中的占比情况表(自然对话—科技文本)

数量	自然对话	科技文本
转折标记	93	59
"其实"表转折关系	14	0
"其实"表转折关系的占比	15.05%	0%

自然对话语体中的用法如例(14)至例(16)：

(14) 上班时候也有很多的衣服可以穿，也不必特别讲究特时尚，〈其实〉有些款式现在也还可以。(MLC 语料库/自然对话)

(15) 卫生状况不是特别满意，〈其实〉那些小食摊，因为好多都是临时的，卫生情况还是，所以不是特别满意。(MLC 语料库/自然对话)

(16) 心里也特别烦，你说又赶上这事，我这一下我这火就上来了，〈其实〉现在我都不知道为什么。(MLC 语料库/自然对话)

(二)"其实"的位置对语义的影响

"其实"所在的位置对其语义有影响。本研究发现处于句子起始位置的标记更不容易被认为是逻辑结构标记。例(14)到例(15)中的"其实"均不处于句子起始位置，因此都具有较为明显的微转折义，但是如果"其实"出现在句子的句首，其含有的微转折语义则大大削减，如下例(17)：

(17)〈其实〉任何一个伟大的人，伟大是用卑微来换取的。(MLC 语料库/自然对话)

(18) 承认我是谁，非常清楚地知道我是谁，〈其实〉每一个人生都可能是完美的。(MLC 语料库/自然对话)

例(17)中的"其实"在语义上与之前的内容并无非常紧密的关联，此处主要是衔接作用，而例(18)中的"其实"则具有更为实际、明显的转折关系。这也说明"其实"本身的位置对其是否具有转折义也是有一定影响的。当"其实"经常被用于句首时，其表达逻辑关系的强度已经较典型的让步标记大大减弱，我们认为即使它在表义强度上有所降低，但也不能完全将其看作一种话题或话轮转换标记。

（三）"其实"在其他语体中的使用情况

除了在自然对话中，在本书涉及的语料种类中，"其实"在所有口语类的语料中都有分布，在散文、诗歌等语体中也均有分布，如例(19)至例(21)：

(19)〈其实〉谁都有一个小小花园，谁都是有苗圃之地的，这便是我们的内心世界。(《心灵的花园》/散文)

(20)〈其实〉我们就是一帮无聊的单身汉，吃不到葡萄就说葡萄酸。(《结了》/诗歌)

(21)〈其实〉这块巨大的石头只是在冬天走来，在冥想中走来，从奇迹到奇迹，永远都是开始。(《大佛》/诗歌)

但是，"其实"在公文文本、操作文本、政论文本中则完全没有出现。"其实"这个词的语体分布差异表明语气表达是制约其是否在某种语体中被使用的一个重要因素，各种口语体、艺术类语体都有表达情感的需求，因此会更多地调用"其实"这类标记，口语和书面语这两大语言传输方式确实能使语言在一定程度上得以分化，但是其他语体因素，如对情感、态度等方面的表达需求，以及本小节所探讨的语气等因素，都是影响语言进一步分化的重要因素。

3.2.1.1.3 "多亏/亏得/幸好/幸而"

部分逻辑结构标记同时具备逻辑和情态的功能，这些标记是逻辑结构标记和情态标记的融合。在口语体中，这类带有情态义的标记就很容易被用作逻辑结构标记。"多亏/亏得/幸好/幸而"这几个词在口语体中常常用来引领原因小句。

在分布上看，"多亏/亏得/幸好/幸而"这几个词在自然口语等口语体及部分艺术语体中分布更为显著，表3-2为"多亏、亏得、幸好、幸而"这几个词在部分语体中的分布。

表 3-2 "多亏、亏得、幸好、幸而"等标记在部分语体中的使用情况表

	自然对话	网络聊天	辩论	演说	情景剧对话	小说对话部分	相声	诗歌	散文	操作指南	公文文本	报告类政论文本	论述类政论文本	科技文本	标记总量
多亏	2	0	0	0	4	3	4	0	3	0	0	0	0	0	16
亏得	1	1	0	0	3	0	0	0	0	0	0	0	0	0	5
幸好	0	1	1	0	3	2	0	6	1	0	0	0	0	0	14
幸而	0	0	0	0	0	0	0	2	0	0	0	0	0	0	2

"多亏"一词的释义为"表示由于别人的帮助或某种有利因素,避免了不幸或得到了好处"[《现代汉语词典(第7版)》第335页],为动词,"亏得"词义与其相近,亦为动词。而学界对"幸亏/幸好/幸而"等词的认识基本是副词,贺阳(1992)认为"幸亏、幸而、幸好"等为侥幸义语气副词,这就充分肯定了"幸亏/幸好/幸而"等词的语气作用。

从词性上看,"多亏/亏得"等词与"幸好/幸而"等词都还未语法化至连词阶段。从功能上看,不管是动词"多亏/亏得",还是语气副词"幸而/幸好",都兼具逻辑关系和语气的作用,且在口语体中都最常用以引出原因小句,如例(22)至例(25)中的"多亏/亏得"所引出都是避免不幸的、有利方面的原因:

(22)呦!来了,〈多亏〉他晚来一步儿,早来一步让他听见就麻烦啦。(《官场斗》/相声)

(23)〈多亏〉来一趟,**不然的话**,还真叫悬哪!(《官场斗》/相声)

(24)〈多亏〉刚才是擀面杖,**要切菜刀**,我这手就下来啦!(《官场斗》/相声)

(25)〈亏得〉是女的,她爷爷、她爸爸两代都是寒金冷水的命,伤妻克子,她**要是**个男孩子就招不住了,所以我也不指望她招弟弟了。(《洗澡》/小说对话部分)

从分布情况上看,以"幸亏"为例,在本研究所涉及的多种语体语料中,该词只出现在相对较随意的口语体场合(网络聊天、电视剧对话、演讲、情景剧对话、相声、小说对话部分)等,其他几个词的使用也存在着相似性,都倾向于出现在口语体和艺术语体中。这些词的词性和分布情况使得其在实际运用中不仅有语气作用,还有逻辑关联的作用。首先是这两类词目前的词性允准了这种语气作用。

(一)"多亏"等词的位置对语气的影响

"多亏"等词在自然口语中具有语气作用,另外一个原因还与这两类词在句中的位置相关,"多亏""亏得"等词最常出现在复句中第一小句的句首,如例(22)至例(25)均是如此。

一般情况下,语气词在形式上的重要特点是"可以独立于句子之外",郭绍虞(1979:501)曾指出"实词同样可以表示语气,同样独立于句子之外。……即在同样的一句话,也可因诵读时声气停顿的关系,而引起不同的理解,这就是实词更进一步的语气作用"。本研究认为"多亏/亏得"等词在句中常现的位置使其有了具备语气作用的基础条件,而且在实际语流时,"多亏/亏得"这两个词经常被重读,且与后文经常有一定的停顿,其在整个句子中的可离析程度较高,因此,这一点也证明了这些词在口语中除了引出原因小句外,还兼具语气作用。从这一点上也可看出,实词在句子中所在的位置允准了其是否有可能进一步发展成为语气词或更虚化的词类。除了"多亏、亏得"等动词,本书在后文也论述了"主要、关键"等性质形容词在口语中转为逻辑结构标记的用法,我们认为也正是"主要、关键"等词所在的句首位置使其在口语中有脱离于其后分句的可能性,也就有了进一步虚化的可能,其原理是相似的。

(二)"多亏"等词与非现实性成分的共现

在一般情况下,情态、语气研究常与"非现实"范畴交织在一起。而从"多亏"等词所在的语境上看,这些标记所在的复句中常蕴含一种非现实语义,如在前述的几个语例中,句中还经常使用表示假设关系或假转关系的标记,这就更确定了全句非现实的语义环境,也更进一步证明了"多亏"等词的语气作用。如例(22)中"早来一步……"就是一个省略"的话"的无标记假设小句,例(23)中"不然的话"后引导的是假转小句,例(24)中"要"也是典型的假设关系标记,例(25)中倒数第二个小句中的"要是"也是如此。如上所述,"多亏、亏得"经常使用在含有非现实语义的语境中,自然也从侧面证明了其所带的这种语气作用。

因此,综合"多亏"等词的词性、在语句中所处的位置以及经常在句中与其共现的非现实性成分,本研究认为正是这些原因促使"多亏"等标记在口语类语体中呈现显著性分布。

逻辑结构标记是汉语句子除基本表述成分之外的成分,基于上述分析不难看出逻辑结构标记需要被放置在篇章、修辞、语体等功能性视角下进行观察。郭绍虞(1979:71)认为"至少有一部分虚词,除它的语法意义之外,还有表达语气的作用。假使我们肯定了这一点,那么虚词的语法意义也就兼有修辞的作用了"。

3.2.1.2 核心词附类

3.2.1.2.1 时间和方位名词

时间名词(如:时)和少数可表示时间的方位词(如:前、后)在某些语体中可用以兼职表示逻辑关系。在操作指南文本中,研究发现只有承接类标记的标记化程度较高,其他类别的逻辑结构标记数量甚至为零,但是该文本也使用了其他手段来表征逻辑语义关系,文本中会大量使用如"待牛尾炖烂时,……""小火煨 5 分钟后,……""上火加工前,……"等以"时、后、前"等时间构件为后缀形成的时间状语成分,多表示条件关系,例如例(26)和例(27):

(26) 炒锅放入花生油,置中火上烧至八成热〈时〉,将肉片逐一滚匀鸡蛋糊放入油内,炸至九成熟时捞出。(《中华美食大全》/操作指南)

(27) 将鱼放入八成开的水锅中稍烫,两面烫匀〈后〉,放入凉水

中刮净黑皮,冲洗干净,沥干水分。(《中华美食大全》/操作指南)

如果将例(26)和例(27)用条件关系标记"只要……就"来表示的话,在不考虑语用的情况下,句义没有太大改变,如例(26′)和例(27′):

(26′)炒锅放入花生油,〈只要〉在中火上烧至八成热,〈就〉将肉片逐一滚匀鸡蛋糊放入油内,炸至九成熟时捞出。

(27′)将鱼放入八成开的水锅中稍烫,〈只要〉两面烫匀,〈就〉放入凉水中刮净黑皮,冲洗干净,沥干水分。

例(26)和例(27)中时间状语成分兼表条件关系的语言现象是操作指南文本中非常重要的一个特点。在同约 2 万词的抽样语料中,我们还调查了时间状语成分"……时(候),……""……前,……""……后,……"兼表条件关系在操作指南文本、自然对话以及科技文本中的差异情况,具体数据如表 3-3 所示。

表 3-3 时间状语成分表示条件关系的占比

时间状语成分	统计数据	操作指南	自然对话	科技文本
……时(候),……	出现次数	125	31	33
	表条件关系次数	125	7	8
	占比	100%	22.58%	24.24%
……前,……	出现次数	1	1	0
	表条件关系次数	1	0	0
	占比	100%	0	0%
……后,……	出现次数	55	0	35
	表条件关系次数	55	0	8
	占比	100%	0	22.86%

由表 3-3 可看出"……时(候)……""……前,……""……后,……"在操作指南中表示条件关系的情况要远多于其他两种语料,显性

的条件类标记在操作指南文本中较为少见，随之代偿的是以时间状语形式兼职表示条件关系。不难看出，表示时间的成分和条件关系表征手段之间关系密切。关于时间类表达方式与条件类标记之间的语法化关系，有研究已经发现条件关联词的来源既包括表示时间段的时间成分，也包括一些既能表达时间段又能精确表达时间的时间成分（Heine & Kuteva 2002：293）。陈振宁（2014）认为时间从句"在VP的时候、VP的时候、VP时"可以与部分条件分句互换，而且如果省略逻辑结构标记词之后，甚至往往无法明确句子的关系到底是什么。那么至少可以说明，以时间状语兼表条件关系的用法，其对逻辑语义关系的显化程度低于逻辑结构标记。

那么操作指南文本为何仍使用标记化程度较低的时间小句来表示条件关系？又有哪些条件抑制了语法化程度较为完善的条件标记？本研究认为主要有下面两点原因：

原因之一是强指令性与弱叙事性之间存在抗衡。李向农（2003：20）认为如"……时（候）/前/后"等时间状语成分属于代体时间，也就是说本身不具有时间属性的词语通过某种媒介而具有了指称事件的功能，由表示动作行为的主谓结构、动词或动词结构充当，可以笼统地看作"事件"。因此，可以说，操作指南是具有一定事件性的，但是，事件的"时间"却是泛时的，如"牛尾炖烂时""小火煨5分钟后"这样的时间表达并不具有唯一性，因此叙事性就弱于典型的叙事语篇，但由于操作指南的主要功能意图还是描写一种未然事件，如做完一道菜的操作全程，这就导致该语体仍带有一种微弱的"叙事性"。在强指令性和弱叙事性的抗衡与篇章驱动力作用下，操作指南调用了"时间状语"这种非专职的条件关系表征手段来表示条件关系，这也是其使用大量时间状语成分表示条件义的原因。

原因之二是操作指南对时间顺序要求较高，在现代汉语中，时间状语成分是不可以后置的，恰好满足了菜谱对强时序性的需求。如果菜谱中使用了条件和结果互逆的语句，虽然语义变化不大，但会给读者带

来困扰,会直接影响到信息接收方的实际操作,如下例(28):

(28) 入油锅中炸至微黄色捞出,待油温升高至九成热(约220℃)时,投入已炸过的刀鱼炸呈金黄色时捞出装盘,外带花椒盐上桌即成。(《中华美食大全》/操作指南)

(28′)* 入油锅中炸至微黄色捞出,<u>投入已炸过的刀鱼炸呈金黄色时捞出装盘,待油温升高至九成热(约220℃)时</u>,外带花椒盐上桌即成。

如果将例(28)表示结果小句提前,如例(28′),假如信息接收方严格按照这样的顺序去操作,会导致严重的操作失误。因此菜谱的强时间顺序性抑制了"条件——结果"的逆序,更多的是以时间顺序强制程度较强的时间小句方式兼表时间顺序和未然条件。在汉语中,状语又恰好是不可以后置的,所以更适合操作指南语篇。

而在其他语体中,大多数以专门的条件标记来表示条件关系的句子都是可以实现"条件——结果"互逆的,在信息接收方也是完全可以理解的,如下例(29)和例(30)所示:

(29) 〈只要〉我们八年来的发展趋势继续下去,注意排除各方面的干扰,继续发展,继续前进,人民生活进一步改善,问题〈就〉会逐步获得解决。(《邓小平文选》/正式谈话类政论文本)

→(29′) 这些问题〈就〉会逐步获得解决,〈只要〉我们八年来的发展趋势继续下去,注意排除各方面的干扰,继续发展,继续前进,人民生活进一步改善。

(30) 〈要〉了解次生生长和次生结构的情况,〈就〉必须首先了解维管形成层和木栓形成层的活动情况。(《植物学》/科技文本)

→(30′) 我们必须首先了解维管形成层和木栓形成层的活动情况,〈如果〉要了解次生生长和次生结构的情况。

在其他书面语体中,如取自正式谈话类政论语体的例(29),其中由"只要"引导的条件句和以"就"为标记的结果句是可以互逆的,对信息接收方是没有影响的,句义没有改变,而且还会起到对"条件"小句的强调作用,如逆转后的例(29′)。例(30)也是如此,该例句取自书面科技文本,调换了条件和结果句的顺序也不影响句子的理解,只是处理速度或许会降低。

3.2.1.2.2 性质形容词

部分性质形容词在自然口语中呈现兼作逻辑结构标记的趋势,这与性质形容词本身语义以及在句中所处位置都是相关的。

(一)性质形容词的语义性质

吸收是句子成分对结构关系的被动反应,马清华(2003)认为句子成分对句子语义关系的被动"吸收"从另一个角度来看也可称之为结构关系对标记(句子成分)主动的"文义赋予"或"语义灌注"。能够吸收结构关系的词通常是语义较虚的词。如果该语言成分是实词,也需要是意义比较空灵的实词,我们在语料中也发现语义较虚的形容词更容易吸收句子语义而成为临时可表逻辑关系的成分,如"主要、关键"等词,在口语体中,这些性质形容词也较容易转而作为标记引导原因小句,如:

(31) A:会这么严重?

B:〈主要〉是公司为了这个项目前期已经租用了一些户外灯箱和车身广告,这部分投入恐怕你要负担一部分了!

(《北京爱情故事》/电视剧对话)

(32) 傅老:怎么不合适?小于都能干我不能干?

志国:〈关键〉是您级别太高,没人能领导您呀!街道主任不过是个处级干部,让您向他汇报工作,您受得了?

(《我爱我家》/情景剧对话)

（二）"主要是/关键是"的位置及语气作用

"主要是/关键是"等词在一个句子或一个话轮中，通常是处于话轮交替处，"关键是"就更倾向于成为一个词，且有脱离主句的倾向，如例（33）：

（33）〈关键是〉，第一，我们都坚持社会主义道路，坚持马克思主义；第二，我们都根据自己的特点，自己国家的情况，走自己的路。（《邓小平文选》/正式谈话类政论文本）

且后面常加语气词，如例（34）：

（34）今天我要给你讲的是鱼类部分的第三小节，着重介绍一下热带海域中的热带鱼，我们先来看一些啊，有毒的热带鱼，其中最常见的大约有三百多种……〈主要是〉〈啊〉刺尾鱼、鲈鱼、非鲤、海鳝、龙头鱼这些鱼的名称。（《我爱我家》/情景剧对话）

我们在前文对情态标记转逻辑结构标记的论述中也发现凡是带有语气作用的标记词都倾向于从小句中独立而出（如 3.2.1.1.2 "其实"；3.2.1.1.3 "多亏/亏得/幸好/幸而"），"主要是/关键是"这种在句中相对独立的特点与"其实、多亏"等语气词很相似。

（三）"主要是/关键是"在句中的自由度

"主要是/关键是"等词在自然口语体中的自由度也进一步证明了类似成分在语句中的独立性，如：

（35）这些边上的小摊，我们一般不敢去，确实卫生质量保证不了，影响市容〈关键是〉。（MLC语料库/自然对话）

上述例(35)中的"关键是"所在小句就是叙述一般不敢去街边小摊的原因,但是正是由于前述所说的原因,"关键是"由于常具语气作用,因此有脱离主句的倾向,而例(35)这种后置型的"关键是"更加证明其在句中的自由度、独立度都较高。

通过上述分析,不难看出我们不应该仅关注已有的逻辑结构标记在不同语体中的差异性表现。在语言的发展过程中,有不少处于向逻辑结构标记发展过程中的语言成分,由于口语的灵活性和即时性,这种语言成分倾向于在口语体中发生变化,其中一个变化就是吸收语境义成为临时的逻辑关系标记。

3.2.2 逻辑结构标记的再语法化

逻辑结构标记的再语法化指的是逻辑结构标记在某些影响因素的作用下会开始下一轮的语法化进程。本部分首先对差别最大的两种语体(自然口语——科技文本)中的逻辑结构标记进行基本的统计。

我们首先对每种语料进行分词和等距离抽样,每种语体中抽取约2万词,具体的词数为自然对话20 559个词、科技文本20 553个词,两种语料中逻辑结构标记的基本分布如表3-4和图3-1所示。

表3-4 逻辑结构标记基本情况统计表(自然对话——科技文本)

逻辑关系		广义并列					广义转折	广义因果				总计
		并列			承接	选择	递进	让步	因果	假设	目的	条件	
		并列	对比	解注									
自然对话	总量	67	4	49	59	20	62	93	94	77	3	35	563
	占比	11.901%	0.710%	8.703%	10.480%	3.552%	11.012%	16.519%	16.696%	13.677%	0.533%	6.217%	100.000%
科技文本	总量	157	37	62	38	8	54	59	91	19	35	27	587
	占比	26.746%	6.303%	10.562%	6.474%	1.363%	9.199%	10.051%	15.503%	3.237%	5.963%	4.600%	100.000%

除此之外,本研究还使用SPSS软件对11种逻辑语义关系进行了部分统计指标的基本描述(详见表3-5),发现科技文本样本的全距较自然口语大,样本量的极大值(平行并列关系)与极小量(选择关系)相

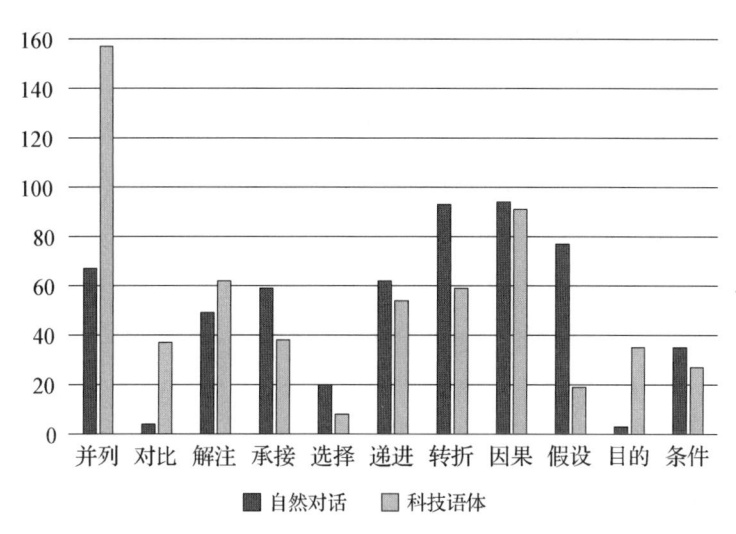

图 3-1 各类逻辑结构标记的语体差异图

差悬殊,另外,科技文本的峰度系数为 3.647,在 SPSS 中,其定义是当峰度系数大于 0 时,说明数值的分布较为极端,也就说明科技文本中使用各类别逻辑结构标记的数量相当不平均;而在自然对话中,数据的全距值较科技文本要小,峰度系数为 -1.102,峰度较前者低阔,说明自然对话中各类别逻辑关系标记数量的差异要较科技文本缓和,但是峰度系数仍为负值,各个类别之间也存在一定程度的不平均。

表 3-5 逻辑结构标记基本情况的描述统计量表(自然对话——科技文本)

语体类别	n	全距	极小值	极大值	和	偏度		峰度	
	统计量	统计量	统计量	统计量	统计量	统计量	标准误	统计量	标准误
自然对话	11	91	3	94	563	-0.278	0.661	-1.102	1.279
科技文本	11	149	8	157	587	1.739	0.661	3.647	1.279

而从上述分析中也不难发现,并列关系是科技文本中非常重要的一种逻辑关联方式,其中广义并列关系标记约占该语体中标记总量的 43.61%。并列虽然是最简单原始的句法关系之一,却并不低级。并列结构可以使语言变得更为简洁,也可以使得语言更为精确而高效,这也是科技文本中较多使用并列关系的原因之一(马清华 2005:1);而自然

对话中的转折类标记要明显多于科技文本中的此类标记;另外,广义因果关系大类包括因果、假设、目的和条件关系,在该类别中,两种语体中的狭义因果类标记数量相当,但是内部使用的标记依然有一定程度的差异,如自然对话中还是以"因为、所以"等标记为主,科技文本中则会更多地使用"由于、因此"等专用于书面语中的标记。另外,两种语体中表示条件关系的标记数量差距并不明显,数量相差较大的是假设关系标记,假设类标记仅占科技文本中标记总量的3.237%。

3.2.2.1 转为话语标记

本小节首先对"话语标记"进行一次简单的再分类:话语标记——逻辑类话语标记。"话语标记"指广泛运用于语篇中,起到停顿、过渡作用的词,其语义已经极度虚化;"逻辑类话语标记"指的是逻辑结构标记虚化程度虽高,但是在语篇中依旧能传达一定逻辑关系的标记。

研究发现,逻辑结构标记在口语体中很容易转为逻辑类话语标记,这在一些原可偶对出现的标记上表现得尤为明显。这些标记在形式上的衰减首先表现为对偶对形式的一种突破,而在意义上的衰减就体现为其经常被用作逻辑类话语标记。

为了更好地观察,本小节结合口语独白语料,将其与自然对话和科技文本中的联合关系标记使用情况进行对比,具体如表3-6。

表3-6 语体中联合关系标记分布情况表

标记类别		自然对话	百分比	口语独白	百分比	科技文本	百分比
并列	平行并列	67	25.7%	73	31.1%	157	44.1%
	对比并列	4	1.5%	7	3.0%	37	10.4%
	解注并列	49	18.8%	21	8.9%	62	17.4%
承接	承接	59	22.6%	89	37.9%	38	10.7%
选择	选择	20	7.7%	10	4.3%	8	2.2%
递进	顺接递进	62	23.8%	35	14.9%	54	15.1%
联合关系标记总数		261		235		356	

表 3-6 表明口语独白语体中承接类标记数量较多,共 89 例,为该语体四种联合关系标记中数量之首,其数量几乎是其他两种语体中承接关系标记的两倍。口语独白语体中绝大多数承接类标记都用以表征时间上的顺次承接关系,如例(36);或者直接以时间名词来表示承接关系,如例(37):

(36)她老嚷肚子疼,肚子疼的医生瞧了也说不上什么来,〈然后呢〉,我说她是不是上学扭了什么的。(北京口语语料库/口语独白)

(37)我父亲那时候儿最困难了,年轻。〈后来〉我父亲呢,就是饥饱劳碌,刚六十一岁就死了。(北京口语语料库/口语独白)

另外,研究还发现除上述承接关系标记外,口语独白语体中表示承接关系的另一主要手段则是由其他关系逻辑结构标记转化而来,也就是使用频率较高的逻辑结构标记会逐渐语法化成一个接近于承接义的标记,这在话语起始位置、表示因果关系、转折关系的"所以、因为、但是、可是"等标记上最为明显,都呈现出这种转化上的倾向。

这些逻辑结构标记在口语独白语体中更多的是向着承接关系去发展,真正表示逻辑关系的比例要远远低于其他两种语体,其在大多数情况下并不表示标记词的本义。

3.2.2.1.1 因果标记

典型的因果关系逻辑结构标记在口语体中有转为逻辑类话语标记的趋势,其常转为"承接义",这也可以视为逻辑结构标记推理性隐性化或减弱的一种表现。如例(38):

(38)保留过年的传统应该从孩子抓起,〈**因为**〉像咱们大人都知道过年是怎么回事,但现在的孩子们不一定知道,〈**因为**〉孩子,可能他们觉得洋节比中国的过年更有意思,像我们小时候,过年可以买新衣服,买新玩具,这个是很难得的,可能一年中想买的东西过年的时候才能买,然后一大家子人一起吃团圆饭,这团圆饭可是一年当中最丰盛的一顿饭了,然后还可以逛庙会,一堆小孩放炮竹,〈**因为**〉现在的小孩他生活条件都好了,老能买新衣服,新玩具,可能就觉得过年跟平时也没有什么区别,没有什么可稀奇的,〈**所以**〉过年应该让孩子们觉得更有意思,他才愿意记住,比如我就觉得,像家长可以每年固定在春节期间陪着孩子去旅游,像学校什么的,也可以组织一些有意义的活动。(北京口语语料库/口语独白)

在上述这一整段口语独白中,"因为"所发挥的作用更多是作为一个比较重要的承接词去帮助说话者延续话语,而在这段话语中,其承接义也要略明显于其他语体中的"因为"。

另外,在自然口语语料中,因果类标记单用时既可前置又可后置的情况并不多,其中就有表因果关系的"因为、所以",以及下一小节所要涉及的一些转折标记。这些标记用于前置和后置的位置时,其作用会有变化,单用前置时更倾向于起到话语衔接的作用,而后置的标记则更多地表示其真值义。具体如下:

(39)〈因为〉我毕业49年了,明年是50年。同学们说大家要相会,大家要交流。(MLC语料库/自然对话)

(40)到现在他看我写字,我手还会抖,〈因为〉他是非常严厉的一个人,他可能不希望一个女儿满脑子都是谈恋爱,家长里短之类的。(MLC语料库/自然对话)

例(39)是一个句群的首句,此用法更是彰显了"因为"前置用法的承接性意义,而例(40)中的"因为"则是真正引导出原因分句的用法。类似上述两组例句的差异在科技本文中就非常罕见,而且单用逻辑结构标记前置的频率也非常低。

3.2.2.1.2 转折标记

表事实让步义的逻辑结构标记在口语体中也有逻辑关系义衰减的情况,如:

(41)回过头儿来看,看自己的十多年呢,觉得很惋惜。〈可是〉我呢,还是比较好学的。(北京口语语料库/口语独白)

(42)你像我们的文化程度是初中嘛,〈但是〉跟他瞎字不识的呢,它毕竟有一定距离,所以对孩子的教育,对一些要求就不一样。(北京口语语料库/口语独白)

在例(41)和例(42)中,"可是、但是"的转折义均有一定程度的弱化,其作用更多的就是话语延续。

综上所述,在口语独白语体中,有两种承接关系标记的来源:一是显性的承接关系标记,二是由因果、转折等关系类别发展而来的表示承接关系的标记。两种来源共同使得口语独白语体中的承接关系成为重要的逻辑关联手段。而部分逻辑结构标记向承接关系的偏移就是其功能模糊化的一种方式,也前于"形式——功能"同构性的重新建立,即"功能改变(功能模糊性)前于结构变化"。承接是时间先后关系,而说明性因果是事理先后关系,后者是对前者的仿效、类推或比附。我们认为无论是时间关系,还是事件的事理关系,都与话语延续驱动有密切的关系,独白与对话之间最大的不同是缺少话轮的交替,因此说话人必须寻求一种方式使话语延续,而承接关系标记恰可以满足此要求。另外,在此有必要说明自然对话语体中的一些因果、转折类标记也存在衰减为逻辑类话语标记的情况,但是在本研究所涉及的语料中,口语独白语体中的表现更为显著,辩论、电视剧对话以及小说对话部分等语言材料中也有类似的语言现象,但是均属于非显著分布。

相对来说,各类书面语体中就很少见"因为、所以、虽然、但是"等因高频使用而变为逻辑类话语标记的用法,大多数此类标记依然表示原逻辑关系,而且较少用在句首位置。

3.2.2.2 转为情态性估测标记

作为典型的选择标记,"或/或者"在多种语体中都可以使用,但是其在口语和书面两大类语体中的使用情况却有所差异。《现代汉语八百词》中的"或者"有两个义项,如下:[副]也许;或许。[连] 1. 表示选择; 2. 表示几种交替的情况; 3. 表示等同(吕叔湘 1999:283—284)。研究发现"或/或者"偶对出现或多个连用时在口语体中更多的是呈现其"估测、可能义"的情态类标记特征。

为方便观察,本小节主要选择三种语体作为观察对象,分别是自然对话、论述类政论文本以及科技文本,并观察其中的选择关系标记,其中最为常见的标记就是"或/或者",在同约 2 万词左右语体规模下,自然对话语体中的选择关系标记占其逻辑结构标记总量的百分比最大,为 3.55%,详见表 3-7。

表 3-7 选择标记在自然对话、政论文本以及科技文本中的差异表

语体类型	选择关系标记总量	占语体标记总量的百分比
自然对话	20	3.55%
论述类政论文本	4	0.50%
科技文本	8	1.36%

首先,"或/或者"在不同语体中出现,词汇义项的使用上会呈现出一定的差异性,词汇意义发展也是义项扩充的过程,而"或/或者"的各义项在语体中也呈现出一定的分化趋势。例(43)至例(47)来自自然对话语体:

(43) A:您知道癌症早期的征兆是什么样的吗?

B:**肯定**他是不舒服,感觉心里不舒服,〈或者〉感觉某些地方不合适。肯定无精打采,〈或者〉吃不下去饭,睡不着觉,〈或者〉某个地方特别疼。(MLC 语料库/自然对话)

(44) 我完全没有办法了。成本太高,你即便是胜诉了,**可能**也得不到你想要的效果。因为我想要的效果不是说我自己一个人不再遇到了。〈或者〉在这一件事情上把我处理好了,而是整个行业或者是各个行业都存在这种情况。(MLC语料库/自然对话)

(45) **如果**咱们老百姓买到了,〈或者〉发现了有质量问题的食品,向工商部门举报,工商部门是否受理。这个羊肉片**肯定**就是有质量问题,〈或者〉是变质了,〈或者〉是有其他的问题。(MLC语料库/自然对话)

(46) A:您希望孩子坐校车吗?

B:据说现在没有正规的校车,希望能有正规的,有了正规的以后才能发展得比如说车站更多,〈或者〉时间更充裕更方便,甚至以后就是说成规模了,能不能有班车走专用道,因为现在所谓的班车好像没有一个正规的校车公司。(MLC语料库/自然对话)

(47) A:孩子还是在学校比较放心,最放心了。

B:正好学生放学就可以不走了,你就在学校里给他办一个什么班,让孩子,〈或者〉他在校区里面可以玩。(MLC语料库/自然对话)

基于上述语料,我们发现例(43)和例(44)中都包含能愿动词"肯定""可能",而能愿动词的使用恰恰可以在全句构建一种非事实语义,陈海霞(2010)提到在 Langacker 的认知语法中,在英语小句中,是否使用情态动词构成事实与非事实之间的对立,不含情态动词的句子表达了直接的事实过程,而使用情态动词所进行的语境假设则表现了一种非现实过程。而由于汉语中并无"情态动词"的概念,与之相当的便是能愿动词或助动词,因此我们认为带有能愿动词的汉语小句同样构建了一种非现实的假设语境。

除了"肯定""可能"外,例(45)更是使用了明显的假设标记"如果"传递非现实语义,例(46)则是用"有了正规的以后"这种结构式表达传递出一种非现实语义,例(47)整句所要表达的也是一种可能的情况。上述语料中所述情况在自然口语对话中较为普遍,"或/或者"在上述几种语境中都或多或少地含有非现实的语义,而根据语法化的相关研究,"或/或者"这两个词的语法化路径基本相似,基本是"无定代词→语气副词→假设连词→选择连词"的演化路径(姚尧 2012)。

首先我们可以发现其中的估测语义,几例中的"或/或者"都没有完全发展成纯粹的"选择连词"这一阶段。另外,在自然对话语体中,多个"或者"连用的情况较多,如上例(43)和例(45),而姚尧(2012)则明确提出多个"或者"连用时,其语法化程度则较低,且连词功能较弱,该研究甚至提出这种连用情况下的"或者"还带有古汉语中不定代词的痕迹。

这种情况同后文章节所论述的"一个……,一个……"等指称类兼任平行并列标记的情况非常类似(详见"3.3.1.1 指称标记的格式化"),而综合前述分析,不难看出自然口语对话中的"或"和"或者"似乎是处在副词和选择连词中间的一个阶段,而且更倾向于作情态义表示"也许",即在口语体中具有估测义。马清华(2017)曾论述情态范畴可由不同词形的标记词(语气词、助词)和类标记词[副词、代副词("哪能")、能愿动词、趋向动词(如表变化体的"热起来")等构成],其中就提到不少非情态标记发挥本职作用时,可附带传达情态义。而本小节所论述的常偶对或多个连用的"或/或者"就正是在表示选择关系的同时兼表估测义。

在口语体场合中,由于说话人在交际时不可避免会带有自己的认知,因此不管是从听者还是说者的角度,备选项都不可能处在绝对平等的层面,人们通常会因循自己的偏好或利益需求对某一选项有所倾向,所以有些语体场合下的选择关系标记便产生了兼表情态义的作用。将口语和书面语体对比,特别是在近距离话轮交替频繁的口语对话场合,我们对多种事物并行罗列的需求并不大,因此本研究认为这就给了口语体中选择关系标记兼具估测义的机会,这是逻辑关系打破平衡继续向偏正关系发展的现实基础。联合关系向偏正关系发展是受到学界认可的观点,联合关系各子类都存在向偏正关系发展的可能性,但在每种语体中的可能性又不完全相等,其中有些逻辑语义的发展或偏移便会受到话语主体本身的认识和生活经验的影响,而其中一个主要原因就是语体功能/交际意图的影响。

而在科技文本中,"或/或者"则更倾向于作为纯粹的选择连词使用,且鲜有多个标记连用的情况,如:

(48) 皮层最内一层,有时有内皮层,在多数植物茎内不甚显著或不存在,但在水生植物茎中,〈或〉一些植物的地下茎中却普遍存在。(《植物学》/科技文本)

(49) 经过几场春雨,〈或〉几次阵雨以后,冲走了土壤里的这类物质,才能为种子萌发提供适宜的条件。(《植物学》/科技文本)

(50) 光照所以能促进某些植物种子萌发,〈或〉抑制另一些种子萌发是通过植物内一种称为光敏素的特殊物质的作用来产生影响的。(《植物学》/科技文本)

(51) 厚角组织的分布具有一个明显的特征,即一般总是分布于器官的外围,〈或〉直接在表皮下,〈或〉与表皮只隔开几层薄壁细胞。(《植物学》/科技文本)

相对来说,首先例(48)到例(51)中很少有与"或/或者"共现的能愿动词或表示非现实语义的结构出现,因此,我们认为科技文本中"或/或者"使用更多的是其连词的义项。

再以选择关系标记"或是"为例,其在书面语中前后的成分也基本都是已发生的,因此以"或是/或者"标记的复句在学术类书面语中也大多依旧表示选择关系,如例(52):

(52) 它们〈或是〉因部分细胞解体后形成的,〈或是〉因细胞中层溶解,细胞相互分开而形成的,〈或是〉这二种方式相结合而形成

的。(《植物学》/科技文本)

通过"或/或者"在两种语体中的使用情况,我们发现其在不同语体中所体现出来的义项是不同的。究其不同的动因,本研究认为这还需要从外界的语体因素方面进行功能驱动性的思考和解释。自然对话最主要的功能是叙事和评价,而科技文本则多是对某种事物或现象的描写。在叙事和评价中,评价这一功能尤其能彰显话语发出者的主观意愿,这就会影响语言的使用,如整个非现实语义语境的选择以及逻辑结构标记的义项,当然话语发出者的这种选择是无意识的,这也可以理解为语法对语体的一种适应。在话语功能已定的情况下,自然对话的典雅度、正式度和准备程度都要低于科技文本,这些条件又无疑地形成且增强了自然对话语体在认识(epistemic modality)角度上的主观性。

前文中提到在自然对话语体中,与"或/或者"在同一句子中共现的还有一些表示"可能性、必然性"的词,如"肯定、可能",另外还有"也许、大概、差不多"等词,从逻辑学角度看,这些词可以归属为表示或然性或必然性的模态逻辑词,从逻辑角度对汉语中这一类词的研究较少,如邓玉琼(2006),但是此类研究对认识语言逻辑领域却有重大的意义。在口语体中表征选择关系的复句中,"肯定/可能"为整个句子提供了一个整体性语境,而句中的"或/或者"则与之发生语义上的"共振",或者更进一步说,是为"或/或者"两个词"选择"义的标记提供了一种向非现实语义发展的动力。而对比来看,科技文本中的选择句鲜有此类或然模态标记,因此就缺少了这种外力,"或/或者"所使用的义项还主要是选择关系连词。

口语体(尤其是话轮频繁交替的口语体)所蕴含的不确定远超于书面语体,原因是话语功能或交际意图,主要是因为近距离口语交际一个非常重要的功能就是获取信息,而类似于科技文本最重要的功能就是陈述观点、提供消息,这种功能或意图就会尽可能提供确切的信息。这是一种交流可能性信息和提供确切性信息的区别。选择关系"二者择

"一"的性质为逻辑关系带入了一定程度的不确定性,选择关系具有并列关系的某种特征,其区别在于并列可以是已定的也可以是未定的,但选择关系常常是未定的(马清华 2005:18)。恰恰是这种不确定性给予了系统向前演化的动力,也正是这种不确定性促使联合关系内部继续发展(如:并列→选择),以及联合关系向偏正关系的发展(如:选择→假设),而不确定性也是使系统得以演化的动力之一。而本研究认为"语体功能/交际意图"这一语体因素就是这样一种外力,其在逻辑关系发展这一过程中扮演着不可或缺的角色。

3.2.2.3 转为其他类别逻辑结构标记

联合关系包括典型并列、承接、递进和选择关系,典型并列关系又是联合大类中最为基本的一种关系,在一定条件下,"典型并列"便会向其他几种最为邻近的关系转化。在各种逻辑关系中,并列关系在语义上是一种相对较为平衡的逻辑关系。并列跟非典型并列、其他非并列的联合型逻辑语义关系乃至偏正型逻辑语义关系之间,有数条特征逐渐偏离的连续统,它们以典型并列为中心,呈放射状(马清华 2005:29)。可以这样说,如果仅仅考虑联合关系内部的几种逻辑语义,并列关系也是一个具有原初性的起点,并列关系向其他联合关系发展势必需要借助某种外力。而复句逻辑关系以并列关系为起点向选择发展,是打破平衡、远离平衡状态的第一步,尤其是在操作指南语体中,并列标记"并"转承接义标记趋势非常明显。

本小节所使用的语料取自正式出版的菜谱文本。在该语料中,承接义逻辑结构标记基本贯穿整个语体,而且较少出现偶对标记,更多的是以单标形式出现,最为常用的单标有"再、然后、最后、并、另"等表示承接义的逻辑关系词。另外,就前述几个关联词来说,在所使用的语体语料中,发现"再"799例、"然后"221例、"最后"21例。

除了大量承接义关系标记以及向承接义倾斜的并列标记外,操作指南语体中还存在一些数字或序数词表征承接义的用法,这也从侧面证明了承接义在该语体中的强势地位。

承接关系是大多数操作指南语体语言的主线,其中最为直接的手段就是以数字或序数词来离析操作的步骤,也是最基本的一个方法,如例(53):

(53)一、除去鸭子的内脏、翅膀、鸭脚、鸭骚,再把鸭脯处的胸骨压平,将盐抹遍全身,加各种香料如桂皮、八角、小茴香、葱、姜等,上笼约蒸三小时后取出,晾干。二、起油锅,用武火烧热,将鸭子放入锅内,炸后拿起,在鸭皮上抹些黄酒和酱油,再炸至呈金黄色即好。(《中华美食大全》/操作指南)

操作指南语体中含有承接关系的标记较多,这是操作指南语体的指令性所致,相对于其他语体来说,操作指南语体内语句的语序需要严格遵循时间上的象似性,以减少给读者带来的理解性困难。因此,操作指南语体中很难见到"变式语序","变式语序"(如"倒叙、补叙、插叙"等手段)会给信息接收者带来额外的识解上的压力,从而违背该语体的基本语用意图,即指示信息接收者进行某种操作。

这些原因共同促使该语体倾向于调用最符合时间象似性的承接关系来推进语篇。操作指南语体中的语言在本研究所涉及的所有语体中可以称之为最遵循时间因素(事件发生的前后顺序)的一种语体。"顺序"(即按照事件发生的先后顺序来安排语句)虽说不如"变序"能提升语言的表达效果,却是最符合操作指南语体需求的一种语序,对于信息接收者来说也是最为简洁明了的一种语序。另外,"变序"还会使得语句的焦点发生迁移,信息接收者会因为句式的变化而额外关注某一句子成分,这都是与操作指南语体的语体意图相违背的,所以该语体也将这些语言手段予以排除。另外,很多偏正义的逻辑关系,如因果关系、让步关系、假设关系等逻辑关系的表征也都涉及"先果后因"的"变序"表征方法,从某种程度上来说,这些类别的逻辑关系都与该语体的意图相违背,因此这些逻辑关系表征手段在操作指南语体中也很少被调用。

这与我们的基本统计数据是相符合的,我们在此次使用的操作指南语体语料中也很少发现因果、让步、假设等关系的逻辑结构标记。

除了典型的承接义标记外,并列关系"并"出现频率也较多,为73例,而且基本蕴含着一定程度的承接义。《新华大字典》(2004版)对"并"的释义是"表示同时或进而;表示不同的事情同时存在或同时进行",但是在操作指南语体中,此标记更多是在一种强大的语篇压力下转而表示承接关系。那么到底是什么因素导致"并"所表征的逻辑关系发生偏移?本研究初步认为这也是多种语体因素共同作用的结果。

我们不妨将操作指南语体中以"并"为逻辑关联标记的结构视为并列结构的一种"异化"结果,如:

(54) 将蒸好的鲜蘑扣入盘中,外周围上发菜,〈并〉把红根球、青笋球和南荠码入盘中。(《中华美食大全》/操作指南)

(55) 炒勺将大油烧热煸炒葱、姜(拍松),〈并〉烹入料酒和酱油加入味精、鸡汤和盐、糖色。(《中华美食大全》/操作指南)

(56) 把通脊肉用刀切成连刀片每片50克,〈并〉将肉片拍松软,撒上少许盐腌一下,在每片肉上放1分馅,卷成长卷,滚上面粉,刷上蛋浆,粘牢面包渣制成"金钩棒"。(《中华美食大全》/操作指南)

(57) 炒勺上火,把葱姜油烧热后,烹入料酒、味精、盐各5克,鸡汤650克,把红根球、青笋球和南荠〈也〉放入汤内,煨5分钟后捞出,将汤控去。(《中华美食大全》/操作指南)

虽然字典中对"并"的释义是"同时进行",但是很明显,上述三例中的"并"所表示的语义都与"然后"相当,例(54)中"外周围上发菜"和"把红根球、青笋球和南荠码入盘中"不可能同时发生,例(55)中"炒勺将大油烧热煸炒葱、姜(拍松)"与"烹入料酒和酱油加入味精、鸡汤和盐、糖色"两个操作也具有先后顺序,例(56)中的"把通脊肉用刀切成连刀片每片50克"与"将肉片拍松软,撒上少许盐腌一下"在操作上也很显然具备先后顺序;例(57)同理,"把红根球、青笋球和南荠放入汤内"也一定是在"烹入料酒、味精、盐各5克,鸡汤650克"之后的操作,两个操作具先后顺序,例(57)中的"也"虽为并列关系标记,但是在此处也蕴含承接义。以上几例中的"并""也"的用法都说明该标记在强大的语体需求和语篇压力下做出了一定的语义上的调整,即发生了一定程度的异化,导致了逻辑关系的发展。

句法有序化的功能指标是达成最大限度的表义条理性、明晰性(马清华 2005:199)。而"达成最大限度的表义条理性、明晰性"正是操作指南语体这一应用性极强语体的最终目标,该语体存在的最根本语体目标和追求就是清晰且有条理地指导信息接收者来执行或进行某一种操作。语言最根本的特征就是工具性,而操作指南语体又把这一特性彰显和发挥到了极致。

3.2.3　逻辑结构标记的语体专门化

3.2.3.1　并列标记

传统修辞学中早就有"语体词"的概念,即某语体专用和常用的词语(袁晖 2004),也有不少研究就词汇进行了实际的口语词和书面语词的划分,本研究也发现了一些词在书面语体中或口语体中的使用倾向性。

单项并列标记"此外"、偶对并列标记"一方面……,另一方面……""除……之外,……""既……,也/又……"等在现代汉语中大多是专门用以表征逻辑关系的标记,其中"此外"就是书面语词典中确认的一个书面语词(王安节、鲍海涛 2003:68),即已经发展成为较为典型的书面语词汇。

上述这些典型书面语词在科技文本中非常常见,如例(58)至例(60)中的"既……,也……""既……,又……""此外":

（58）蓖麻、甘蔗的茎有时还有蜡质，这些结构〈既〉能控制蒸腾，〈也〉能增强表皮的坚韧性，是地上茎表皮细胞常具的特征。（《植物学》/科技文本）

（59）有些糊粉粒〈既〉包含有无定形蛋白质，〈又〉包含有拟晶体，成为复杂的形式。（《植物学》/科技文本）

（60）蒙尘的植物，一经雨水冲洗，又能迅速恢复吸附的能力；〈此外〉，草坪也有显著的减尘作用。（《植物学》/科技文本）

上述标记在口语体中当然也可使用，但是本研究主要关注的是逻辑结构标记在不同语体中使用情况的倾向性。这种使用的倾向性也证明了口语和书面语之间并不是不可渗透的，而且从历时进程上看，两者甚至是可以互相转化的。科技文本中的大多数并列标记是具有高度书面语体色彩的标记词，大多专门用来表征并列关系，因此这些标记在语言中最主要的作用便是使逻辑关系更为明晰，可以起到逻辑的明示作用，同时也满足科技文本对语言精准性的需求。

对于科技文本中的书面语词当代语用学理论中的标示理论或许对这个问题有一定的解释力。在不同的语体中，对同样逻辑关系的表征会涉及不同的标记词，口语体和书面语体词汇之间可以互为"异形词"，而异形词问题从根本上就是文字与语言及它们与语用的关系问题，异形词的语用值的本质就是词形（表现为语言符号的符号——文字）对语言符号的能指（声音）和所指（意义）的标示程度（标示值），标示程度越高，解码时越容易准确、迅速理解，价值越大；反之，标示程度越低，价值越小。在我们所关注的逻辑结构标记中，"此外"等书面用语是专职标记，其标示程度就较高，标示值就更高，也就起到了明示作用且能提升书面语体的精准程度。

语言会受到语言经济性的影响，经济、简洁是交际对语言的基本要求，因此，在表义明确的条件下，"简洁"是任何语言现象所必须追求的目标，在不同语体场合下，标示词的精确程度会有所差异，该标示理论可帮助我们更好地理解各种逻辑结构标记词的内在机制。邹玉华（2005）也提到现代人生活节奏加快,解码（识读理解）时希望通过字面快速理解词语的意义,希望词语表层（形体）最大限度地标示词位的声音或意义,曲折表达越来越不适合时代要求。而这一点也非常有助于我们理解各种逻辑结构标记词在不同语体中众多相似义标记中的优选机制。

3.2.3.2 假转标记

现代汉语还存在一系列表示假设转折类的逻辑结构标记,即本身带有否定语素的关系词,如"不然、再不然、要不、要不然、否则"等,这类词的内部也有较为明显的语体分化趋势。

首先,"再不、再不然、要不、要不然"这四个词在口语体中的频率远远高于书面语体,具体用例如(61)：

(61) 看来以后每次更新都得把这个文件夹清空,〈要不然〉它就会在原来的基础上不断地"膨胀"下去。（即时聊天语言/网络聊天）

"要不然"作为一个表示假设关系的关联标记（吕叔湘 1999:102）,例(61)中"要不然"所引导的只是听者认为可能存在的一种最不乐见的情况,即"它就会在原来的基础上不断地'膨胀'下去"。该标记引领的小句也蕴含着让步关系,这种让步通常是在所有状况中可能最糟糕的一种情况,或者是假设的、根本不可能发生的情况。"再不、再不然、要不、要不然"这几个词的规律很相似,这也从侧面说明这几个词中的否定语素"不"还是会影响其分布和意义的。如：

(62) 志新:这要传出去这群众影响还了得……别回头您临了临了老了老了的再给您弄出个作风问题来,您在咱们这片儿威信还是挺高的。

傅老:好好好,明天我就给局里打报告,我坚决不上妇联那屋儿去!

志国:彻底退下来?

傅老:〈要不然〉……我上计划生育那屋儿再忍忍去?

(《我爱我家》/情景剧对话)

在本研究所掌握的语料中,"否则"并没有在较为随意的自然对话或口语独白语体中使用,也并未在歌词这一艺术语体中出现,但是却在辩论语体、电视剧对话、情景剧对话、演讲口语、相声等"加工过的口语"中出现,这就说明"否则"一词是具有书面语色彩的词语,而王安节、鲍海涛(2003:117)编著的《中华书面语词典》中明确地将"否则"视为与口语中"不然的话、要不然"等词汇语义相当的书面语词。但是,"否则"还是会被用于某些非自然口语场合中,而这一点也能从一定程度上证明书面语和口语虽说是语体划分的一大基准,但实际上两者的界限也并不清晰。

3.2.3.3 目的标记

目的关系标记按照其语义可以分为两类,即"实现类"和"避免类",也有观点将其称为"积极类、消极类"。

实现类:为了、为的是、为、为着、为……起见、从而、借以、以便、以、以便于、以求、用以、好

避免类:以免、以防、免得、省得

3.2.3.3.1 求得标记

通过对语料的分析,本研究发现科技文本和自然口语体中目的关系的标记度有很大的差异,另外,两种语体中表示目的关系的句法手段差异也很大。

实现义目的关系表征手段在口语体和书面语体中的分化十分明显,自然对话体中仅有3例使用了"为了",如:

(63)〈为了〉奥运交通不拥堵,我们选择公交或者地铁。

（MLC语料库/自然对话）

在自然口语体中，目的关系更多的是通过"来/去"等趋向动词来表达，如：

(64) 这个处罚的成本可以增加，〈来〉提高开车人上路的成本，这样可能也会有很好的效果。（MLC语料库/自然对话）

(65) 我们记下来，马上派人〈去〉了解一下好吗？（MLC语料库/自然对话）

趋向动词是汉语动词的一个子类，虽然在历经语法化过程后其动词义发生了很大程度上的虚化，但是也还未完全褪去动词的性质。

相反，在科技文本中，目的关系的表达手段却有很大的不同，主要使用的是上述主流的、典型的实现类目的标记，如介词"为了"、连词"以"等。

3.2.3.3.2　求免标记

在避免义的目的标记上，口语体和科技文本之间也呈现出了较大的用词分化，"省得/免得"更倾向于在口语体中出现，在本研究所掌握的语料中，这两个词呈现出的语体使用差异十分明显，除了小说对话语体外，这两个词并未在任何书面语体中出现，而前文的语料说明也指出小说本身也是一种融合性的语体，其中很多语言特征都共现于很多语体中。

"省得"在口语体的具体用例如下：

(66) 我希望这个社区服务中心搞得越来越好，你不要说小病，中型病最好也到那儿看，〈省得〉都到大医院挤去。（MLC语料库/自然对话）

(67) 燃气灶旁有一卡通造型的壁挂电话，也是为了家人密切联系特地安设的，〈省得〉烹炸时听不见电话铃响误事。（《女心理

师》/小说对话部分)

而书面语体中的避免义目的关系则较多地使用"以免"这类词,如:

(68) 为此特再次函请贵厂尽快为我局"穗救 202"轮安装拖缆机,〈以免〉再延误该轮的正常生产。(催办函/公文文本)

(69) 盆上先抹些油,〈以免〉豆腐与鸡茸粘住。(《中华美食大全》/操作指南)

从"省得/免得"的词性上看,虽然《现代汉语词典》和《现代汉语八百词》中都将这两个词视为连词,但是也有观点认为"省得/免得"并不是典型的连词,如李小荣(1992)通过多种句法测试后认为"省得"和"免得"都是副词,而"以免"是典型的连词;而袁毓林(2005)则通过此类隶属度量表观察到将"省得"处理为连词或是副词都存在一定的障碍,因为"省得"同时满足了副词或连词的某些特征,但是其文的观点是"省得"已经从动词向着连词的方向进行快速的、不可逆转的发展,因此,我们在此认为"省得/免得"是一个兼具副词义和连词义的词。

两类语体中实现义和避免义的目的关系标记及相关的表达手段如表 3-8 所示。

表 3-8 目的标记在自然对话和科技文本中的分化情况表

语体类型	实现义	避免义
自然对话	"来/去"类动词	省得/免得
科技文本	为了/为/以/借以……	以免

不难发现,在自然口语中,不管是实现义的表达还是对避免义的表达,其选用的逻辑结构标记均是语法化程度较低的手段,如使用动词附类"来/去"形成连谓句,或是刚刚褪去动词性质正向副词和连词发展的"省得/免得",标记的整体面貌是词汇化程度较低;而在科技文本中,所

选用的逻辑结构标记均是语法化程度较高且生命度较低的词汇,这样的词一般能产性较低,且趋于固化在书面语中。

3.3 逻辑结构标记的格式化

3.3.1 非逻辑结构标记偶举为逻辑格式

3.3.1.1 指称标记的格式化

通过对语料的观察,本研究发现能较完备表达逻辑关系且常见于正式书面场合的标记较少地使用在口语体中,而发挥逻辑关联作用的是一些原本不属于逻辑结构标记的语言成分,这些语言成分会成为临时性的、非典型的逻辑结构标记。这种临时性、非典型标记的主要来源之一就是由指称类标记转化而来的各种格式。

口语体中除较多使用"又、也、另外、还有"等可单用的标记外,还大量使用了如"一个……,一个……""一个……,另外一个……""有一次……,另一次……"和"有的呢……,有的呢……"等偶对并列标记,它们都不是典型的并列标记,但在口语体中却经常用来标记并列关系,如例(70)和例(71):

(70)这择偶条件啊,〈一个〉是口齿得好,〈一个〉是面貌得好,体质得强。(MLC语料库/自然对话)

(71)这里菜价相比之下也不贵,和同等市场比,〈有的〉是差不多,〈有的〉要是便宜的话,这儿得便宜5%左右。(MLC语料库/自然对话)

自然对话中类似上例"一个……,一个……""有的……,有的……"等由指称成分兼任的并列标记比例要远高于科技文本。在同约2万词的抽样语料中,自然对话共有104个并列标记,其中18个为指称类标记兼职用作并列标记;科技文本中共有249个并列标记,其中5个由指称类标记充当;两种语体中由指称类标记兼职表征句间逻辑关系的比例分别为:科技文本仅为2%,而口语对话中的比例则要高得多,为17.3%。为了更好地比对分析,我们也统计了口语独白语体中的标记专兼职使用情况,具体数据为口语独白中共有101个并列标记,其中26个为指称类标记,兼职比例高达25.7%。具体数据从图3-2可明显看出差异。这些成分首先不是专门的并列连词,另外,如"一个"等,其起到称代作用也大多是临时的,远远没有充分语法化为纯粹意义上的限定词。

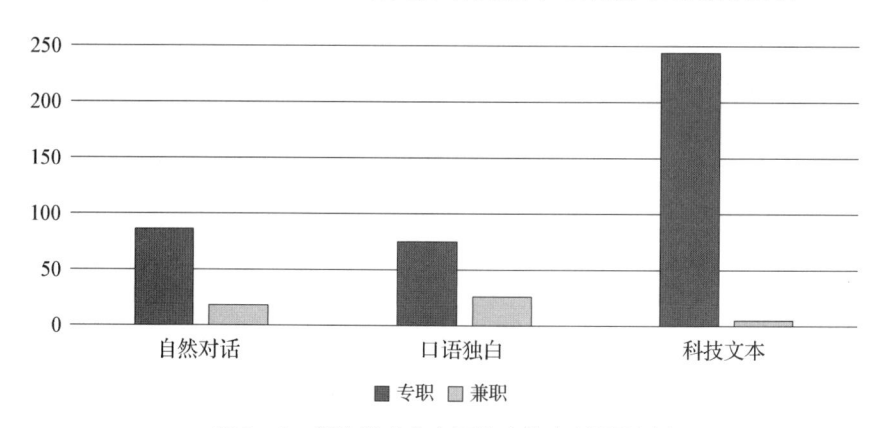

图3-2 指称类成分在语体中的专/兼职比例

根据马清华(2007)的分类,并列格式可以分为"复现式(指称类、情态类、关系类、复合类)、反义式(指称类、情态类、关系类、复合类)、链接式[数词链(指称类、关系类);小词链(关系类)]"三大类,本研究涉及的兼职类标记基本可归入"复现式·指称类",如"一个……,一个……""一枚……,一枚……""有的……,有的……""一种……,另一种……"。不过,这也并不能说明只有上述复现式指称类标记才能称为兼职标记,由于本研究语料样本规模所限,语料中出现的例子一定是有限的,如果继续扩大样本规模,如"……啊,……啊"(如:苹果〈啊〉,桃子〈啊〉,这些水果我都爱吃。)等复现式语气类或其他类别的标记担任的兼职类并列标记也有可能出现。

从上述论述中我们可以看出部分指称类标记在一定语体中可以承

担指称类标记的作用,而在实际上逻辑结构标记、句法结构标记、指称标记、话语标记这四种标记系统之间也存在一定的互动。但是经过本研究的分析,这种互动也是不平均的,也会随着语体而有所变化。除上述指称类标记担任平行并列类标记外,在口语独白语料中,有大量的指称标记用以表达承接、并列义的逻辑关系,如:

(72) 第二个孩子呀,〈这个〉学习,首先是学习。(北京口语语料库/口语独白)

本研究认为正是口语的现场性设定允准了指示标记的使用,也说明在口语场合中,逻辑结构标记系统同指称标记系统互动的频率更高。

以上所论述的由指称类数量成分、称代类成分兼任的并列标记在结构稳定性和逻辑关系的明晰性上远不如专门的并列标记,而且在标记作用上也具有不确定性,一般需要结合嵌入标记之间的内容才可构成对逻辑关系的限定,在逻辑关系上的可预期性也要减弱(马清华 2005:379)。

这些成分首先不是专门的并列连词,另外,如"一个"等起到称代作用也大多是临时的,远远没有充分语法化为纯粹意义上的限定词。张伯江(2010)曾提到已经有很多学者在研究中论证"这个""一个""我的"等形式并没有充分语法化为纯粹的限定词,因此只能说是汉语中带有限定词性质的语法单位。

另外,一些已有关联标记研究在对并列标记进行罗列分析时,也并未将"一个""有的"纳入典型的并列标记中,此类认定标准也从侧面说明了这些成分作为平行并列标记的临时性。这类指称类成分之所以可在口语中充当并列标记,我们认为主要原因是"一个、有的"在此语境中已经充分蜕尽了实义性,例(70)中的"一个"在实质上是首个小句"择偶条件"的复指,是"一个是口齿得好""一个是面貌得好,体质得强"这两个小句的主语,在此吸收语境义进而充当临时的平行并列标记,而"尽可能蜕尽实义性,聚合封闭性,组合上的功能性、黏着性、附加性"正是并列偶对标记形成格式的条件(马清华 2007)。

3.3.1.2 名词附类的格式化

一般认为,方位名词和时间名词是名词的附类。除指称类标记可以形成临时性的偶对格式外,方位名词"一边"在历时中形成了"一边……一边……"的偶举用法,时间名词"有时"也形成"有时……有时……""有时候……有时候……"等框式结构。

3.3.1.2.1 方位名词

方位名词"一边"在历时演变中大致经历了"名词→名词附类→关联副词→连词"的途径。有研究指出"一边"最早在魏晋南北朝时期就有空间上两边对举的用法,宋代出现了在时间领域配对使用的用法,使得两个动作对举,完成了从空间域到时间域的投射。明清以来,"一边"连接两个动作的用法慢慢流行开来(徐晓羽 2014:150)。

"一边……一边……"是一个由方位名词演化而形成的偶举并列格式,在本研究所涉及的语体中,除了自然状态下的口语外,该格式也常出现在各种口语类语体中,如以下几例的演说语体、情景剧对话、相声、小说对话等语体。

(73) 坦白之后你也不会原谅我,我〈一边儿〉是老虎凳,〈一边儿〉是电椅子,我横竖是个死啊!(《我爱我家》/情景剧对话)

(74) 〈一边〉干着活,〈一边〉看着当地人的生活方式。(《开讲啦》/演说)

(75) 我一个人在酒吧的舞台上跳舞,〈一边〉喝着酒,〈一边〉在跳,一个人跳了一个多小时。(《开讲啦》/演说)

(76) 刚坐下,伙计就过来了,〈一边儿〉擦着桌子,〈一边儿〉跟乾隆聊上了!(《官场斗》/相声)

(77) 我〈一边儿〉和他说话,〈一边儿〉就把这些碎馒头吃下去。(《棋王》/小说对话部分)

3.3.1.2.2 时间名词

时间名词"有时、有时候"也容易形成并列格式,如"有时……有时……""有时候……有时候……",这类并列格式也更容易在自然口语体中出现,在其他非自然性质口语体和各书面语体中都较为少见。

(78)〈有时候〉就赶上挺多的,〈有时候〉呢就没有车。(北京口语语料库/口语独白)

(79)我觉得我是不太倾向给老人让座,尤其是上班的时候,〈有时候〉上了一天班下班也挺累的,〈有时候〉身体不太好,有个座坐着也挺不容易的。(MLC 语料库/自然对话)

(80)至于这个消费小票,〈有时候〉好像有,〈有时候〉又没有,我自己也记不太清了,但是我现在就想跟他要一个总的消费记录,他就说给不了我了。(MLC 语料库/自然对话)

(81)我就住附近,空气挺好,〈有时候〉早起,〈有时候〉下午这时候来,〈有时候〉上树林子里,那边好一点。(MLC 语料库/自然对话)

基于这两个小节的论述,我们不难发现这两类由方位名词、时间名词构成的偶对并列标记的用法最常发生在各种口语体中,但是这两类格式并不完全被书面性语言所排斥,散文、诗歌等艺术语体以及科普性散文语体中也存在这种格式的用例,但是科技文本中就鲜见这种用法。我们认为出现这种现象的主要原因就是该类格式最先活用于口语体,当使用频率有所提升后,便开始向部分书面语体扩张,而最后非常有可能的一种情况就是这类格式最终也被典型书面语所使用,同时也固化为一个典型格式,而在口语中,则又会有新一轮的格式化过程。

3.3.2 逻辑格式的精细化

在现代汉语中,不少词可以加上"说"转而构成具有衔接性的连词,这些带有"说"的标记中很大一部分都还处在一种词汇化或标记化的过程中。本小节以"与其(说)……，不如(说)"为例进行分析。"与其"句式是一种表示选择、表示取舍主体主观认识义的句式(王天佑 2011)。王天佑(2010)认为"与其说……，不如说"的出现要晚于"与其……，不如"，文中提到由于"与其……，不如"句式常用于表达取舍态度和看法，因此该句式常带有"说"字，而随着语用频率的提高，"与其说……，不如说"在现代汉语中的使用频率逐渐提升。基于对语料的分析，确实可以看出两个句式由于附缀"说"是否存在而产生了功能上的分化，在不同语体中的分布差异也十分明显。

本研究选取"与其说……，不如说"进行了观察，而基于本研究所采取的语体视角，我们发现"与其说……，不如说"与其原生结构"与其……，不如"之间存在着明显的语体分布差异，"与其……，不如……"与"与其说……，不如说……"两者关系密切，前者为后者的基本形式。本研究在语料库中对这两个格式进行了检索，由于这两个词在语料中出现的频率并不高，因此我们扩大了检索范围，在自建的以典型口语和典型书面语为连续统两端的 20 种语体语料库中共检索出相关语例 12 例。

吕叔湘(1999:637)定义"与其"为连词，意为"表示在比较之后不选择某事而选择另一事"，研究还提到"与其说……，不如(毋宁)说……"表示对客观情况的判断，在说话人的视角下，"不如(毋宁)说"所引出的说话更为正确。对"与其(说)……，不如(说)……"所表达的关系的认识，学界也有不同的看法，邢福义(2001:135)认为此句式是一种择优推断句式，类似的观点还有"取舍观"，认为这是一种表达取舍意义的句式，如王天佑(2011)。而李会荣(2008)则认为"与其(说)……，不如(说)……"本身并无择优选择关系，研究认为该句式具备常式比较句的特点，因此表示比较，而比较也只是为选择提供依据，至于最后到底是否依此选择则要依靠语境来判断。姚双云(2008:116)则沿袭了邢福义的"择优推断"观点而将"与其/与其说"归为推断关系标记，其理由是这两个词"表示经过比较而舍弃的一面,与后面表示推断的分句形成对比",但同时从他的措辞中,也可发现"比较、对比"等字样。

至于两种格式的语体使用倾向,高顺全(2004)则认为相对于语义关系类似的句式如"宁可……,也不"句式,"与其……,不如"要更平和,因此书面语的色彩要浓一些。但是此观点同我们的语料发现有所差异,在本研究所掌握的语料中,我们发现了一个很有趣的现象,即"与其说……,不如说……"的用例均出现在书面语体中。为了更进一步确认这种倾向,我们也在 CCL 语料库检索了"与其……,不如……"与"与其说……,不如说……",其使用的场合基本同我们在封闭语料库中得到的结果类似。

另外,这两对格式的语义并不完全是两种事物或现象的对比,"不如说"所带小句多是对其前小句中命题的一种修正,也是对某一事物或现象上看法的争论,曹秀玲(2012)也指明"'与其……,不如……'前后项同时加'说'为言域用法"。因此,本研究认为其标记后带的附缀"说"也是言域用法功能的一个表现。如例(82)中话语发出者认为相对于氢弹,"麦克"更像是一个"会爆炸的冷库",而从例(82)到例(85)也正体现了书面语体下各子语体之间虽然有差距,但依旧在描写或叙述的客观性上高于口语体。至于这种客观性的来源,我们认为这主要是由于传播媒介的不同,这是两组例句之间在言外系统因素上最大的差距。

(82) 威力史无前例的"麦克"其实并无实战价值,〈与其说〉这是一颗氢弹,倒〈不如说〉是一个会爆炸的"冷库"。(《青少年应知的 100 个科学发明》/科技文本)

(83) 〈与其说〉这是溺爱独生的儿子,〈毋宁说〉是完全信任他,尊重他。(《白门柳/小说》)

(84) 无论韵与不韵,无论高深莫测还是简单直白,我都非常认真地听着,尽管我知道她背诵这些诗句〈与其说〉是给我听,〈不如说〉是在发泄她自己的思乡之情。(《玉观音》/小说)

(85) 自从石敬瑭割让燕云十六州之后,燕京已不属中原管辖,〈与其说〉牛街清真寺建于宋,〈不如说〉建于辽更为妥当,宋太宗至道二年即西历九百九十六年,按辽的纪年应为圣宗统和十四年。(《穆斯林的葬礼》/小说)

同上述几例有明显不同,"与其说……,不如说……"并未在各口语体中出现,在较为随意的口语体中常见的则是以"与其……,不如……"为标记词形成供听者进行选择的两个选项,两个小句中的命题通常形成较为强烈的对比,而由于说话人对两个选项中的后一个已经有非常强烈的倾向,这种对比所带来的主观性显而易见,这也非常符合口语由于近距离交际而需要表达自己想法和态度的需求。我们在小说和诗歌这两种书面语体中也发现了"与其……,不如……"的用例,不过例(90)中的"与其"和"不如"虽然没有使用"说"附缀,但是"与其……,不如……"所在复句是对"卢仙娣"的间接引语,其本质上也是口语体,而例(91)则是诗歌,是书面语的一个特例。

(86)〈与其〉这样做插件,〈还不如〉做成读取文档的,没那么多要解决的兼容问题,也比较好扩展其他模式的支持。(即时聊天语言/网络聊天)——取舍人为第二人称或不在场的第三人称

(87)〈与其〉给陌生人赚钱,为什么不给自己人机会呢?我保证他们一定能做好!(《北京爱情故事》/电视剧对话)——取舍人为在场的第二人称

(88) 人家说了,以后隔三岔五地老要给我来电话,还要把那信复印下来给我寄来,〈与其〉从她嘴里听着,〈还不如〉你现在告诉兴许我受的刺激还小点儿……(《我爱我家》/情景剧对话)——取舍人为第一人称

(89)〈与其〉把这本书陈列在锈迹斑斑的书架上,让岁月和空气将它的纸张变黄,使它的字迹渐渐模糊,〈不如〉让它堆放在我凌

乱的床头,为我对文学的热爱尽微薄之力。(《草样年华》/小说对话部分)——取舍人为第一人称

(90) 不过卢仙娣抢过话茬,说其实如果非要把今年的诺贝尔文学奖给日本作家,那就〈与其〉给大江,〈不如〉给阿部公房,那技巧该有多好!(《栖凤楼》/小说)——取舍人为第三人称或当事人

(91) 变成火种!〈与其〉死去!〈不如〉活着!(《太阳》/诗歌)

王天佑(2011)提出"与其"句式是一种表达取舍主体主观认识义的句式,而本研究也发现句中取舍人的人称与隐藏程度在不同语体中也有不同的表现。首先例(82)到例(85)这几个来自书面语的例子的话主身份基本都是隐藏的,而取舍人也是不明显的,我们认为这是由于受到书面语体的"非现场性"所限制,话语发起者与受众之间并没有互动的需求;而自然对话中的取舍主体则非常容易辨析,如例(88)和例(89)的取舍主体都是话主本人,本研究认为正是自然对话的"现场性"使得话主和取舍主体的身份都十分明晰,也就更进一步加强了话语的交互主观性。而王洪君等(2009)则确实也曾以话主显身和话主隐身为依据进行了语体上的划分,分别是"主观近距交互式语体(非正式语体)"和"主观远距单向式语体(正式语体)"。

以上是对这两个格式的基本使用差异所进行的分析。而从历时视角上看,"与其……,不如……"这一基本形式的出现时间要远早于带附缀"说"的派生形式,王天佑(2010)认为由于"与其……,不如……"句式常用于表达取舍态度和看法,因此该句式常带有"说"字,而随着语用频率的提高,派生形式在现代汉语中的使用频率逐渐提升。而基于前文的语料分析,我们确实可以看出两个句式因附缀"说"的是否存在而产生了功能上的分化,在不同语体中的分布差异也十分明显,虽然在形式上只相差一个附缀,但是在分布和功能上的差别却十分明显,这也体现了语言的经济性,即任何语言形式都不是无用的。

王天佑（2010）对"与其"句式的历时演变进行了梳理，即先秦到魏晋南北朝阶段，"与其"主要与"宁""不如"搭配使用，少数与"不若"搭配，极少数与"无宁、岂若"等搭配；唐宋直至清末，"与其"主要与"不若、孰若、曷若、莫若"搭配使用，此阶段"不如、宁可、何不、何如"等则成为弱势搭配；直至现代汉语中，现阶段的语言用例中，"与其"与"不如"的搭配优势绝对是压倒性的。从"与其……，X……"句式的历时发展情况来看，其经历先秦到魏晋南北朝阶段，一直到唐宋至元明清阶段，"与其……，不如……"在众多相关句式共同发展中逐渐稳定下来，成为现代汉语中"与其……，X……"句式中最为主要的一种用法。该研究也指出"与其……，不如……"的被优选也非常好地适应了汉语所经历的双音化趋势。不过，既然在众多相关句式中已经优选出"与其……，不如……"，那么为何现代汉语中还会发展出"与其说……，不如说……"这样的用法？

　　基于前文的分析，我们已知"与其说……，不如说……"较"与其……，不如……"的出现时间更晚，直至现代汉语阶段才被大量使用。本研究认为其中一部分原因是科技文本的这种书面性质导致"与其……，不如……"并不能满足其表义需求，为了验证这一判断，我们将前文例（82）至例（85）书面语中使用的"与其说……，不如说……"替换为"与其……，不如……"：

　　（92）*威力史无前例的"麦克"其实并无实战价值，〈与其〉这是一颗氢弹，倒〈不如〉是一个会爆炸的"冷库"。

　　（93）*〈与其〉这是溺爱独生的儿子，〈毋宁〉是完全信任他，尊重他。

　　（94）*无论韵与不韵，无论高深莫测还是简单直白，我都非常认真地听着，尽管我知道她背诵这些诗句〈与其〉是给我听，〈不如〉是在发泄她自己的思乡之情。

　　（95）*自从石敬瑭割让燕云十六州之后，燕京已不属中原管辖,〈与其〉牛街清真寺建于宋,〈不如〉建于辽更为妥当,宋太宗至道二年即西历九百九十六年,按辽的纪年应为圣宗统和十四年。

不难发现,将例(82)至例(85)中的标记替换为"与其……,不如……",四个句子的表义均变得模糊不清,而本研究认为这正是书面语中"非在场性"的设定,其说话人是隐性的,而"与其(说)……,不如(说)……"类句式所表征的又恰是话语主体主观认识义的结构。另外,"与其说……,不如说……"对"说"的使用又使得这一对标记具元语言功能,恰能弥补书面语言(尤其是正式书面语体)中对话语主体的隐藏。我们同样也对使用"与其……,不如……"的口语中的语料进行了验证,发现这些句子如果加上"说"后,基本是通顺的,且不会引起歧义,具体如下:

(96)〈与其说〉这样做插件,〈还不如说〉做成读取文档的,没那么多要解决的兼容问题,也比较好扩展其他模式的支持。

(97)〈与其说〉给陌生人赚钱,为什么不给自己人机会呢?我保证他们一定能做好!

(98)人家说了,以后隔三岔五地老要给我来电话,还要把那信复印下来给我寄来,〈与其说〉从她嘴里听着,〈还不如说〉你现在告诉兴许我受的刺激还小点儿……

(99)〈与其说〉把这本书陈列在锈迹斑斑的书架上,让岁月和空气将它的纸张变黄,使它的字迹渐渐模糊,〈不如说〉让它堆放在我凌乱的床头,为我对文学的热爱尽微薄之力。

(100)不过卢仙娣抢过话茬,说其实如果非要把今年的诺贝尔文学奖给日本作家,那就〈与其说〉给大江,〈不如说〉给阿部公房,那技巧该有多好!

在例(96)至例(100)中,在"与其、不如"后分别加"说"后,对上述句子的语义表达基本没有影响,虽然"说"的出现等于强化了话语主体的身份,但是并未造成严重的语义识解困难,而且在自然口语语流情况下,"与其说……,不如说……"中的"说"基本都是要轻读的,正如董秀芳(2016:176)研究指出,当"X说"是话语标记、话题标记、连词等虚词时,与虚化程度相适应的是,其中的"说"也经常读轻声。轻读就在一定程度上削弱了上述叠加造成的冗余,符合语言的经济性。从另外一个角度来看,这也是语音系统与句法形式系统的一种相互作用,即语言的经济性原则不仅仅在句法、语义、语音等单一层面发生作用,相反,语言系统的自我组织能力会在几个系统之间寻求一种互补/代偿,力求符合语言的经济性,使得各个的冗余达到最小。

另外,"与其说……,不如说……"相对来讲可能是对汉语双音化趋势的一种违背,而且是在语言系统中已经有了"与其……不如"这样历经历时的筛选且又满足现代汉语双音节趋势情形的形式的前提下,我们对此的解释是,尽管在这种条件下,"与其……,不如……"依旧不能满足散文、小说等语体的需求,因此崭新的且能满足表义需求的形式便会应运而生,而且相对于口头性质语言来说,书面性质的语言对音节、节律的要求则会相对降低,我们认为这也是"与其说……不如说"这种突破双音化的形式被允准使用且发展的原因。

另外,结合前文对平行并列标记(详见"3.3.1.1 指称标记的格式化")以及选择标记"或/或者"的语体使用情况(详见"3.2.2.2 转为情态性估测标记"),我们发现了位于语法化路径末端的、表征纯粹选择关系的词汇义项或标记形式常使用在书面语体中,较早出现的用法如作为语气副词、假设连词的用法则多用于口语体中,"与其说……,不如说……"这一直至现代汉语阶段才出现的用法也多用于书面语体,鲜见于口语体或使用频率极低。

从本小节所论述的"与其说……,不如说……"来看,其自身的复杂程度要较"与其……,不如……"更高,相对来说,出现在科技文本中的用法在各自的词义引申或语法化路径上都发展得比较精细和完善,本研究因此推测这是否为书面语体的一种需求。在口语中,"与其……,不如……"较为常用的原因也是出于语言的经济性,即口语中由于说话人和话语接受者都是确定的,只要说出观点即可,并不用加后缀"说",霍伯尔、特拉格特(2008)也认为典型的传统书面语法环境中,产生复杂的修辞结构的概率较大。

汉语中各虚词词类都存在一定的转化和连动关系,郭绍虞(1979:546)很早就指出由于助词和连词的作用很近,助词转化为连词的可能为最大。又由于连词和介词的界限不清,助词也有转化为介词的可能。由于助词和代词、副词也有相通之处,所以代词和副词的性质介于虚实之间,而助词也有转化为代词副词的可能,那么可说汉语的虚词都与语气词有或多或少的关系。

而不同语体中的逻辑结构标记在词性上也有所倾向,我们也猜测这种不同词性的逻辑结构标记与各语体中的该词性的词数量之间存在着一定的相关性,如自然对话语体和口语独白语体中以称代类成分为平行并列标记的情况较多。

逻辑结构标记中有不少带有"说/想"等感官类动词,这类"与其说"的使用是一种元语言到对象语言的描述,是语言复杂程度的提升,从"与其"到"与其说"其中蕴含着复杂程度的提升。

3.3.3 逻辑格式的再语法化

同单项逻辑结构标记的关系值变类似,偶对标记形成的逻辑格式在一定的语体中也会发生逻辑关系类别的偏移。

3.3.3.1 对比标记的语义偏移

偶对逻辑结构标记在一定的语体动因作用下也会发生逻辑关系的值变,转而表示其他类别的逻辑关系,如"对比标记"在口语中就会呈现这样的表现,其所连接的联系项之间的实际关系通常为递进义。

首先,在自然对话、口语独白和科技文本三种语体中,对比标记在数量上差距悬殊,科技文本中的对比并列标记数量远远多于其他两种口语语体,为37例,而自然对话中仅为2例,口语独白中为7例,两种口语体中这为数不多的对比并列标记也都强烈表现出了向递进义发展的倾向。

以"不是……,而是……"为例,该格式是典型的对比关系,也归属于联合关系大类,"不是/没有……,而是……"内部差异比较大,如谭方方(2014)就认为其可以表示对内容的更正,这就属于广义的转折关系。如例(101)和例(102):

(101) 所以我方认为现代社会的教育的趋势〈不是〉向通,〈而是〉向专,是一专多能的专。(全国大专辩论赛/辩论)

(102) 他们的内心世界,不是花园,不是苗圃,而是荆棘密布的乱石岗……(《心灵的花园》/散文)

本研究认为对内容的更正与递进关系就很相似,"不是……,而是……"在口语体中都会表现出递进关系。

(103) 老婆,我现在对你的感觉,简直〈不是〉爱慕,〈而是〉崇拜了!(MLC语料库/自然对话)

(104)〈不是〉说我自己一个人不再遇到了,或者在这一件事情上把我处理好了,〈而是〉整个行业或者是各个行业都存在这种情况。(MLC语料库/自然对话)

例(103)中"崇拜"所含情感强度远高于"爱慕",后项蕴含着语义程度的递增,可明显体现出说话人情感和态度的强化,递进义显而易见。例(104)也是借助"不是……,而是……"明确了说话人的态度,"一个人/一件事"与"整个行业/各个行业"的对比亦可看出情感程度的增加。

在口语体等主观性因素稍强的语体中,我们认为正是较强的主观性因素致使对比并列标记有连接递进义联项的可能性。

相反,在科技文本中,"不是……,而是……"在绝大多数情况下仍旧保持原对比关系,且所连项也是呈现对比,这说明科技文本中涉及了较多的证明和证伪过程,会更多地利用对比标记,如例(105)和例(106):

(105)灌木和乔木的区别,〈不是〉内部结构的不同,〈而是〉生长型的不同。(《植物学》/科技文本)

(106)电子显微镜观察指出,它的膜只具有一层电子不透明层,〈而〉不像正常的单位膜具两个暗带。(《植物学》/科技文本)

这也间接说明科技文本更需要完整的两个分句或多个分句对照使语义明晰,而口语场合对此需求就大大降低。

3.3.3.2　并列标记的语义偏移

在情感、认识和视角等主观性因素的影响下,自然口语体中的联合关系标记也容易发生逻辑关系的偏移。但在大多数情况下,情感、认识和视角等主观性因素都不是单独对语言施加影响,它们会共同作用于语言。如表示平行并列关系的标记"一个……再一个"与"说/讲"等感官动词结合成"再一个来讲、再有来讲"等后可更加明示说话人的视角和立场,也体现其对事件或事物的认识,在自然口语体中也多含递进义,如例(107)中"再一个来讲呢"所引内容也是对"没有文凭"的进一步补充和推进。我们可以利用标记替换法证明该句的递进义,例(107)中的"再一个来讲呢"可以替换为"而且",如例(108)。

(107)现在来讲呢,一个没有文凭,〈再一个来讲呢〉,就是你懂的一点儿东西已经要落伍了。(北京口语语料库/口语独白)

(108)现在来讲呢,一个没有文凭,〈而且〉,就是你懂的一点儿东西已经要落伍了。

而例(109)中"也……也"的典型义亦为平行并列关系,但是在主观性因素影响下,也含轻微递进义,第二个"也"前可以添加"而且",如例(110),标记的增加对句子原意都没有任何改变。

(109)我父亲没有正经的职业,〈也〉没有地,〈也〉没有房子。(北京口语语料库/口语独白)

(110)我父亲没有正经的职业,〈也〉没有地,〈而且〉〈也〉没有房子。

再以"一个……一个……"为例,例(111)中说话人列举了不吃早餐车食物的两个原因,主要是以说话人自己的视角为出发点对原因进行罗列,其前后项内容也并不完全同等,后项"公交车来回走肯定有飞土什么的"也是对前项的更进一步补充,是进一步的说明,我们可以用典型递进标记"而且"替换例(111)中第二个"一个"且不改变句子原意,如例(112);同理,例(113)中的"再一个"也可由"而且"替换,如例(114),因此可以看出两例均受到视角因素的影响而向递进关系偏移。

(111)早餐车我都不吃,嫌太脏,〈一个〉刮风那单说,〈一个〉公交车来回走肯定有飞土什么的。(MLC语料库/自然对话)

(112)早餐车我都不吃,嫌太脏,〈一个〉刮风那单说,〈而且〉公交车来回走肯定有飞土什么的。

(113)咱现在每月到那儿换成罐,没有安全性,〈再一个〉年老体衰,还往那儿跑。(MLC语料库/自然对话)

(114)咱现在每月到那儿换成罐,没有安全性,〈而且〉年老体衰,还往那儿跑。

正是情感和视角因素的作用,使自然对话语体中有一定数量的并列关系标记向递进关系偏移,加之已有的递进关系标记,使得递进关系成为该语体中很重要的一种逻辑关系。

综合本章3.3.3小节对比标记和并列标记连接递进项的情况,我们也考察了在自然对话、口语独白和科技文本三种语体中并列标记、对比标记连接递进项的比例,详情如表3-9所示。

表3-9 并列/对比标记连接递进项的情况表

语体类型	并列/对比标记数量	连接递进项的数量	比例
自然对话	63	8	12.7%
口语独白	80	18	22.5%
科技文本	189	3	1.6%

从语法化的角度来看,并列关系有向递进义发展的趋势,这似乎是一个超语体的趋势,但是通过对三种不同语体中并列标记和对比标记连接递进项的情况来看,这种并列向递进语法化的活跃程度是不同的,即在自然对话语体和口语独白语体中的语法化活动更为活跃。

逻辑结构标记是一种关乎话语的范畴,因为其对真实话语环境中的因素非常敏感,而且我们认为逻辑结构标记本身的意义都是相对稳定的状态或从相对稳态抽象而来的意义,而一旦有任何外界因素的扰动或变化,逻辑结构标记的意义便会发生偏移甚至会彻底向相反方向发展。结构前后项的句法关系类型叫作关系值(简称"值")。意义、结构、词汇、经验推论等任何一点扰动,都可以带动结构关系发生突变式值变(马清华 2005:237)。而值变又可以分为两类:一种只是值的大小发生改变;另外一种则是数值类别发生改变,对于这一类依旧保留原有逻辑关系的值变,我们暂且称其为逻辑关系值的"衰减",即句法关系的原关系值(逻辑关系类别)发生突变式值变,转而表示其他逻辑关系。可以说,标记的值是否变化与嵌在标记中间的"项"关系密切。马清华(2005:309)也曾提到"结构关系值并非僵死不变的,而是随着一系列参量的变化而波动不居的"。

3.4 小结

  从前文对单项逻辑结构标记的语法化、再语法化以及对偶对标记格式化的论述中可以看出,逻辑结构标记并不是一个封闭的类,逻辑结构标记、句法结构标记、指称标记、话语标记这四个标记系统之间有一定的互动。逻辑结构标记并不是语言表征逻辑关系的唯一途径,如一些相关的句式也可用来表征这类关系。也就是说,现代汉语中可以表示逻辑关系的手段不只局限在逻辑结构标记上,即词汇或短语层面的标记手段。

  在语言系统运作中,当逻辑结构标记形式缺失时,其他语言形式,如句内的其他虚词类、构式,甚至实词都可以顶替逻辑结构标记而发挥作用。以往研究对历时层面的关注较多,如王珏(2001)的研究,马清华(2005:406—407)认为这种语言子系统或单位之间代偿现象不仅存在于历时层面,同时也存在于共时层面,在逻辑关系表征范畴中,以虚词类为主的逻辑结构标记属于第一性,郭绍虞(1979:75)也很早就曾提出汉语的一般虚词在语句中起到一种脉络作用。而以其他句法手段表征逻辑关系则是第二性的表征手段,这种表征手段的调用一般是在一定的语言环境下由某种特定的语体影响因素诱发而形成。句法系统如果说是一种多层次的网络结构,那么逻辑结构标记等虚词类就是使得这一网络更加细密且高效化的一种手段。而对诸多代偿句式结构的使用便可以看作一个语言多样化的过程。

  如果将除逻辑结构标记外的其他语言形式表征逻辑关系的现象视为逻辑结构标记的语法化,那么已成的逻辑结构标记在一定语体因素作用下向其他逻辑关系类别发展的过程可以视为标记的再语法化过程。

  逻辑结构关系的标记化可以视为标记词对句法结构关系的主动控制,如果说标记词对结构关系的主动控制造就了标记化,而标记化也正是语言用来强化表达效果的一种手段(马清华 2005:290),那么另一方面,标记词对结构关系的被动吸收则推动了标记的演化,这也是本章所着力分析的问题之一。

结构跟标记的单向或双向互动贯穿组联、语序、值变和标记化等各个句法领域。控制、吸收是标记和结构的双向互动。结构从受控需要出发,提出了标记化需要(马清华 2005:257)。标记成分对结构的控制不仅表现在对值或类的控变上,也表现在结构组织的致联、调试、语序的活化作用以及语义或节律的优化作用上。反过来,标记成分又吸收结构关系由特征偏高,偏移或控变而起的值变、类变,以此为语法化活动的源泉。

当逻辑结构标记在某一或某些语体中被广泛应用时,便可视为逻辑结构标记最为成熟、活跃且使用范围最为广泛的一个阶段。标记的删略、标记所体现出的各种弹性表现就正是为适应、满足各种交际性需求而采取的一系列策略。当标记不能满足语义表达需求时,句内的其他成分(包括实词、句法结构标记、句子情态标记等),甚至是无标记手段也会被调用而形成语义上的创新。当所有以上这些表征手段都不能传达语义且不能引起人注意时,新的逻辑结构标记便会应运而生,而且这种标记一般不会出现在较为正式的场合,一般会出现在对新奇度接受程度较高且又能引起别人注意的语言场合。

逻辑结构的标记化在任何时候都可能发生,而且在不同的语体中,语言成分受到的语言系统外的影响因素也就有很大的差异,董秀芳(2016:225)就认为具有篇章连接作用的副词和连词与话语密切相关,由于语言变化在很多情况下都是在语言使用中发生的,因此话语相关性使得副词和连词成为更新较快的语言成分。本研究关注的正是各种语体场合下的言语,研究对象逻辑结构标记大部分由连词和副词构成,而本章论述的正是各种逻辑结构标记在不同话语场合下的变化过程。

第四章 逻辑结构标记方式的语体差异

逻辑结构标记的标记方式主要包括标记的隐现、标记的长度、标记的叠加、单项标记的停顿作用,以及格式类标记的可扩充性等,充分体现了逻辑结构标记方式的多样性。本章将主要讨论以上逻辑结构标记方式的语体差异。

4.1 标记的隐现

逻辑结构标记是否出现受到诸多言外因素的影响,一般会出现"单标省略"和"偶对标记缺失成分"这两种情况。

4.1.1 单标和偶标的优选策略差异

4.1.1.1 单标策略

对于同类的逻辑关系表达,口语体中使用单标的比例大一些,电视剧对话、小说中的会话部分等语体中也表现出类似倾向,且较书面语体中较明显的逻辑关联手段更为隐蔽。口语体中的语例如下:

(1) <u>很多车会停在自行车道上</u>(**原因分句**),这点让人特别气愤,〈所以〉我觉得占道停车一定要比其他的停车更贵,而且采取累计的收费方式。(MLC 语料库/自然对话)

(2) <u>客人可以在这里自己做</u>(**假设分句**),〈那么〉我也提供免费

的早餐。(MLC语料库/自然对话)

例(1)就是以原因小句表示原因,并未使用显性的逻辑结构标记"由于、因为"等,因此,也不能与其后小句中的"所以"形成偶对标记。例(2)则是假设分句中省略了"如果、假如"等标记,以上情况在口语体中非常明显,也说明自然口语体对单标策略有优选倾向。

4.1.1.2 偶标策略

同口语类语体相比,带有说理性、议论性的语体中的逻辑结构标记要更为显性化,而且不管是书面性的政论文本,还是口语类的辩论性语体,都是如此,在标记的显化率上,或者说标记以偶对形式出现的频率也较自然对话、独白等语体要高,具体的实例如下:

(3)〈如果〉我们将这些问题都弄清楚了,我们〈就〉根本上懂得了唯物辩证法。(《矛盾论》/论述类政论文本)

(4)鸡蛋因得适当的温度而变化为鸡子,〈但〉温度不能使石头变为鸡子,〈因为〉二者的根据是不同的。(《矛盾论》/论述类政论文本)

(5)〈虽然〉人类的天空中有少许乌云,比如说有些地方还有种族歧视的阴影,〈但〉这只是支流,因为民族平等的思想才是世界的主流,世界上局部战争不断,和平与发展也是世界不可逆转的主流。(全国大专辩论赛/辩论)

例(3)至例(5)都是以偶对形式的逻辑结构标记来表征假设(如果……,就……)、转折(虽然……,但……)等逻辑关系的,甚至有更为复杂的多重复句[(但……),因为……]。

对于两种说理性语体中的标记偶对性趋势,本研究认为不管是书面性的政论语言,还是口语性质的辩论语体,都是语体本身的说理性促使其更多地使用偶对型标记,相比之下,偶对标记也更能凸显和强化所要表达的逻辑关系，偏正复句关联词的结构控制作用主要有明示（凸显）、竞争、致联三种，而在因果、顺接假设、充分条件、事实让步等关系中，关联标记的结构控制作用从明示到竞争再到致联，依次递减（马清华 2012b），该研究还提到因果、顺接假设、充分条件、事实让步的意合度更高。在本研究中，也正是以上几类逻辑关系在两种带有议论性的语体中倾向于显性化、偶对化和框架化，这都更进一步地说明了在说理性动因的驱动下，语言系统内部做了相应的适应性调整，而这种调整也正包括各类逻辑结构标记，也就是使用显性化的、偶对的标记对逻辑关系加以"明示（凸显）"以增强其推理性，表明说话者对某事的态度。这类因果、顺接假设、事实让步等逻辑结构标记在偶对趋势上同其他口语体类呈现出了分化。

4.1.2　口语体中的标记缺失

　　语言是人对言外世界的符号化，语义结构中很重要的一部分是相对信息，因此人类会创造简单的方式去传递这种信息（Schoenemann 1999），情境性、主观认知、省力限制等始终伴随着语言的表达和理解，因此其任何表达都不会也不需要完全依赖于符号本身，即都是不完整的（马清华、汪欣欣 2016）。不完整性是人类语言的一个基本特征。该研究也进一步认为"省略、隐含、言外之义、蕴含、预设、隐喻等诸如此类的完型表达，都依托于情境，以不同程度和方式包含了言外信息"。我们发现，在本研究关注的自然口语体中，部分表原因义的标记缺失也都与言外之义相关。

　　推论在实际生活和语言生活中都必不可少。自然口语中多以主观感受为基础进行直接论断，如在日常口语对话中不乏如下语例：

（6）小张生气了。

（7）老李已经不耐烦了。

（8）这名学生一看就是说谎了。

广义因果类关系标记的主要作用之一就是用来推断,但是如果类似上述主观判断的句法方式使用得很广泛,则不需要动用因果类关系标记。

口语与书面语推断方式的不同可以由很重要的一个旁证予以证明,就是自然口语体中会更多地使用主观判断或推断义的情态成分,情态指说话人对相关消息的主观判断,是典型的人际功能成分(崔诚恩2002)。例如:"肯定""的确"是言语主体主观态度的重要标记,属于情态副词,表现言语主体的主观判断;"应该"则是主观性程度较强的一个能愿动词。这些都是重要的情态成分。

本小节在自然对话和科技文本两种语料中调查了"肯定、的确、应该"这三个主观性成分的使用频率,发现自然口语中会更多地使用这类主观性推断标记,如表 4-1。

表 4-1 自然对话与科技文本中主观推断成分的使用情况差异表

主观推断成分	自然对话(例句均取自 MLC 语料库)	科技文本
肯定 [28 例]	(1) 我想碘含量跟口味不能说直接有关系,反正间接**肯定**有关系。 (2) 地下空间还是有点植物,地下空间**肯定**是有灯有什么的话,底下**肯定**空气不是太好,**肯定**得有植物,没植物地下空间太热了。	【0 例】
的确 [2 例]	(1) 失窃率**的确**挺高,撬锁进去偷点东西,他们租房的,你也看不住。 (2) 我们去上厕所,麦当劳、肯德基,就是男性和女性**的确**是在生理结构上是有不同的。	【0 例】
应该 [40 例]	(1) 我觉得这**应该**是双方的问题,一个作为女性本身**应该**自强自立,**应该**努力搞好自己的工作。	【0 例】

在检索例句时,本研究只留用只以情态副词作为推断手段的,对于句中有逻辑结构标记和以上副词共现的用例,我们认为较难厘清两者中哪一个才算是主要的推断手段,因此这类例子并不在表 4-1 的计数范围内。

这也证明了自然对话中的一部分推断并未通过逻辑关联手段形

成。但是这样的论断方式在科技类书面语体中是不符的,科学语言需要陈述与论断相辅,推论更是应为文本的主要组成部分,但是科技文本则会更多地启用逻辑关联手段(其中也包括无标记关联手段)。对论断的过程进行说明也意味着对逻辑关系的梳理,其中不免要运用到逻辑结构标记等逻辑关系表征手段。

推论场合的正式程度也会对逻辑结构标记的分化施加影响。可推论性也会由于不同的场合需求而体现出不同的性质,言语发生时的正式度会对推论性有影响,继而也会影响逻辑结构标记的使用。日常口语对话的正式程度较低,该语体中所使用的推论性语言常未经过深思熟虑,说话人也就经常做出主观性判断,因此自然口语体中就存在一定数量的无须动用逻辑结构标记的直接性判断语句。而科技文本等语体由于其正式程度较高,其中的推论也势必经过反复思考,甚至会经过多人的推敲。

另外,除原因标记存在一定程度的缺失外,口语中的推论手段也比较多样化,如运用设问形式表示因果关系,如例(9):

(9) 提高的原因就是什么呀?就是过去呀有很多的种种的限制,现在没有限制啦。(北京口语语料库/口语独白)

王力(2015:183)也曾提及有些推理在口语里采用一种非常灵活的方式,不但不具备三段论法的形式,甚至判断的形式也不完全。

4.1.3　韵律语体中的标记隐现

韵律因素不仅可以使某些非强制性逻辑结构标记省略,在需要的情况下,某些逻辑结构标记还可以起到韵律占位的作用。这样一来,逻辑结构标记便成为一种可增亦可删的语言成分,我们认为这也可以称之为语言系统为满足于韵律需求而在逻辑结构标记上所调用的语言策略,这也是语言系统的适应行为之一。

在韵律因素的制约下,诗歌(尤其是韵律诗)、歌词等语体中的句法有时便会突破加以创新。语言有多种不同的语体,无意义句在不同语体中具有不同的价值功能,其可接受度也随之发生相应的变动(马清华2006:380)。同样的道理,有些被视为偏误句或病句的句子在诗歌或歌词中的可接受度也有所提升,一种接受度较低的现象也可称为创新。这种创新的代价就是对传统语法规则(更多的是教学语法规则)的违背,但是这种情况在诗歌等语体中就较为普遍。如多重定语的使用,在日常对话或者正式的公文写作中,我们大多都会回避连续多个"的"的使用,如:

(10) *这是我的八岁时的照片。
(11) *我的最大的愿望就是游览祖国的大江南北。

例(10)和例(11)均为本书作者在汉语作为第二语言教学实践中所收集的偏误语料,不难看出,在日常交际中,两个"的"连用都略显烦冗,但是在诗歌或者歌词中却不受这样的限制,如:

(12) 穿过你的黑发的我的手
穿过你的心情的我的眼
牵着我无助的双手的你的手
照亮我灰暗的双眼的你的眼
(《穿过你的黑发的我的手》/诗歌)

上述歌词中的"的"非但没有使歌变得繁复,反而会给听者一种创新或新鲜感。另外,本研究认为在韵律因素的驱动下,语言系统便会调用如上虚词系统以占位。王希杰(2014:182—184)对汉语的"衬词"进行了介绍,而只有在讲究语言节奏的诗歌韵文中以及保持口语风格的剧本和小说的人物对话中,才保留了一定数量的"衬词"。衬词绝大多数情况下都是无意义且只具有调节音节的作用,但是基于对诗歌韵文类语言材料的进一步分析,本研究发现,各类逻辑结构标记也有类似功能,如下列几例,而王希杰也提到一些原本有意义的语言成分在特定的歌词语境下会用作衬词,起到的就是增强节奏、调节音节的作用。

(13) 于是日复一日〈**然后**〉年复一年你上班不厌其烦
想着爱吃的菜想着前面的家你不怕夏热冬寒
(《上班族》/诗歌)

(14) 于是日复一日年复一年你上班不厌其烦
想着爱吃的菜想着前面的家你不怕夏热冬寒

语例(13)取自歌词文本,本研究认为"然后"的出现完全是为了前后两句的字数齐整,如果删略"然后"对语义表达完全没有影响,如例(14),换句话说,"然后"对于"日复一日年复一年"在语义上是冗余的,但是为满足韵律需要,逻辑结构标记有时也会被调用而起到韵律占位的作用。本研究判定某一逻辑结构标记是属于"占位"还是"正常使用"的标准是该标记是否与邻近内容存在语义上的重复,即是否属于"冗余"成分。

另外一个标准是标记所关联的两者之间并无明显的逻辑关系。下例(15)中"但妈妈说我哭的声音就像音乐"与前一句在语义上并无多少逻辑关联,虽说艺术语体有其特有的超现实性,但是我们认为此处的"但"最主要的作用是同"长大以后听人说起一花一世界"这句形成隔句的音节数目对应:

(15) 忽然间就和这世界遇见
<u>但妈妈说我哭的声音就像音乐</u>
第一次歌唱就自己谱写
<u>长大以后听人说起一花一世界</u>(《世界唯一仅有的花》/诗歌)

因此,对于用于韵律占位的语言成分,其最基本的要求之一就是不可增加原基本命题的语义内容,而逻辑结构标记、助词等虚词类成分恰能满足此需求。比如:

(16)(若)为自由故,两者皆可抛。

例(16)中的"若"就是一个可选性的假设义逻辑结构标记,因为"为自由故,两者皆可抛"就是一句命题义相对完整的句子。

字数齐整也是韵律的要求之一。从古代汉语发展到现代汉语,汉语经历了单音节渐趋双音节的过程,而诗歌也随之经历了古体格律诗至自由现代诗这样的一种转变。而何其芳在《关于现代格律诗》一文中也提到"现代汉语的口语以两个字以上的词最多,要用两个字、三个字以至四个字的词来写五七言诗,并且每句收尾又要以一字为一顿,那必然会写起来很别扭,而且一行诗所能表现的内容也就极其有限了"。从以上论述不难推出,韵律诗的表达与一般现代汉语语法是存在一定程度冲突的。但是目前不少歌词语言同韵律诗有着极为相似的地方,只是古体韵律诗在用韵、顿数、平仄等方面更为严格,歌词相对来说更为宽松而灵活一些,但是比当代自由诗(散文诗)要严格。在这种背景下,逻辑结构标记也就更容易为满足韵律需求而成为占位成分。

4.2 标记的长度

现代汉语以双音节为主要趋势,但是在特定因素的制约下,一些双音节或多音节的逻辑结构标记也存在被压缩的可能性,这里仅以网络语言中的实例加以说明。如例(17):

(17)十动然拒(意为:女生十分感动,〈然而〉拒绝了男生。)

在此暂且将"图侵删""十动然拒"等这样的结构称为"逻辑单元",我们发现其特点就是在文字空间受限时,明示逻辑语义关系的标记可以减缩,如例(17)中表示转折关系的"然而"缩减成"然"。

我们认为导致上述这种标记长度压缩最主要的原因就是信息传输的媒体对语言形式产生了压缩作用,即"信道"对语言形式施加的作用。在"然而"没有对应的单音节形式情况下,依旧将其压缩成为"然",这说明信道的筛选或压缩作用是相对强大的。如果从信息传输的基本原理来看,首先信道指的是信息传输的媒体。在通信过程中,如果信道较宽,信息不必压缩就可以直接传递;而如果信道很窄,信息在传递前就需要尽量压缩,解压缩的任务便会由信息的接收方承担(吴军 2014:12)。从这种角度来看,文言书面与微博语言确实有相通之处,前者是由于书写载体的限制而力求精练,而后者也常会受到发表字数的限制而力求凝练,而这两种语言表征过程也都是一种"信道压缩"的过程。另外,新闻语体、网络语言以及文言也会因追求对偶而表现出"去标记化"倾向,给读者带来朗读上的韵律感。

在本研究中,传输信道的特点对逻辑结构标记的影响主要是线性层面的,最主要的是对逻辑结构标记的形式进行压缩,其最明显的体现便是网络聊天语体中的逻辑结构标记。

随着汉语的发展,汉语词汇的音节数目也从以单音节为主发展至以双音节为主,不过现代汉语中仍保留着相当数量的单音节词,与同其意义相近的双音节词共同作为基本词库备用,这一点在各逻辑结构标记上表现得尤为明显,如"虽——虽然;但——但是;因——因为;可——可是;并——并且;为——为了"等等,在自然口语体中,对单音节和双音节的选择并无严格要求,两种用法均存在于自然口语等较为常用的语体中,我们并未发现自然口语等较为随意的口语体对关联标记音节数有任何严格的限制,如下例(18)和例(19)中的"但"和"但是",用法较为随意。

(18) 老百姓也得算，在那儿也是吃喝、这儿也是吃喝，无非那儿房子大点，**但是**房子大又增加了一个费用。(MLC 语料库/自然对话)

(19) 如果他没有采取减肥措施，**但**突然变瘦，那肯定是身体有什么问题，那肯定得上医院去查一下。(MLC 语料库/自然对话)

不过，从自然对话中单双音节逻辑结构标记可互换的情况来看，现代汉语对同等意义的表达在音节数量上会表现出一定的弹性，说话人可根据自己的需求来调用相应的选择。一般情况下，在自然口语中，对所选词标记音节数要求并不严格，也没有如语言传输通道大小等限制；而在诗歌等韵文类语体中，有时为满足特定的音节要求，则会在不同音节数目的标记之间有所选择，如例(20)中的"可她每次遇见我"就是为了和上一句"我没拉过她的手"音节数相同而选择了单音节的让步标记"可"；例(24)亦如此，最后一个小句中"但"的使用完全是为了与前后几句的句子长度相匹配。如果将这三个例子中的逻辑结构标记分别更改为相应的双音节形式，如例(21)、例(23)和例(25)，则完全打破了其前后句所着力寻求的一种音节长度以及字数上的完全吻合。本研究认为这种在语义同等的条件下选择单音节标记也是一种标记的"压缩"。

(20) 院里漂亮的小妞
　　　我没拉过她的手
　　　可她每次遇见我
　　　都那么害羞(《旧的童年》/诗歌)
(21) 院里漂亮的小妞
　　　我没拉过她的手
　　　可是她每次遇见我
　　　都那么害羞
(22) 我的身体在这里

可心它躲在哪里(《我的秋天》/诗歌)

(23) 我的身体在这里

可是心它躲在哪里

(24) 我给你自由

记忆的长久

我给你所有

但不能停留(《像风一样自由》/诗歌)

(25) 我给你自由

记忆的长久

我给你所有

但是不能停留

对于以上标记的使用,其人为扰动因素较大,因为相对于自然对话等在自然情况下发生的语言,艺术语体(包括诗歌、歌词等)需要经过一定程度的人为锻造和加工,但是这种锻造和加工也是在需求之下才发生的,只不过在很多时候是创作者有意而为之,因此可以视为语用层面上的组织。

另外,我们在歌词文本中也发现了为满足韵律、句长的因素而必须使用双音节标记的情况,如例(26)中的"因为",首先该标记在此语境下有韵律占位的功能,而之后又在占位作用的基础上选择了双音节标记"因为"以使前后两句在字数上保持相同;例(27)中的"或许、但是、因为"均是配合字数齐整而采取了同等语义下的双音节形式。

(26) **因为**懂得了欣赏枯萎

才能对盛开格外赞美(《向世界尽头》/诗歌)

(27) 时间走了 我们老了 **或许**我们一样没了勇气

他们笑了 他们爱着 **但是**我们为什么在喝彩

一段岁月 很多故事 直到我们全都快要死去

因为有你 我的兄弟 就在冬末夏至那天我往前走（《冬末夏至》/诗歌）

虽说不能完全将字数齐整的原因视为由逻辑结构标记所致，但是至少可以看出逻辑结构标记在满足韵律需求方面表现出的在音节数量上的弹性。

在古体诗歌中，我们也可以看出逻辑结构标记为适应韵律需求所做出的适应，如王安石的《梅花》：

墙角数枝梅，凌寒独自开。
遥知不是雪，为有暗香来。

"为"在此处可以释为"因为"，全诗释义为"墙角几枝梅花冒着严寒独自盛开。远远望去就知道洁白的梅花不是雪呢，这是因为梅花隐隐传来阵阵的香气"。此诗作于北宋年间，而"因为"的成词年代则要早于此诗。太田辰夫（2003：303）以唐代中期传奇小说《集异记·广记》（又名《古异记》）的两个例子说明了"因为"用于从句（前句）的用法是从前就有的，如例(28)和例(29)：

(28) 时方被酒，因为衣襟胃挂树根而坠阱中。（《集异记·广记》）
(29) 因为着力，得免回。（《集异记·广记》）

虽然还不能完全考证这种用法的精确时间上限，但是我们至少可以判定"因为"作为双音节的用法是要远远早于王安石《梅花》成诗年代的，其创作时存在单双音节可选，使用"为"在很大程度上是对韵律需求的回应。

基于前文对诗歌文本中逻辑结构标记形式上的分析，我们发现该语言材料中的逻辑结构标记具有相当高的灵活性，且很大程度上会受制于韵律、节奏方面的因素。而逻辑结构标记为何会具有如此灵活性，其根源在于逻辑结构标记词大多属于虚词类，当韵律、节奏方面的需求对语言形式施压时，最先反应的应该就是负载语义较少的虚词类。

从语言学视角来看，各种虚词的引入使得现代汉语更为精密，如果将语言视为一个复杂的"网眼状系统"，那么虚词的出现或使用则会让这张网变得更加"细密"。从这一点上，我们也可以看出，逻辑结构标记等虚词在不同语体中的使用也就是汉语复杂化和多样化的一种策略，吕叔湘(1979:89—91)在《汉语语法分析问题》中所提出的最后两个问题就正是汉语句子的复杂化和多样化，这也是汉语研究的最终目的。本研究认为汉语发展至今，逻辑结构标记的增多是汉语复杂化的一种表现，而在不同的语体因素的作用下，逻辑结构标记所呈现出的差异性分布及表现正是语言的多样化表现。也只有将诗歌、歌词等小众语体纳入研究中才可发现这种差异性的趋势。

4.3 标记的叠加

除了单项使用或偶对出现外，逻辑结构标记还可以同类标记叠加的形式出现，而且通常是两类偶对标记前项的叠加，如均可以表示假设关系的"如果"和"要是"就可以形成叠加，如例(30)：

(30)〈如果〉〈要是〉保持这一天有八个小时的工作时间，我觉得可以把中午的午休时间给缩短一点。(MLC语料库/自然对话)

对于复句间关联标记的模式研究，储泽祥、刘琪(2008)，朱斌(2015)等研究做了深入的讨论，如将标记模式分成"居中粘结式、居端依赖式、前后配套式"。而对于逻辑结构标记的叠加使用模式，则少有研究涉及，其中如王姝、王光全(2014)则指出很多在汉语史上能单独表示假设关系的连词叠加而形成了双音节连词，如"即使、假使、假如、如若"等。本书认为逻辑结构标记以及复句的研究终究是一个关乎话语的研究方向,任何话语中出现的形式都有出现的动因。因此,本小节将对不同语体中的单项标记叠加的现象进行分析。

4.3.1 口语体中的标记叠加

【假设关系】[如果+要是]

在本次研究涉及的语料中,我们共发现了8例"如果要是"叠加使用的例子,分别来自自然对话、辩论、情景剧对话。如下:

(31) 对方辩友又一次承认了我方的观点,〈如果〉〈要是〉谋利就不能正其义,那正其义还当不当谋其利呢?(全国大专辩论赛/辩论)

(32) 当年我要不是投身革命,直接我就报考了清华大学的机械制造系,〈如果〉〈要是〉那样的话,我们国家现在还何至于进口小汽车嘛啊?(《我爱我家》/情景剧对话)

(33) 当时父亲的工作单位,离我们家大概只有10分钟左右的车程,〈如果〉〈要是〉步行的话,大概会有30分钟的时间。(MLC语料库/自然对话)

(34) 〈如果〉〈要是〉保持这一天有八个小时的工作时间,我觉得可以把中午的午休时间给缩短一点。

(35) 〈如果〉〈要〉走,请你记得我。(《借口》/诗歌)

但是为了更精准地观察标记叠加现象在语体使用上的倾向性和广泛性,本章节除利用自建封闭语料库外,还利用了北京语言大学开发的BCC汉语语料库,从中检索了部分语料,其中检索到"如果要是"叠加用法共129例,其中最主要的来源就是微博,共59例,约占45.74%,另外还有来自《百家讲坛》等口语性较强文本中的用例,如:

(36) 八年了,两只龟没动静,〈如果〉〈要是〉一公一母,早应该下小龟了吧,是我这个主人当的不称职,让它们同性了。(BCC语料库/微博)

(37) 我觉得〈如果〉〈要是〉想过好幸福的婚姻家庭生活,或者再早一点说要建立一桩美满的爱情,或者再早一点说要去谈恋爱,我觉得很有必要先很好地自我认识,然后检查检查自己,自我的心理健康状态怎么样?(BCC语料库/百家讲坛)

除了微博和百家讲坛的用法,从BCC语料库中所取的129条语料中剩下的大多数来自小说和《文汇报》《人民日报》等媒体语言,不过经过识别后,我们也发现这种来源的语料不少都是口语引语,如:

(38) 这地方虽然很僻静,似乎并没有什么不对,不过,〈如果〉〈要是〉有的话,那就十分不平常了!(BCC语料库/小说《魔中侠》)

(39) 我觉得国际长途费用〈如果〉〈要是〉降到每分钟六七元的标准,国内长途也降降价,那大家的选择余地更多了。(BCC语料库/《人民日报》)

我们在论述性较强的学术语体中很少发现[如果+要是]叠加的情况,从上面的语例中也不难看出,"口语—书面语"的分野并不是决定上述单项标记叠用的主要制约因素。对于[如果+要是]的叠加,更为准确地说,应该是说话者的主观性强调才允准了该用法,其结果就是两个假设义关系标记叠加使得语句所传达出的非现实语义更高。

【假设关系】[如果+假如]

除了[如果+要是]外,我们也在BCC语料库中检索了[如果+假如]叠加使用的用法,虽然用例不多,却也可以证实上述这种"非现实语义"的观点。

(40)〈如果〉〈假如〉大概也许可能一生写一本书，我绝对不会写回忆录。(BCC语料库/微博)

例(40)取自微博语料，句中除了"如果、要是"的叠用，还使用多个情态类估测标记"大概、也许、可能"，这又进一步地提升了全句的非现实性语义。而为何会出现这样的假设义与估测义叠加表示非现实语义的情况，本研究认为这就与语体因素高度相关，正是各类口语体以及网络聊天语体(微博语言)等有表达非现实语义的需求，因此才允准了上述用法。

4.3.2　书面语体中的标记叠加

标记的叠加也不仅仅出现在口语类语体中，还出现在一些正式程度较高的语体中。通过语料检索，我们发现因果类标记[因为＋由于]和并列关系标记[此外＋同时]最常用于科技文献等正式度非常高的书面性语体中。

我们依旧在BCC语料库以"[因为＋由于]"为关键字进行检索，共获得95条语料，其中有36条来源于"科技文献"，其次是来源于各种媒体语言，如下语例：

【因果关系】[因为＋由于]

(41)尽可能呆在事故现场的上方，上坡和上风处，〈因为〉〈由于〉受水流、重力或风向的影响，化学危品可能扩散。(BCC语料库/科技文献)

(42)〈因为〉〈由于〉机体微量免疫力的存在，加之系再次感染，机体的免疫反应异常迅速而强烈，未待临床症状出现，新产生的机体免疫力就把麻疹病毒杀灭了。(BCC语料库/科技文献)

(43)〈因为〉〈由于〉没有租赁期限制，价值巨大的存量公有住房使用权实际上已经成为私人占有的财富而不可能无偿收回。

(BCC 语料库/科技文献)

（44）〈因为〉〈由于〉互联互通、网间结算等原因,成本可能会增加。(BCC 语料库/《人民日报》)

上述几条语例均是较为典型的书面语言,"因为"和"由于"两个原因标记的叠加在实质上就是增强了全句的说理性,凸显其后所引导的原因小句,科技文献等典型书面语体对说理性也是有很大程度上的需求,这就是一种客观性的强调。

【并列关系】[此外＋同时]

并列关系亦是书面语体中较为重要的一种逻辑关系,因此我们也考察了并列标记叠加的用例,包括[此外＋同时][另外＋同时]等。

（45）取标本均匀涂布于普通琼脂平板,必要如链球菌加血平板,贴加药纸片,次日观察结果。根据菌环大小作初步报告。〈此外〉〈同时〉作常规分离培养鉴定纯菌种,按 KB 法进行药试验,以作对照和正式报告。(BCC 语料库/科技文献)

从上例可以看出,单项逻辑结构标记的叠加并不是一种专属口语体的语言现象,科技文本对这种超常式的标记叠加方式是持开放状态的,是被允准的。只要能满足特定语体的交际需求,标记叠加这种标记方式就可以被调用。

通过本小节的分析,我们发现标记的叠加并不仅仅是一种因口语的即时性或情感的宣泄而造成的对逻辑结构标记的叠加使用,标记叠加的出现频率是需要高度屈从于语体功能或语体意图的。不管是口语体中的单项标记叠加,还是书面语中的单项标记叠加,都是利用标记的语义冗余来凸显其语体的表义需求。

4.4 标记的停顿

在表现形式上,停顿不仅仅可以是无音段的表现,也可以是强弱音段的对比,还可以是节奏的舒缓和紧凑之间的对比。经过语料分析,我们发现自然口语体中的单项逻辑结构标记在语句中就具备这样的作用。

储泽祥、陶伏平(2008)将关联标记的模式分成"居中粘结式、居端依赖式、前后配套式"三种,分别是:

句中粘结式:(1) Cl_1,g+ Cl_2;Cl_1,g,Cl_2。(2) Cl_1+g,Cl_2。

居端依赖式:(3) g+ Cl_1,Cl_2。(4) Cl_1,Cl_2+g。

前后配套式:(5) g_1+Cl_1,g_2+Cl_2。(6) g_1+Cl_1,Cl_2+g_2。

(7) Cl_1+g_1,g_2+Cl_2。(8) Cl_1+g_1,Cl_2+g_2。

从这些模式中也基本可以看出,在一般情况下,逻辑结构标记更倾向于出现在小句的边缘位置,或在位置上倾向于前一个小句,或倾向于在后一个小句。但是在自然口语体中,这些本就不属于句子核心命题成分的逻辑结构标记便会从句子中离析出来,即前后存在较大的停顿,如:

(46) 通过我们这改进以后呢,就是手工工作减少了。〈另外〉,人为的误差也减少了。(北京口语语料库/口语独白)

(47) 她这个职务津贴呢,一月四十来块。这加上工资呢,是八十块钱。〈现在呢〉,感到这个就是说很满意。(北京口语语料库/口语独白)

例(46)和例(47)的逻辑构标记在口语独白语体中经常充当话语标记以使话语延续,如例句(46)中的表示并列关系的"另外",还有例(47)中表示承接关系的"现在呢",这两个标记都在一个相对较为独立的音段中,与前后分句间隔较大,我们认为类似逻辑结构标记就间接地起到了停顿作用。马清华(2005:164)在研究中曾引用萨丕尔的论点,即"汉语诗依靠数目、响应和声调对比原则",这是汉语较为独特的节奏系统。这些作用在各种语体中都有所体现。而结合上述分析,我们认为在自然对话、口语独白等较为随意的话语场合中,逻辑结构标记的停顿作用是更为凸显的。

4.5 标记的扩充

4.5.1 并列标记

本书第三章指出,在同约 2 万词的抽样语料规模下,科技文本、自然对话、口语独白三种语体中并列标记数量相差就较为悬殊,科技文本中数量最多的是并列标记,这说明并列关系是该语体中一种非常重要的逻辑连接方式,该语体中近半数的联合关系标记都属于并列关系。科技文本彰显了思维的概括性和抽象性,不少研究都表明科技文本由于思维缜密、逻辑性强、语篇连贯等原因,语篇所含逻辑结构标记的数量可能比口语体更多,如"主从复合句比并列复合句更具文语特点,在文语中有很高的使用频率,主从复合句广泛用于科学语言,这是因为科学语言需要表述各种现象间复杂的相互关系"(科任娜 1982),虽然此结论并非绝对,但是也体现不少研究都倾向于认为联合关系更适合口语类。但基于以上论述,我们不难看出,复句内部的并列关系并不是一种低级的逻辑关系。

在已有语言复杂性和复杂度的相关研究中,学界多以语言单位中成分的数量或成分间的聚合程度为复杂度的主要依据,"并列"也经常被用作测量句子复杂度的指标,有研究就曾对句子复杂度测量手段进行了总结,涉及话语单位的长度、句子复杂性、从属、并列、特殊结构等五种手段,共 14 种指标,其中以"并列"为指标的几种方法有并列短语的平均数、T单位内并列短语的平均数、句子内并列T单位的平均数（Lu 2010）。其中的T单位由Hunt在《三个年级学生作文的语法结构》(1965)这一研究报告中提出，T单位（最小可终止单位 minimal terminable units），即通过首字母大写和句号便可使之在语法上终结的单位，所谓一个T单位就是一个主句加上所有从属从句的总和。但是基于以上数据和分析，我们发现除上述短语层面的并列和T单位的并列之外，复句间的逻辑并列关系同样可以反映句子的复杂度。并列虽然是最简单原始的句法组合之一，却并不低级。并列结构可以推进句子复杂化和简单化的双向活动，我们可以对并列结构所含公因子进行提取，使语言变得更为简洁，也可以使得语言更为精确而高效，这也是科技文本中较多使用并列关系的原因之一。

除数量上的优势外，科技文本中的并列关系标记还表现出了较强的可扩充性，该语体中多运用如"一方面……一方面……同时……""第一……第二……第三……"等连接三个及三个以上分句的标记群表示并列关系，如例(48)：

(48) 由于进行CT检查的病人多数禁食数小时，所以对于需要增强扫描的病人检查前给予静脉滴注1%葡萄糖溶液。〈一方面〉可避免因低血糖而增加和加重不良反应。〈另一方面〉一旦出现不良反应，就能做到及时快速地静脉给药，不至于延误病情。〈另外〉，输入液体可稀释血中造影剂浓度，以加快造影剂的排泄，提高用药的安全性。(BCC语料库/科技文献)

另外也常用如"除……外，也……，还有……"等有逻辑范围限定作用的并列标记，如例(49)，而口语体中则多常用单标记或偶对标记来表征逻辑关系。

(49) 〈除了〉上述的指导性方法〈外〉，植物学〈也〉和其他生物

学的学科一样,〈还有〉一些具体的学习方法,即观察、比较和实验。(《植物学》/科技文本)

那么为什么科技文本中会出现这类可扩充式的并列标记,这主要是因为联合关系本身就是多元的,是允许多项扩充的,而偏正关系是二元的,一般情况下是不可以扩充的,因此科技文本的非现场性使得该语体中的句子较长,而可扩充的并列标记恰好可以满足此类需求。因此"现场性/非现场性"这一对言外因素的设定,加之并列标记本身的可扩充性,共同导致了这种可扩充标记方式的存在。而这种可扩充式的并列标记使语句的语义范围进一步得到了限定,这也能更进一步满足科技文本对语言精确表达的需求。

4.5.2　承接标记

逻辑结构标记的可扩充性不仅在并列标记中有所体现,承接标记中也有类似情况,如科技文本中多出现连接多个分句的承接标记群,如"最初……以后……最后……""首先……其次……此外……"等,如例(50):

(50)水在种子萌发过程中所起的作用是多方面的,〈首先〉,种子浸水后,坚硬的种皮吸水软化,可以使更多的氧透过种皮,进入种子内部,加强细胞呼吸和新陈代谢作用的进行,同时使二氧化碳透过种皮排出种子之外。〈其次〉,种子内贮藏的有机养料,在干燥的状态下是无法被细胞利用的,细胞里的酶物质不能在干燥的条件下行使作用,只有在细胞吸水后,各种酶才能开始活动,把贮藏的养料进行分解,成为溶解状态向胚运送,供胚利用。〈此外〉,胚和胚乳吸水后,增大体积,柔软的种皮在胚和胚乳的压迫下,易于破裂,为胚根、胚芽突破种皮,向外生长创造条件。(《植物学》/科技文本)

相对于前述的并列、承接类标记在科技文本中的可扩充性,口语体中同类逻辑结构标记的扩充使用频率则会降低。相对于科技文本来说,口语体更贴近即时性语言,其对自然语言的一些复杂性特征表现得就更明显,如语言的模糊性。语言外部系统同语言内部系统存在着一定的互动,当言外系统可以提供足够的信息时,言内系统对话语的表征会有所俭省。科技文本由于媒介的限制,对精准性的需求就较高,表征逻辑关系的标记词必须明晰而严密,而口语体由于多能借助韵律、语调,甚至手势、表情等其他手段,所以对语言的精准性需求就会降低,这也正是上述书面语体和口语体中并列标记词呈现差异表现的原因之一。

4.6 紧缩复句中的标记

紧缩复句由复句紧缩而成,是特殊的复句形式。不同语体文本中的紧缩复句对逻辑结构标记的使用也呈现出特殊的隐现规律。自然口语、诗歌语体、带有口语性质的政论语体等对于紧缩复句的使用呈现出较强的倾向性。

4.6.1 假设和条件关系紧缩复句

基于语料分析,我们发现自然口语和带有口语性质的政论语体中易使用紧缩句来表征因果大类关系,包括假设、条件关系等,例句如下:

(51)〈一〉改革〈就〉调动了农民的积极性,然后我们又把农村改革的经验运用到城市,进行城市经济体制改革。(《邓小平文选》/正式谈话类政论文本)

(52)不要以为,〈一〉说计划经济〈就〉是社会主义,〈一〉说市场经济〈就〉是资本主义,不是那么回事,两者都是手段,市场也可以为社会主义服务。(《邓小平文选》/正式谈话类政论文本)

（53）〈一〉变〈就〉人心不安，人们就会说中央的政策变了。（《邓小平文选》/正式谈话类政论文本）

类似的紧缩句式还有："又……又……；越/愈（是）……越/愈（是）……；再……也……；要……就……"等，其中很多紧缩格式都是由关联副词构成，如：

（54）〈要〉怪〈就〉怪你妈和他爸！（《北京爱情故事》/电视剧对话）
（55）跟他说，别谢我，〈要〉谢〈就〉谢咱们时代！（《我爱我家》/情景剧对话）
（56）我就说这事儿〈要〉怨〈就〉怨我妈。（《我爱我家》/情景剧对话）

而按照邢福义对复句关系的分类，其基本可归入因果大类中。

本书前文对自然对话和科技文本两种语体中的显性逻辑结构标记进行了统计，数据显示两种语体中表示因果和条件关系的标记数量差距并不明显，数量相差较大的是假设关系标记，在科技文本中，假设类标记仅占该种语体逻辑结构标记总量的 3.237%（详见"3.2.2 逻辑结构标记的再语法化"）。而后，我们在观察语料后发现自然对话语体中还运用了一定数量的紧缩复句来表征假设、条件逻辑关系，具体的数据见表 4-2。

表 4-2 紧缩类标记分布情况统计表

关系类别	假设			条件		
标记数量	假设类标记总量	假设类紧缩标记	紧缩类占比	条件类标记总量	条件类紧缩标记	紧缩类占比
自然口语	77	18	23.4%	35	15	42.9%
科技文本	19	0	0	27	0	0

紧缩复句标记在假设和条件关系标记中所占比例都非常高，而紧

缩复句也确实是表征逻辑关系的一种重要手段,黄大祥(1990)就认为"紧缩复句所包含的前后两个动词或动词性词组之间存在的是一种非语法的纯逻辑关系"。而在科技文本中的假设和条件关系表征手段中,我们并没有发现紧缩复句的用法。从复杂性角度来讲,口语体的复杂性并不低于书面语,从自然对话语体中大量运用的紧缩复句便可明晰,不少观点认为紧缩复句就是由复合句缩合而来,因此有不少研究关注紧缩句的来源问题,这里对此类研究不作赘述。但是本研究认为不管其来源如何,相较近似意义的复句而言,紧缩句的语义密度是更高的,即单位长度下包含的语义内容更多,如例(57)的语义密度就较例(58)高。

(57)〈一〉下雨〈就〉害怕了。
(58)〈只要〉下雨,〈我/他/他们〉就害怕了。

紧缩复句在语义上呈现凝缩,在形式上呈现复杂,这些都是以范式复杂性的提升为代价,而得到的结果就是处理复杂性的下降,紧缩复句的出现也正是对降低处理复杂性这一需求所做出的一种适应,这也是口语中的语句多短小凝练的原因,所有的模式化(含规则化、程式化)都可以类推,能强化复杂对象的可压缩性,提升处理自动化,因而都可导致复杂性下降(马清华、汪欣欣 2016)。

有研究将有标记紧缩句按语义分为条件类、假设类、因果类、目的类、并列类、连贯类、递进类、选择类、转折类、让步类(赵雅青 2014)。不过,在实际使用中,从数据统计上看,条件、让步、假设这三类有标紧缩复句的使用频率更高一些,有研究就曾对《汉语水平等级标准和等级大纲》中四个等级(甲级到丁级)的紧缩复句进行了分析(汪欣欣 2014),发现《大纲》内所包含紧缩复句也多用来表示条件、假设、让步三种关系。而《大纲》对这些句式的收录至少表明了这三类紧缩复句是常用的。

4.6.2 并列关系紧缩复句

我们在上一小节的分析中曾发现,自然口语体中假设和条件关系的表征不仅仅动用了逻辑结构标记手段,其中有相当一部分逻辑关系是由紧缩句式来完成,假设类紧缩标记占假设标记总量的23.4%,条件类紧缩标记占条件标记总量的42.9%。而在诗歌语体中,我们也发现了大量紧缩句的使用,其中就有一定数量的单标或无标的并列紧缩复句,如下例(59):

(59) 把幸福和团圆连成串,<u>没有愁来没有烦</u>,都说冰糖葫芦儿酸,酸里面它裹着甜,都说冰糖葫芦儿甜,可甜里面它裹着酸,山里红它就滴溜溜的圆,圆圆葫芦冰糖儿连,<u>吃了它治病又解馋</u>,你就年轻二十年。都说冰糖葫芦儿酸,酸里面它裹着甜,都说冰糖葫芦儿甜,可甜里面它裹着酸,糖葫芦好看它竹签儿穿,象征幸福和团圆,把幸福和团圆连成串,<u>没有愁来没有烦</u>。都说冰糖葫芦儿酸,酸里面它裹着甜,都说冰糖葫芦儿甜,可甜里面它裹着酸,<u>糖葫芦好看它竹签儿穿</u>,象征幸福和团圆,把幸福和团圆连成串,没有愁来没有烦。(《冰糖葫芦》/诗歌)

上面歌词语料段落(59)中既有无标记的紧缩句,如省略了并列标记的紧缩句如"没有愁来没有烦""糖葫芦好看它竹签儿穿",也有带标记的并列紧缩句"吃了它治病又解馋"。

4.6.3 无条件紧缩复句

除了上一小节所述的单标或无标并列标记外,诗歌语体中还出现了不少无条件偶标紧缩标记,如下例(60)中的"不管……都是"条件也是将语义内容压缩至紧缩句中的例子。

(60)〈不管〉远近〈都是〉客人,请不用客气(《北京欢迎你》/诗歌)

(61)〈不管〉是西北风〈还是〉东南风(《黄土高坡》/诗歌)

(62)我要闯入江湖中〈不管〉下雨〈和〉刮风(《我和我不同》/诗歌)

而例(62)更是用"不管……和"这一更为紧凑的形式来表示无条件关系,其目的就是要在字数上与上一句"我要闯入江湖中"相等,而与其能表达同等意义的"不管……还是"等双音节后项标记都被弃用。

基于本小节的论述,我们认为不管是并列、假设还是条件类的紧缩复句,其更倾向于出现在口语体或诗歌语体中的原因之一就是口语或诗歌语体的体积较小,因此需要在线性层面上对语言形式进行压缩。

4.7 逻辑关系构式

本章的前六个小节对逻辑结构标记方式进行了论述,包括标记的隐现、长度、叠加、停顿、扩充等,以及紧缩复句中的标记形式。当添加、删减、调整音节、无标记等所有策略都不能满足逻辑关系的表征需求时,便会开始利用句式进行关系表征,而随着句式使用频率的提升,便会产生紧缩、连谓等压缩性形式。而后,这些句式或构式在使用过程中不断地失去语义的表达效力,或将通过语法化从而发展成为框架式标记词(如"越……越")。除前述的各种典型及非典型的逻辑结构标记词外,各种口语体以及部分艺术语体中还经常会形成一些可以表达逻辑关系的构式。

Goldberg(1995)认为"当且仅当 C 是一个形式-意义结合体〈FI,SI〉,且形式 FI 或者意义 SI 的某些方面不能从 C 的组成成分或其他先前的构式中严格推导出来时,C 是一个构式"。"构式"这一术语的基本核心为构式的形式和意义都不是简单地从其组成部分相加而来,通常构式具有不可推断性。但是构式作为一种句式研究,在很长一段时间内都局限在结构主义语法的研究范式内,对表示相似语义关系的构式的系统性研究较为匮乏。施春宏(2013)认为"就句式性构式而言,在认识句式之间的关系时,构式语法比较注重做出跨构式的概括,主要是注重同一句式形式不同表达功能类型之间的承继关系的分析,而对于不同句式之间的关系,如句式家族、句式群等,虽对其中的关联有所关注,但是在方法论上往往对推导策略、派生手段比较排斥"。本小节正是从逻辑语义关系出发,对现代汉语中能表示逻辑语义关系且在形式上有一定相似性的逻辑构式群进行系统性梳理和分析。

逻辑结构标记同其关联项(或"结构项")之间的关系也会受到某些语体因素的影响,一般来说,关联项 A 和 B 之间不是"同言成分",如"因为 A,所以 B""虽然 A,但是 B""既然 A,那么 B"等。在各类逻辑关系中,并列关系所联的关联项在句法功能项需要相同,而其他类别关系,特别是各偏正类别关系,很少出现关联项句法功能相同,更不用说出现语义和句法功能完全相同的关联项了。此类构式的形义透明度较低,而将上述结构定位为构式,也正是为了对构式形义透明度进行分析,并力求对其形义透明度较低的原因进行解释。

但是在口语类、网络聊天语体、诗歌等部分语体中,"同言成分"就可以进入构式中而形成同言构式形式。有研究将此类构式归为拷贝结构,现代汉语拷贝结构包括重动式、同语式和其他小类的拷贝结构(盛蕾、张艳华 2018)。实际上,现代汉语拷贝结构的很多结构都能表示逻辑的关系,是现代汉语中能表达逻辑关系的重要手段(沈家煊 2019:88)。现代汉语中的拷贝结构可以表征并列、因果、转折、假设等逻辑关系,这类结构的使用多是出于语体和语境等原因,这些结构呈现出较强的语体倾向性。

从数量上看,在所有的语料中,现代汉语拷贝结构的数量并不多,王灿龙(1999)在研究中早就指出重动句这类拷贝句式在实际语言交际中的使用非常少。从语篇的整体分布上看,在本研究所关注的 20 种语体语料中,这种拷贝构式出现在自然对话、网络聊天、辩论、演说、情景剧/电视剧对话、小说对话、诗歌、散文、口语政论文等语料中,不难看出,这类同言逻辑构式具有非常明显的语体倾向,主要出现在带有口语性质的诸多语体以及部分艺术语体中,与该类句式的主观义表达相关。具体有以下构式:

4.7.1 对举构式

【你 V 你的 A,我 V 我的 B】

朱军、李丽君(2015)较早将该构式称为"对举构式"。"你 V 你的 A,我 V 我的 B"是较为常用的一个对比义构式,常出现于日常用语或文学作品中,如:

(63) 你走你的阳关道,我过我的独木桥。
(64) 你有你的哥儿们,我也有我的姐儿们啊。(《北京爱情故事》/电视剧对话)

在该构式中,小句中的 V 基本趋同,如上两句中的"走/过、有";A 和 B 是相关的,如"阳关道——独木桥""哥们儿——姐们儿",A 和 B 通常在音节上也相同。该构式在表达对比关系的同时,同时强调 A 与 B 的无关联性,表面上是对事实的陈述,但实际上在应用时大多是说话人的立场表达,该构式带有强烈的主观性,以表明说话人的立场和态度。

【A 什么 B 什么】

从形式上看,"A 什么 B 什么"由两个动词 A、B 以及疑问代词"什么"组成,从语义上看,该构式主要用来表达条件关系,但是"什么"是全指还是虚指,使构式的语义有所分化,基本上可以分为两类:无条件/充分条件。

（一）无条件关系：当"什么"表示所指代的范围内没有例外是全指时，该构式多表达无条件关系，基本可用"无论……都"来改写，如例(65)至例(68)：

(65) **买**什么**丢**什么（←无论买什么，都丢）

(66) 我就秉定了这么两个字儿——真诚，**有**什么**说**什么，就简简单单、朴朴实实、原原本本地把自己人生的几个小故事讲给大家，可以吗？(《开讲啦》/演说)（←无论有什么，都说）

(67) 相声演员的肚，杂货铺，**买**什么**有**什么。(《八扇屏》/相声)（←无论买什么，都有）

(68) 朱老头儿对我讲，我什么都不用干，他有现成的货。满满的好几抽屉呢，**要**什么**有**什么！(《洗澡》/小说对话部分)（←无论要什么，都有）

（二）充分条件关系：当"什么"指代集合中的并非全部的某些个体时，"什么"是虚指用法，这时构式表达的充分条件关系，基本可用"只要……就"来改写，如例(69)至例(72)：

(69) **讨厌**什么**来**什么（←只要讨厌什么，就来）

(70) 瞧瞧，**怕**什么**来**什么——说来还就来啦！(《我爱我家》/情景剧对话)（←只要怕什么，就来）

(71) 和珅心说，这皇上怎么**逮**什么**问**什么呀！(《官场斗》/相声)（←只要逮什么，就问）

(72) 说有一杂志办不下去了，招人承包，**爱登**什么**登**什么一概不管只要赚钱。(《一点正经没有》/小说会话部分)（←只要爱登什么，就登）

4.7.2 同语构式

"V+X+算+X"和"V+X+是 X"是常用于各种口语体中的构式,而且也可传达假设义等逻辑关系。根据董淑慧(2014)的调查,两个构式中的"X"可以由数量结构充当,如下例中的"一天、一个、一步、一点、一分",另外"X"还可以由不定数量数词"多少"充当。

【V+X+算+X】

(73) 过一天算一天吧。(北京口语语料库/口语独白)

(74) 可你们家这些人,有一个算一个,连圆圆都算上,有一个真正看得起我的没有?(《我爱我家》/情景剧对话)

(75) 不管大人小孩儿,有一个算一个,全要。(《官场斗》/相声)

(76) 看晕一个算一个!(《一点正经没有》/小说对话部分)

(77) 前途迷茫,走一步算一步!(BCC语料库/自然对话)

(78) 混一天算一天。(《棋王》/小说对话部分)

(79) 给多少算多少呗,反正工作还得干。(北京口语语料库/口语独白)

【V+X+是+X】

(80) 这些人都穷疯了,都是能蹭到一点是一点。(即时聊天语言/网络聊天)

(81) 所以我最后手表往旁边一搁,然后一看卷子,就先捡容易的做,毕竟拿一分是一分,对不对?(《鲁豫有约》/非正式访谈)

(82) 早一天是一天,咱们不能拖。(《穆斯林的葬礼》/小说对话部分)

(83) 你抓紧一切时间看书,多考一分是一分。(《草样年华》/小说对话部分)

(84) 我这儿没东家,我<u>收多少是多少</u>哇!(《小神仙》/相声)

(85) 他们的收入完全是老板说了算,他们<u>定多少是多少</u>。(MLC 语料库/自然对话)

(86) 我们推行三中全会以来的路线、方针、政策,不搞强迫,不搞运动,愿意干就干,<u>干多少是多少</u>,这样慢慢就跟上来了。(《邓小平文选》/正式谈话类政论文本)

【X 就 X 吧】

从形式上看,"X 就 X 吧"的主要部分就是"X 就 X",使用时后面常加"吧"。语义上基本是"如果是 X,那就 X",表示假设义,但是加了语气词"吧"后也多传达说话人的一种无奈和失望的情绪,如以下用例:

(87) 买盐的时候,不是加锌的就是加碘的,这个问题我想了很多年了,也不能知道往哪儿说,反正<u>锌就锌</u>,<u>碘就碘吧</u>,反正就这两种,总得买一种。(MLC 语料库/自然对话)

(88) <u>说就说吧</u>,我说了一段,结果打那起就一发不可收拾,总得去。(《鲁豫有约》/非正式访谈)

(89) <u>走就走吧</u>,没什么,可咱俩还得把这事掰扯掰扯清楚……(《我爱我家》/情景剧对话)

(90) 你不送东西,我也明明白白你的心,而且你这个你<u>送就送吧</u>,还送这么贵一 BP 机。(《我爱我家》/情景剧对话)

(91) 志国:爸,您这不是前功尽弃了么您?

傅老:<u>弃就弃吧</u>,为了保留革命的火种,有时候也必要得放弃一部分胜利果实。(《我爱我家》/情景剧对话)

(92) 我现在算想明白啦,<u>死就死吧</u>,把悲痛留给人间多好!(《我爱我家》/情景剧对话)

(93) 你<u>追就追吧</u>,还用得着我出主意吗?(《玉观音》/小说会

话部分）

(94) <u>交就交</u>吧。交完以后呢,后来我们这老头子他就脾气不好,脑筋也不好,也封建。（北京口语语料库/口语独白）

(95) <u>爱就爱</u>吧,如果不爱就离开。（《转弯》/诗歌）

4.7.3 主观极量构式

如果在"X 就 X"前添加一些能愿动词成分,成为"爱 X 就 X;想 X 就 X;能 X 就 X;要 A 有 A;要 A 有/没 就 A,要 B 有/没/就 B",通常表示主观上的一种极量义,在逻辑关系上表示条件或假设义。这类构式的能产性也非常高,而且绝大多数也都出现在各种口语体中。

本小节将上述构式称为"主观极量构式",但是亦可以形成紧缩复句,实际上,"构式"和"复句"之间的界限也很难说清,甚至学界就认为两者是一回事。但是本研究为了更好地说明构式、紧缩句以及复句的逻辑结构标记问题,故对其进行较为严格的区分,因此,我们在本小节所列举的构式一般都是可以独立使用,或者说容易从语句中析出独立成句的,而且一旦如此,也就携带了较强的语气义。

【想 X 就 X】

(96) <u>想吃就吃</u>,不要怕。（即时聊天语言/网络聊天）

(97) <u>想瘦就瘦</u>,<u>想胖就胖</u>。（即时聊天语言/网络聊天）

(98) 无奈的对方辩友啊！你<u>想哭就哭</u>吧！（辩论）

(99) 汽车不是你<u>想拿就能拿</u>的,让它离开,放手你的爱。（辩论）

(100) 奥运会并不是所有国家<u>想办就能办</u>的,它受到很多客观条件的制约。（辩论）

(101) 哭比笑好,<u>想哭就哭</u>嘛！（辩论）

(102) 你把我当什么了？信用卡？<u>想刷就刷</u>,<u>想透支就透支</u>？（《北京爱情故事》/电视剧对话）

(103) 你<u>想吐就吐</u>，没事啊。我这个车,随便吐。(《北京爱情故事》/电视剧对话)

(104) 这个地锁<u>谁想装就装</u>,那是公家的。(MLC 语料库/自然对话)

【能 X 就 X】

"能 X 就 X"由能愿动词"能"和关联副词"就"构成,主要用以传达说话人对某一事物或者现象的看法或态度。如:

(105) <u>能吃就吃</u>,多吃水果好。(即时聊天语言/网络聊天)
(106) 他想,这是先父遗留之物,不可损坏。是<u>能修就修</u>,得补就补,轿帘儿破了,缝块补丁;轿杆儿折了,绑上根儿扁担。(《官场斗》/相声)
(107) 你们<u>能走就走</u>。(北京口语语料库/口语独白)
(108) 我跟我爱人<u>能退就退</u>,孩子出去玩还有个伴。(MLC 语料库/自然对话)

在本研究所涉及的语料中,"X"为单音节词情况较多,如"吃、修、走、退"等单音节动词。不过,"X"并不排斥对双音节或更多音节的词组,如"能吃多少就吃多少",该构式主要讲求的是前后两个 X 在形式上的等同,而全句所表达的逻辑关系主要是通过"就"来传达的一种条件/假设义。

【要 A 就 A】

(109) 世间自有公道,付出总有回报,说到不如做到,<u>要做就做</u>最好。(《步步高》/诗歌)
(110) 刀厚重,剑轻灵,<u>要做就做</u>大英雄。(《大英雄》/诗歌)

(111) 他们完全听凭于情感,随心所欲,要吻就吻。(《街头的吻》/散文)

【要多 A(就)有多 A】

甄珍(2015)将"要多 A 就有多 A"视为一种主观极量构式,具体实例如下:

(112) 咱妈去世两年多了,咱爸论条件,论身体,要为这烦恼,那还不要多正常有多正常?(《我爱我家》/情景剧对话)

(113) 之前的两个,要多倒霉就有多倒霉!但是现在,很多事情想开了也就释怀了!快乐终于回来了!(微博)

(114) 呵呵,反正不漂亮,要多普通就有多普通!(MLC 语料库/自然对话)

【要 A 有/没/就 A,要 B 有/没/就 B】

有研究将"要 A 有/没/就 A,要 B 有/没/就 B"称为"全量对举构式群",认为此构式群大多用于文艺语体、口语语体和网络聊天语体中(自然 2015),我们认为其在语义上主要表示一种主观上的全量,在逻辑义上倾向于假设关系。具体如:

(115) 咱要钱有钱,要势有势。(《官场斗》/相声)
(116) 这家火锅店要辣有辣,要麻有麻,想起就爽啊!(微博)

4.7.4 责怪义构式

"爱XX"和"爱 X 不 X"是两个带有责怪义的假设构式。

【爱XX】

"爱XX"是对"爱X就X"的进一步精炼和紧缩,其语气更加急迫。

(117) <u>爱咋地咋地</u>!
(118) <u>爱走走</u>!
(119) <u>爱待待</u>,不爱待走你。(微博)

【爱X不X】

(120) 去了两个市场全部都十块,<u>爱买不买</u>。(MLC语料库/自然对话)

本研究认为上述"爱XX、爱X不X"两类构式具有共同点:两构式所传达出来的语义都是一种"责怪义"。我们前文已经详述,紧缩复句已经较普通的复句有形式上的紧缩,但是本小节所论述的这些可以表达逻辑关系的构式要较紧缩复句有更进一步的凝缩。

如果将"爱XX、爱X不X"这两个构式的语义构成拆解开来,应该分别是:

爱XX(爱走走!)[如果你想走,那就走吧!][我不关心]

爱X不X(爱买不买)[如果你想买,那就买吧!][如果你不想买,那就不买!][我不关心你的选择]

从上面的这种语义分析来看,这两个构式在语义上并不简单,是由两个甚至三个语义单元凝缩而成,其中主要的语义单元表示一种"假设"关系,即相当于"如果……,那……"。而且,在实际语流中,"爱XX、爱X不X"通常相对独立,与其相邻的小句之间都可以有一定的停顿。我们在前文对非逻辑结构标记的语法化章节进行分析时,发现了一些句子成分因其可以从句子主干部分脱离出来而在一定程度上具备了语气作用(详见"3.2.1.2.2 性质形容词")。

除以上四类逻辑关系构式外,其他表示目的、因果关系的逻辑关系构式还有如"为 X 而 X""因为 A,所以 A"等,如:

(121) 为研究而研究。
(122) 为工作而工作,这是非常不幸福的。
(123) 因为爱,所以爱。

通过上文的分析,我们看到逻辑关系构式在各类口语体以及部分艺术语体中最为常见,而且能产性较高。本研究认为这种同言关联项的使用是对原有逻辑结构标记语义关系的"变则"性使用,其所要表达的语义已经完全超越了原逻辑关系所能表达的现实意义,其最主要的作用就是一种情感、情绪上的表达,是一种情感意义,因为较多地出现在诗歌或歌词语言环境中,也可以说,这种变则用法属于一种诗性语言。一般情况下,这种用法不会出现在科技文本、政论语体等基本需要基于现实世界推理的语体中。

类似"因为爱,所以爱"的用法也并非不合逻辑,其符合的是一种情感上的逻辑,而不是与现实性相关的逻辑关系,而我们日常语言、科技类、学术类语体中所用的则大多是与"现实性"相关的逻辑,这首先是一种"主观——现实性"的对立。而在一些以现实情境描写为主的诗歌(散文诗)中,基本也不会出现上述这种关联项"同言"的修辞构式。诗歌、口语等语体是构式的主要来源,相对于书面语来说,这些语体由于语言的随意性以及情绪的表达,其语言时常突破常规句法规则,形成各种"语体构式"。

4.8 小结

本章就逻辑结构标记的各种标记方式进行了详述,包括标记的隐现、标记的长度、标记的叠加、标记的停顿作用、格式类标记的可扩充性等。

在标记的隐现方面，本章首先比较了自然对话、论述类政论文本、辩论语体等说理性较强的语体，发现前者优选单标策略，而后面两类语体则优选偶标策略。语言作为一种符号系统与言外世界时时存在互动，当外部条件充足时，言外之义便可发挥作用，使语言系统内部得以俭省，在逻辑结构标记上的表现就是如此。在自然对话语体中，由于言语推断方式和推断场合的不同，会引起标记方式上的差异。另外，韵律因素也可以在一定程度上制约逻辑结构标记的隐现。

在标记长度方面，信道的作用在特定语体中（如网络聊天语体）对标记的长度有所压缩，而韵律因素的作用对标记词的单双音节选择也有一定的影响。在标记的叠加方面，叠加模式的语体倾向性也受到语体功能的影响，口语体和书面语体中的单项标记叠加均是利用标记形式和语义上的冗余来满足其特定的语体需求。在标记的停顿方面，自然对话、口语独白等语体中的逻辑结构标记的停顿作用更为明显。在标记的扩充方面，科技文本中的标记方式则与口语、艺术等语体有着不小的差异，科技文本更倾向于使用形式完备的逻辑结构标记，甚至是对标记的扩充使用，以满足特定语体中语言精确表达的需求。

之后，本章还对紧缩复句中的标记隐现情况进行了探析，并讨论了各种语体中逻辑关系构式的使用情况，以上逻辑结构标记方式在不同语体中丰富而灵活，且呈现了极强的语体倾向性。

第五章 逻辑结构标记的量化分析思考

5.1 标记程度

"标记程度"是指逻辑关系自身的标记化程度,其在一定程度上反映了逻辑关系被标记能力的高低。为了呈现各逻辑关系在不同语体中的被标记能力,本章首先以并列、目的等关系为例说明同一逻辑关系在不同语体中的标记程度差异,并就特定逻辑关系在部分语体中的低标记程度原因进行分析,最后探讨逻辑关系低标记程度和无标记之间的关系。

5.1.1 逻辑关系低标记程度语体

5.1.1.1 并列关系低标记程度语体

5.1.1.1.1 报告类政论语体

本书前文提到,逻辑结构标记不只包括显性的虚词类标记。在报告类政论文本中,我们发现此语体中存在大量不利用显性逻辑结构标记却能形成明显逻辑关系的语言现象,即利用其他词类的反复而形成句群,形成并列或递进关系。被反复的句子成分在句中大多充当谓语或状语成分,也有少量的主语位置成分复用,而且这种用法在政府工作报告等报告类政论文本中常见。在逻辑结构标记的数量上,我们对比了报告类政论文本和论述类政论文本中的显性逻辑结构标记,发现报告类政论文本很少使用显性的、典型的逻辑结构标记,也就是说该语体更多地使用类似"流水句"等结构相对简单的句式来推进语篇,如:

(1) 我们沉着应对,及时果断调整宏观调控着力点,出台进一步扩大内需、促进经济平稳较快增长的十项措施,全面实施一揽子计划。(国务院政府工作报告/报告类政论文本)

(2) 重视发展老龄事业,切实保障妇女和未成年人权益,关心和支持残疾人事业。(国务院政府工作报告/报告类政论文本)

(3) 大力兴修水利,开展农村土地整治,建设高标准农田,耕地面积保持在18.2亿亩以上。(国务院政府工作报告/报告类政论文本)

流水句基本上都包含两个或两个以上的独立小句,小句之间一般不靠关联词语来联结。根据胡明扬、劲松(1989),即"流水句在语义上的特征是句段和句段之间的语义联系比较松散,一般难以添补上表示某种紧密的逻辑关系的关联词语"。上述几例和流水句很相似,但是整体来看,政府工作报告中的这种流水句与自然对话中的流水句还是存在一定的差异,其小句之间的"紧凑"程度要略高于自然对话中流水句中小句之间的紧凑程度,换句话说,自然对话状态下的流水句小句要更为松散,如例(4)和例(5),对比之下更能看出政府工作报告类语体的语言特点,如:

(4) 我要卖会儿力气,干会儿力气活儿,我歇一会儿,我就过来。(MLC语料库/自然对话)

(5) 咱们国家目前计算机的一些应用这么几年吧,就是从开始到现在,从无到有,这个转变现在变化挺大的。(MLC语料库/自然对话)

另外，报告类政论文本中还大量存在以谓语重复形成排比句等无标记并列方式来展开语篇的例子，以语句中主要动词重复的例子为最多，如例(6)和例(7)中的"健全""显著提高"；在实际语料中，还有修饰限定作用副词的重复，如例(8)中的"毫不动摇地"：

(6)〈健全〉基础管理、内容管理、行业管理以及网络违法犯罪防范和打击等工作联动机制，〈健全〉网络突发事件处置机制，形成正面引导和依法管理相结合的网络舆论工作格局。(国务院政府工作报告/报告类政论文本)

(7)我国社会生产力和综合国力〈显著提高〉，人民生活水平和社会保障水平〈显著提高〉，国际地位和国际影响力〈显著提高〉。(国务院政府工作报告/报告类政论文本)

(8)〈毫不动摇地〉巩固和发展公有制经济，〈毫不动摇地〉鼓励、支持、引导非公有制经济发展，形成各种所有制经济依法平等使用生产要素、公平参与市场竞争、同等受到法律保护的体制环境。(国务院政府工作报告/报告类政论文本)

如果将"毫不动摇"所引导的两个小句合并，全句语义也并未有大的变化，如(9)：

(9)〈毫不动摇地〉巩固和发展公有制经济，鼓励、支持、引导非公有制经济发展，形成各种所有制经济依法平等使用生产要素、公平参与市场竞争、同等受到法律保护的体制环境。

而且，例(9)也会使语言更为经济而高效。马清华(2005:277)指出"有……有"等同指复现格式的公因子可以被提取，如"〈有〉饭〈有〉菜→〈有〉饭菜"。同指复现格式是公因子分配式标记化程度升高的产物。因此，我们可以将"健全、显著提高、毫不动摇地"这些成分称为"公因子",即相同句法位置上的相同成分。上述例(6)到例(8)正是体现了公因子的分配,公因子分配式本身也就具有准关联标记的功能,这跟标记功能是极其相似的,如果说如例(9)对公因子的提取形成简洁的句式是语言走向经济性,那么本研究认为公因子分配在一种语体中的高频出现则是走向经济性的另一端——对语言的强化。因此,从一定程度上来讲,报告类政论文本中大量使用相同句法重复的句子,从本质上也是一种标记化的方式,不过这种标记并不是狭义的、典型的逻辑结构标记,而是一种更宽泛意义上的标记手段。

5.1.1.1.2　演说语体

本研究在演说语体中也发现不少以特定句子成分复现表征逻辑关系的用例,如:

(10) 我觉得我们应该向世界〈说明〉中国。〈说明〉中国的现状,〈说明〉中国的历史,〈说明〉中国的政策。(谓语重复)(《开讲啦》/演说)

(11) 首先要知道我写这个剧本,我〈不要〉走弯路,我〈不能〉绕远,〈不做〉无用功。(状语重复)(《开讲啦》/演说)

(12) 人生其实是排着队往前走,你们跟在后头,〈千万〉别加塞,〈千万〉别抢道,〈千万〉不要着急去往前跑,我很害怕耽误大伙工夫。(状语重复)(《开讲啦》/演说)

在正式谈话类政论文本中,我们也发现了一般的逻辑结构标记同句子某一成分重复两种方式共同使用表示递进的例子,如例(13):

(13) 对付这种军国主义倾向,〈不仅〉要加强批评、揭露,〈而且〉要扎扎实实地做一些发展我们两国和两国人民之间友好关系的事情,〈加深〉我们之间的友谊,〈加深〉我们之间的了解,〈加深〉我们之间的感情。(有标记和重叠共同利用)(《邓小平文选》/正式

谈话类政论文本）

我们认为，不管是正式谈话类政论文本，还是演说语体，抑或是如例(13)这种用例，其共同点都是利用句内某个成分作为"公因子"进行分配以提升语言的表情表意效果。事实上，现代汉语的词汇层面、小句内部以及小句间的重叠、反复都在一定程度上体现了说话人的情感、视角和认识等多个方面。

5.1.1.2　偏正关系低标记程度语体

5.1.1.2.1　报告类政论语体

经过语料分析，我们发现大量使用以"要、必须"等能愿动词为主要标记的无主祈使句、意志句是政府工作报告语体另外一个重要特点，此特点也进一步导致该语体中仅含有极少量的显性逻辑结构标记。

在报告类政论文本中，不管是对过往工作的总结，还是对预期工作的部署，这些内容的展开都大量运用了无主祈使句，以"兴修、开展、建设、深入、促进、发挥、推进、振兴、支持、加大"等谓语动词来推进语篇，如例(14)：

(14) 要继续〈深入〉实施区域发展总体战略，〈促进〉区域经济协调发展。充分〈发挥〉各地比较优势，统筹规划、分类指导，优先〈推进〉西部大开发，全面〈振兴〉东北地区等老工业基地，大力〈促进〉中部地区崛起，积极〈支持〉东部地区率先发展，〈加大〉对革命老区、民族地区、边疆地区、贫困地区扶持力度，深入〈推进〉集中连片特殊困难地区扶贫攻坚。（国务院政府工作报告/报告类政论文本）

这类祈使类无主句在报告类政论文本中占据了不小的位置。从言语行为的角度看，自然对话语体、艺术语体、论述类政论语体等以叙述或议论为主要言语手段，且更多关注语言的言内行为和言外行为。与此不同，报告类政论文本中的这类句子多以"必须""决不能""要"等能愿动词为标记,表示说话人要求听话人必须做什么事,也就是所期待的言后行为,但是"要"所引导的语句所体现的强制程度则不如"赶紧说!""给我马上离开!"等命令句高,具体如例(15)和例(16):

(15)〈必须〉坚持发展是硬道理的战略思想,决不能有丝毫动摇。(国务院政府工作报告/报告类政论文本)

(16)面对资源约束趋紧、环境污染严重、生态系统退化的严峻形势,〈必须〉树立尊重自然、顺应自然、保护自然的生态文明理念,把生态文明建设放在突出地位,融入经济建设、政治建设、文化建设、社会建设各方面和全过程,努力建设美丽中国,实现中华民族永续发展。(国务院政府工作报告/报告类政论文本)

政府工作报告文体中语言的重点是促成"言后行为(perlocutionary act)",如例(16),就是促成"促进区域经济协调发展、发挥各地优势、振兴东北地区等老工业基地"等结果,而省略掉的主语既不单指某篇政府工作报告的报告人,也不单指报告的撰写人或撰写团队,也不独指报告的听众或读者(即各级层政府工作人员或普通百姓),这类无主句的主语通常是包含信息发送方和信息接收方双方的"我们"。这些句子隐去的主语既可表示个人的意志,也可以表示很多人的意志,在报告类政论文本中,我们不妨暂将这种"隐去"视为一种模糊处理。高治宇(2011)也曾认为在自然语言中,这种泛指的主语也大多作模糊处理。

另外,报告类政论文本中也存在一定数量的、与前述所提主要促成"言后行为"功能相近的"有主语句",如例(17):

(17)**我们**要坚持中央对台工作大政方针,全面〈贯彻〉两岸关系和平发展重要思想,〈巩固〉深化两岸关系和平发展的政治、经济、文化、社会基础,在同心实现中华民族伟大复兴进程中〈完成〉祖国统一大业。(国务院政府工作报告/报告类政论文本)

不管是否带有主语,上述例句中都很少使用关联标记,均以类似流水排比句的形式展开,但是相对于主语显化的句子,如例(15)和例(16)这种无主祈使句所占的比较大,本研究认为这种句子的大量使用与关联标记的多寡间存在一定程度的联系。

不管是无主句,还是主语显化的句子,政府工作报告语体中存在大量表示"祈使、意志、意欲、愿望"类的句子,是一种介于"命令"和"请求"中间的程度,正是由于此语义基础,即"此类句子并不涉及真值判断",大量道义标记("必须、决不能、要"等)的使用也正是政府工作报告具有指令性的证据,同时也是该种语体中逻辑结构标记数量甚少的主要原因之一。亚里士多德早在公元前4世纪就说过"祈祷"是一个句子,可是它既不是正确的,也不是错误的(转引自马清华 2006:280)。而之后祈使句跟陈述句、疑问句、感叹句等句类的逻辑真值关系的讨论,也一直是逻辑学的一项重要议题。杨百顺(1987)也曾认为"祈使句无断定因素,它不同于陈述句、判断句,它无真假可言,无逻辑值(真值)";从实际的语料中,我们也确实发现,这类句子确实不涉及逻辑真值的处理,如前文的例(17),这类句子所表达的也是话语发出者提出"要坚持中央对台工作大政方针"等一系列"要求"或"愿望",并且在大多数情况下是希望话语接受方能与其共同行动实现"要求"或"愿望",具有一定的号召性,这类句子与"真假"之间并无多大关系,因此这种语体中的说理性较弱,这也是其内部少见偏正类标记的一个原因。

这些研究中所提到的祈使句的逻辑特征表明这类含有"祈使、意志、意欲"等义的句子与普通逻辑中的逻辑关系标记之间存在着一定程度的"互斥性"。

张乃立(1987)认为由于政论语体带有一定的催促性,提到"表现在句型上就必然使用祈使句,负载鼓动和号召的信息。这类祈使句成为把读者纳入明确的行为轨道的有力的手段,这些是由政论语体信息特征决定的句型特征"。这种言外因素对语言系统内部的影响分析还可以再更进一步,即政论语体的信息特征是由特定语体的交际意图和随之形成的人际关系决定的。在语言产出的末端,句型特征又与标记的隐现是相关的,这样一来,言外系统的驱动因素与语言系统内部的变化便可有所关联,某一特定语体内部的机制运作环节也能得以呈现。王力(1985:35)认为"在纯粹地叙述某一事件,或陈说一种真理,谓语尽够用了,纵使要说出主语也无从说起,或虽可以勉强补出主语,也很不自然"。报告类政论文本的创作者通常是一个专门的撰写小组,而这类报告的受众也是全体大众,并不是个体,因此,无主句的"主语不显然可知"或"不可知"的特点恰好符合了该语体的语体意图特征。

因此,基于以上分析,我们发现在政论语体大类内部存在着一个以"指令性——说理性"为两端特性的连续统,也就是说,在政论语体内部,各子语体类型在"指令性"这一点上也并不同质,差异很大,处在指令性强度较大一端的是报告类政论文本,处于说明性、论证性较强一端的是论述类政论文本,其证据就是这两种语体中的显性逻辑结构标记数量要远多于政府工作报告。政论语体大类内部的"指令性——说理性"连续统具体如图5-1所示。

图5-1 政论语体内部的"指令性——说理性"连续统

5.1.1.2.2 操作指南语体

在本研究所涉及的语体类型中,操作指南语体也是指令性较强的一种语体。同样是对信息接收者发出一定的指示,同样是关注言后行为,操作指南语体与报告类政论语体在句式选用上存在一定的相似性,如基本上都隐藏了主语而使用大量的无主祈使句、意志句,这一共同特点在一定程度上说明了语言具有一种弹性,即语言自身为突出其要凸显的部分,甚至会不惜省略某些句子成分而达到这一需求,这也正是语言具有适应性的一个较佳例证。

通过对标记的计量分析,我们发现操作指南语体中可以使用一定的承接关系标记(详见"3.2.2.3 转为其他类别逻辑结构标记")。除此之外,操作指南语体和报告类政论文本中都很少调用其他关系类别的逻辑结构标记,这是因为"指令性"与逻辑结构标记在一定程度上是不共存的。

本小节主要是对操作指南语体进行分析,语料来自已出版的菜谱,但是它也仅仅是操作语体大类下的一个子类,该语体大类还包括说明书语体、实验步骤说明、各种电器的操作指南等。陈柯言(2015)曾对操作语体大类下的几种子语体(菜谱类、驾驶类、摄影类、试验类、武术类、说明书类)中的假设标记进行了初步统计分析,其研究发现这几种语体中的假设标记也有数量和分布上的差异,其中菜谱类文本中的假设类标记最少。本书认为菜谱文本较其他几种操作类子语体来说,其指令性更强,目的性也更强,很少解释为何要这么操作,即前文所述的无逻辑真值判断,如果将这几种子语体按照指令性的程度高低建立一个操作语体内部的连续统的话,菜谱文本应该处于指令性程度最高的一端。另一端则是相对来说更具说明性、条件性,甚至论证性的一些语体,如数码单反相机的操作指南等,如下几例中便使用了表征假设性、条件性的结构或标记,如"光线充足/一般/严重不足的情况下、则"等的使用:

(18) <u>光线充足的情况下</u>,光圈设为最优光圈——F8~F16,在此基础上进行光圈优先曝光。(单反相机说明书/操作说明)

(19) <u>光线一般的情况下</u>,根据当前焦距(一般相机和镜头都有数据交换,即使是变焦镜头,相机也知道当前焦距是多少)决定快门速度(快门速度至少是焦距的倒数,符合手持拍摄要求),然后在保证曝光合适的情况下进行快门优先曝光。(单反相机说明书/操作说明)

(20) <u>光线严重不足时</u>,相机〈则〉会采用最大光圈下的光圈优先曝光。(单反相机说明书/操作说明)

与上一章所着力探讨的政论语体相似,本小节所论述的操作语体内部也存在着"指令性"连续统,可用图5-2表示：

指令性　　　　　　　　　　　　　　　　　说理性
⬅━━━━━━━━━━━━━━━━━━━━━➡
操作指南文本　　　　　　　　　　　　　　操作说明文本

图5-2　操作语体内部的"指令性——说理性"连续统

另外,本研究认为这种指令性和说明性的强弱受到语体正式程度的影响,以菜谱语体为例,我们前面所使用的菜谱是正式出版的图书文本,经过作者的编写和编辑过程的审校,而且是书面语,所以其正式度较高。但是指示语体不仅仅是书面的,也有非正式的书面语,还有口语场合的,随着语言正式度的下降,逻辑结构标记的使用率便会上升,这从某种程度来说也进一步证明了逻辑结构标记的"修辞性"和"话语性"。

除了前面所使用的正式出版的菜谱文本外,本研究还对比分析了非正式场合的操作指南文本。如例(21)和例(22)：

(21)这道甜品看起来像极嫩极嫩的豆腐,卖相不错,吃起来又香又甜又辣又嫩又滑,〈尤其〉是从喉咙里滑下去的感觉好极啦！(非正式出版的菜谱文本)

(22)〈假如〉用纯粹的鸡蛋清液入油中加热,〈就〉会使蛋清中的蛋白质细胞键链缩合、凝固,挤出鸡蛋清中约10%的自由水,〈同时〉〈也〉挤出了一部分胶体结合水,蛋白〈就〉变得质老色暗了。〈而〉掺入一定量的牛奶,〈就〉增加了蛋清持自由水的含量,增加了成品的嫩度,〈还〉可以使制成的炒鲜奶色泽洁白,富有浓厚的奶香味。(非正式出版的菜谱文本)

以上两例取自非正式的菜谱操作指南语体,我们很容易发现该文本与前述正式操作指南语体之间的差距,非正式类的操作指南语体出现了"尤其、假如……就、同时……也、而、还"等各种类别的逻辑关系标记。从这样的差异表现不难看出,虽然"指令性——说理性"形成了相对的语体因素,但是两者又会受到其他因素的牵制,如语体正式程度的影响,这也说明,语体因素的影响也是非线性的。

5.1.1.2.3 下行公文语体

同报告类政论文本和操作指南语体相似,下行公文语体在一定程度上也是一种指令性语体。公文语体属于事务性语体,是国家机关、社会团体、企事业单位乃至个人之间行政事务交往场合中使用的文本,其包括的子语体类别数量也是相当之多,而且这些子语体之间也是不同质的。目前比较常见的分类是按照信息发出者和信息接收者之间的交际关系(人际关系)进行分类,即分为上行公文、下行公文和平行公文。这种依据"信息发出者和信息接收者之间的交际关系(人际关系)"的分类主要还是按照信息发出者和接收者双方的一种"权位差距"来定义的,而且并未考虑前述"受众范围、听说双方距离"等其他人际关系的下位因素,也从侧面说明传统的公文语体内部分类所存在的欠缺和不足。

梁洁英(1985)指出上行公文包括:请示、报告;下行公文包括:令、明令、指令、决定、决议、指示、通知、布告、公告、通告等。平行公文则包括函。下行类语体最主要的功能就是"下达",即相关事务情况的通知、规定、通报以及对下级所上报意见的批复,因此这些内容的核心也就是"指令",这同前述所讨论报告类政论文本非常相似,同是最大限度地期望所指示内容能被信息接收者所执行,因此,两者在语言形式上也非常相似,一是下行类公文语体也会较多地使用不涉及逻辑真值的祈使句、意志句,如例(23)和例(24)中也是多以不同的动词依次展开形成较为紧凑的无主流水句或带有零形回指的句式:

(23)〈坚持〉为农民服务的方向,以加快转变经济发展方式为主线,以科技进步为先导,以市场需求为坐标,〈加强〉标准化生产基地建设,大力〈发展〉农产品加工,〈创新〉流通方式,不断〈拓展〉产业链条,〈推动〉龙头企业集群集聚,〈完善〉扶持政策,〈强化〉指导服务,〈增强〉龙头企业辐射带动能力,全面〈提高〉农业产业化经营水平。(《国务院关于支持农业产业化龙头企业发展的意见》/公文语体)

(24) 各地要通过案卷评查活动,认真〈总结〉,〈针对〉不足,进一步〈加强〉对执法人员的法律知识和业务知识培训,经常性地〈组织〉开展案例分析和研讨,〈增强〉执法人员的实际操作能力,〈提高〉执法人员办案水平和办案质量。要〈完善〉案卷评查制度,定期〈组织〉案卷自查、互查和抽查活动,及时〈发现和纠正〉存在的问题,不断〈提高〉农业行政执法工作水平。(《关于2008年某省农业行政处罚案卷评查情况的通报》/公文语体)

同"上行语体"所使用的逻辑关系策略相比可以看出,"下行语体"很少动用基本命题表述以外的句法策略,公文上行语体中连续使用的逻辑结构标记和排比、递进等较为基本的修辞方式(详见"5.2.4.2 上行公文与下行公文")。这正是交际双方的权力地位差异以及随之而来的信息传递方向的差异,加之强势指令性抑制了上述基本命题表述以外的句法手段的大量使用,显而易见,"上行语体"与"下行语体"逻辑关系手段的分化也是与语言外部系统高度相关的。

基于5.1.1.2小节的分析,我们不难发现指令性这一语体特征使报告类政论语体、操作指南语体和下行公文语体在偏正类标记缺失这一特点上得以聚类,其共同点就是信息发出者希望信息接收者无条件地执行。识别出"指令性——说理性"连续统之后,我们发现在众多语体中,不同语体因素会对各种语体产生一种"聚类"作用,如"指令性"便将报告类政论语体、操作指南语体和下行公文语体这三种在传统语体研究视角中看似不相关的语体予以聚类。这种聚类作用的存在也说明任何一种单一的语体因素或是单一的篇章功能并不足以为语体分类,更不足以成为认识语体的唯一正确途径,我们必须厘清语体因素之间这种错综复杂的关系才能进一步了解语体系统的运行机制。

从逻辑结构标记的视角来看,"指令性"意味着对逻辑结构标记的"抑制","说明性"意味着对逻辑结构标记的"调用","指令性——说理性"可以算是一对此消彼长的语体因素。但是如果将各种语体因素视为一个纵横交错的网状结构的话,指令性与说明性这一对特征可能只是网络中的一层,牵制着语言系统的一个部分。而分析至此,我们也逐渐发现,语体因素对语言系统的牵制而形成了更庞大的系统,这个系统如何运作也愈发明晰。

5.1.1.3 目的关系低标记程度语体

本小节以"目的关系"的标记度为例进行分析,目的关系在自然对话与科技文本中呈现出较为明显的标记程度差异,在所抽取的约 2 万词的语料样本内,科技文本中的目的标记显著多于自然对话语体,科技文本中有 35 个目的关系标记,涉及的目的关系标记有"以、便于、为了、从而"等,如:

(25) 播种前的浸种、催芽需要加强人工管理,〈以〉控制和调节氧的供应,萌发才能正常进行。(《植物学》/科技文本)

(26) 现将双子叶植物根中组织分化的过程列于表中,作为对根内初生结构和次生结构的整个形成过程的概括,〈便于〉复习。(《植物学》/科技文本)

(27)〈为了〉同时在这两条战线作战,就需要有一支庞大的高级植物学工作者的队伍。(《植物学》/科技文本)

(28) 当纹孔膜位于相邻细胞的中央位置时,水分主要通过塞缘透到相邻细胞,而当两侧的细胞内压力不同时,纹孔膜偏向压力小的一侧,〈从而〉使纹孔塞关闭了该侧的纹孔口,阻止了水流向该侧的流动。(《植物学》/科技文本)

除此之外,该语体中还出现了以动词"想、使"来表达目的关系的例子,如:

(29) 树木木质部的细胞强烈木质化,〈使〉茎干能承受大的压力,加强了支持功能等等。(《植物学》/科技文本)

与科技文本相比,自然口语体中表示目的关系的手段有很大差异,抽样语料文本中仅出现 3 个显性的目的关系标记,但这并不意味着自然对话语体中没有表征目的关系的需求,经过观察,我们发现该语体中出现了为数不少的表示目的关系的连谓句,共有 16 例,两种语体中目的关系表征手段的具体数量差异可见图 5-3。

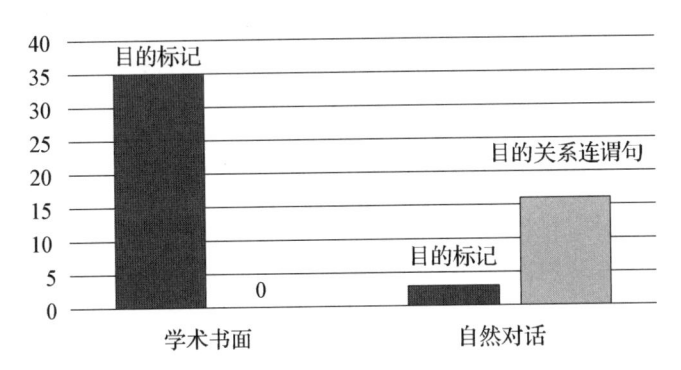

图 5-3　自然对话和科技文本中目的关系标记差异图

从形式上看,连谓句也是对语义内容的一种凝缩,连谓结构中没有任何关联标记,在口语体中也较为常用,我们在样本语料中发现了以下语例:

(30) 有钱的人〈买〉好几套房〈租〉出去,根本不住。(MLC 语料库/自然对话)

(31) 那天排水集团〈来了〉一趟〈看了看〉下水道那管子。(MLC 语料库/自然对话)

连谓句较紧缩句更进一步地省略了关联词。从句子的基本语义成分角度上来看，自然对话中的连谓句式也是较科技文本进一步省略了关系标记，这些标记在某种程度上是可选的。不过目的关系标记的省略是有条件的，用于自然对话语体中表示目的关系的连谓句具有一定的局限性，即只能形成以时间象似性为基础的顺接目的关系，如下例中的"先买后租、先来后看、先去后测、先派后了解、先买后回来吃"：

（32）买好几套租出去／来了一趟看了看／去医院测一测／派人了解一下／买点熟食回来吃（自然对话）

连谓句表示目的关系不可能有逆接形式，这与政论等书面语体中的目的关系很不相同，如下例（33）就是先"结果"后"目的"。

（33）在没有阶级的社会中，每个人以社会一员的资格，同其他社会成员协力，结成一定的生产关系，从事生产活动，〈以〉解决人类物质生活问题。（《实践论》／论述类政论文本）

由于话语的瞬时性以及无文字的凭依，这种先"结果"后"目的"的表达方式在自然对话语体中受到了一定程度的限制。马清华（2012b）认为目的关系的意合度几乎为零。这说明目的关系是高度需要标记来明晰的，这与本研究的发现并不矛盾，这一方面解释了为何自然对话中显性目的关系标记为何数量较少，另一方面也说明了在自然对话场合中，只有符合时间象似性的连谓句才能满足这种限制。

5.1.1.4 逻辑关系零标记程度情况

5.1.1.4.1 古体诗词

在韵律需求的驱动下，诗歌等韵文类语言在形式上会受到限制，即语言的体积或容积要较日常交际语言小，其语言形式就势必会被压缩，前文也对在韵律作用下,韵文类语体中逻辑结构标记的长度进行了论述(详见"4.2 标记的长度")。

在韵律要求更加严格的语体中,即在更进一步的压缩之后,某些可选性的逻辑结构标记甚至就会被省略,即可有可无的标记会优先被挤掉。古体诗在形式上要较现代诗歌更为严格,即"形式上的容积更小",在这种情况下,大多属于虚词类的逻辑结构标记就很容易被删减,其形式上压缩的强制性程度还很高,一般都是无条件的。不在少数的逻辑结构标记的主要作用都是对逻辑关系的明示,虽然其中也有一些逻辑结构标记是必要的(如:组联作用),但是在所有逻辑结构标记中所占比例都很小。

经过初步分析,我们首先发现诗歌、歌词中的逻辑结构标记是具有高度灵活性的。网络上曾经有人将一首英文诗翻译成不同版本,如下:

英文版:

You say that you love rain, but you open your umbrella when it rains.

You say that you love the sun, but you find a shadow spot when the sun shines.

You say that you love the wind, but you close your windows when wind blows.

This is why I am afraid, when you say that you love me too.

中文译版一:

你说你爱雨,**但**当细雨飘洒时你**却**撑开了伞;

你说你爱太阳,**但**当它当空时你**却**看见了阳光下的暗影;

你说你爱风,**但**当它轻拂时你**却**紧紧地关上了自己的窗子;

你说你也爱我,**而**我**却**为此烦忧。

中文译版二：
你说烟雨微茫，兰亭远望；后来轻揽婆娑，深遮霓裳。
你说春光烂漫，绿袖红香；后来内掩西楼，静立卿旁。
你说软风轻拂，醉卧思量；后来紧掩门窗，漫帐成殇。
你说情丝柔肠，如何相忘；我**却**眼波微转，兀自成霜。

中文译版三：
子言慕雨，启伞避之。
子言好阳，寻荫拒之。
子言喜风，阖户离之。
子言偕老，吾所畏之。

中文译版四：
君乐雨兮启伞枝，君乐昼兮林蔽日，君乐风兮栏帐起，君乐吾兮吾心噬。

中文译版五：
恋雨**却**怕绣衣湿，喜日偏向树下倚。
欲风总把绮窗关，叫奴如何心付伊。

中文译版六：
江南三月雨微茫，罗伞叠烟湿幽香。
夏日微醺正可人，**却**傍佳木趁荫凉。
霜风清和更初霁，轻蹙蛾眉锁朱窗。
怜卿一片相思意，犹恐流年拆鸳鸯。

上述几首诗均译自同一英语文本，译版一较完整地表达了诗文的内容，对于逻辑结构标记的使用也较为完备，如突出显示的"但、却、而"等转折义标记，译版（二）至译版（六）虽然是根据语义所做的仿古体韵律诗，但是也能在一定程度上体现逻辑结构标记在韵律作用制约下的灵活程度，如按照原文以及译版一的语义，四个复句内部都存在明显的转折关系，但是译版二、五、六中都只使用了1例转折标记，而译版三、四中则完全未使用转折义标记。

上述现象首先说明韵律对语言形式的压缩作用是巨大的,另外也能进一步说明,在韵律因素的作用下,逻辑结构标记的使用非常灵活,而且它们也并不是语言中的必选项,其出现必须服从韵律的需要。

古代汉语诗歌常寄情于景,篇幅一般较为短小。中国古代诗歌讲求意境,而从语言学角度来看,其最大的特点就是很少或根本不使用虚词,以《天净沙·秋思》和《饮中八仙歌》两首诗为例,两首诗中都以密集的意象推进,很少使用各种虚词:

枯藤老树昏鸦,小桥流水人家,古道西风瘦马,断肠人在天涯。(马致远《天净沙·秋思》)

李白一斗诗百篇,长安市上酒家眠,天子呼来不上船,自称臣是酒中仙。(杜甫《饮中八仙歌》)

如果仅从语言学角度来看,两首诗使用的名词、动词、形容词等为世界编码的词数量较多,对连接词、助词等虚词的使用较少,而所使用的实词类都较容易形成意象,中国古代诗歌的意象密度因此较高,语言接收方也很容易根据这些"意象"建构出画面,这是中国古代诗歌的魅力之一(汪欣欣 2015)。在虚词方面,现代汉语诗歌大量介入了连词、副词、助词、介词等,钱韧韧(2014:24)指出现代汉语虚词的大量入诗增强了汉语诗歌表意的丰富性与复杂化。中国现代诗歌接受了西方诗歌的部分特点,使更多的叙事成分与哲理体验介入文本,在语言形式上就体现在因虚词的使用而带来的句子关系的复杂。该研究也还提到"汉语古代诗歌常回避诗句间的逻辑关系,省略了对于逻辑推理来说不可缺少的介词和连词"。古代汉语发展至现代汉语,其句法日趋严谨和精密化,而汉语诗歌从诗体格律较为固定化的状态发展至现代诗歌,各种虚词的使用也是一个关键因素。钱韧韧(2014:24)也提出汉语诗歌这种发展趋势与西方以叙事为主的"史诗传统"相似。上述分析体现了诗歌语言材料中逻辑结构标记在形式上的特征,即很少使用显性标记表明逻辑关系,语句间的意合度非常高。

5.1.1.4.2 微博语言

本书认为,逻辑结构标记在句子中是除基本表述内容之外的可选成分,因此,在特定影响因素的作用下,句中的标记可以被完全删略。例如,在微博语言、新闻标题等语言中,文本字数有一定限制,语言表述空间较小,信道对信息的压缩程度加大,句中的一些逻辑结构标记甚至可以完全省略,其他成分继而凝缩成为一个独立的逻辑单元,这种凝缩性的逻辑单元既可以在这些语体中实现语用上的创新,同时也满足了语言的经济性要求。

(34) 图侵删(意为:〈如果〉图有侵权,〈就〉请告知我,我会删除。)——假设关系(网络语言)

(35) 累觉不爱(意为:很累,〈所以〉感觉自己不会再爱了。)——因果关系(网络语言)

如例(34)中"图、侵、删"完全是实词,并没有任何逻辑结构标记。这些"逻辑单元"甚至与汉语文言的精炼有着一定的相似之处。

5.1.2 低标记程度和零标记度的关系

在现代汉语中,除了利用逻辑结构标记外,还可以使用其他手段来表征逻辑关系,如利用句内除去逻辑结构标记之外的句子成分,或者是某些特定的句式等(详见"第三章 逻辑结构标记化的语体差异")。除了这些句法手段之外,无标记手段也是逻辑关系范畴的一种自身适应。现代汉语中存在着大量的无标记的逻辑关联手段以连接复句,朱德熙(1982:216)早在《语法讲义》中就对复句中分句之间的联系以及其语法形式上的表现予以了分析,其中提出分句之间的联系往往通过以下几种语法手段得以实现:用连词或副词连接相关的分句;通过代词的指代作用或关联作用表现出来;分句结构形式上的联系。其中分句结构式上的联系已经涉及复句之间的无标记关联关系,如:

(36)看谁还能说他没有什么讲的!看谁还能说他没见过世面!看谁还能瞧不起他!

(37)稻子收好了,麦垅种完了,公粮余粮卖掉了,口粮柴草分到了。(转引自朱德熙1982:216)

我们不妨换个思路去思考,"有标/无标"只是逻辑关系表达手段的两种设定,逻辑结构标记的使用(包括标记的专用、标记的缩略、标记的各种弹性表现)都是语言系统内部的各种适应性操作。如果从修辞学的角度看,其都可以归属于消极修辞范畴,当这些语言策略在一定的语言情景中无法满足表达需要时,相应的某些积极修辞策略便会被调用,如本章节涉及的报告类政论文本中所大量使用的无逻辑结构标记的排比句,然而这些无显性逻辑结构标记的句子也可表示逻辑关系。我们认为,无标记手段的利用是逻辑结构标记范畴在语言系统中发展的一个重要阶段。

本书前文对指称类标记兼作并列格式曾进行过分析(详见"3.3.1.1指称标记的格式化")。除这些由指称类标记兼职的并列标记在自然对话语体中表现出来的优势外,我们也统计了科技文本和自然对话两种语体中以无标记手段表示平行并列关系的句子数量,并发现无标记并列句子数量与兼职类称代标记的数量之间呈现一种共变关系。具体数据如表5-1所示。

表5-1 称代类标记与无标记并列句的统计情况表

语体类型	并列标记总量	称代类标记量	无标记并列句数量
科技文本	178	5	15
自然对话	256	18	22

另外,如果将口语体中的临时标记删除,其句意也并无太多改变,如例(39)和例(41):

(38) 早餐车的食物我都不吃,嫌太脏,〈一个〉刮风那单说,〈一个〉公交车来回走肯定有飞土什么的。(MLC语料库/自然对话)

(39) 早餐车的食物我都不吃,嫌太脏,刮风那单说,公交车来回走肯定有飞土什么的。

(40) 〈一个〉水的问题,〈一个〉煤气管道的问题,〈一个〉楼拆的问题,哪个问题解决不了,你给我们回答一下。(MLC语料库/自然对话)

(41) 水的问题,煤气管道的问题,楼拆的问题,哪个问题解决不了,你给我们回答一下。

在上述语例中,逻辑结构标记的有无对理解句意并无太多帮助,指称/称代类成分在口语体中的数量优势只是一种语言形式的表象。另外,我们认为在口语体中,称代类成分"一个""有的"作逻辑结构标记的用法是一种因由现场性激活的非准备性而做出的选择,这类成分因其临时性、不稳定性常成为较为随意的口语体的选择。而且,在自然对话体中,在句子语义明晰且信息足量的情况下,甚至是无标记都可以成句的情况下,为何还会出现连续的"一个""有的"来标识逻辑关系?本书认为这可以归因至语用层面,马清华(2007)认为"代词可以看作语用功能词,代词在很多场合都是为了适应语言使用的经济原则、减少词语重复而出现的,因此代词也可以被看作'语用功能词'";而张伯江(2010)在对"人称代词+专有名词"共现的研究中也提到"在'专有名词'已经具有既量足又准确的信息内容的情况下,人称代词的使用,只能是一种语用目的——借助现场指称所专用的形式,来增强说话的现场性,并拉近说话人与专名那个人物的心理距离"。本研究认为自然对话的现场性特征及其相关的[非准备][即时性]特征驱动了对语言形式的选择,也正是这种语体的现场性特点,使得例(39)和例(41)这类句子在即使没有显性逻辑结构标记的辅助下,也可以借助说话人在语流上的停顿、表情甚至手势等手段来理解。

无标记与指称类标记两者之间存在共变趋势并不难解释。马清华(2007)认为除句子的基本语义成分外,其他剩余成分可以按意义分化为指称、情态和关系三类。而从语法化的角度来看,实义性成分的虚化也正是朝着指称、情态和关系这三种意义方向变动的。在句子的基本语义成分中,指称类成分无疑是除表述(含谓词和格成分)以外的剩余成分,对句义的表述没有直接性影响。那么既然这些成分并不属于句子的基本语义成分,就间接说明这些成分是可选的,在一定的条件下,这些成分完全省去也并不影响句子的表述,即上述无标记的情况。因此,从这个角度上去理解,无标记情况与以指称类成分为标记的情况在本质上是相似的。

而且,已有的一些关联标记研究在对平行并列标记进行罗列时,也并未将"一个"列入,如:并;边;此外;同样;另外;同时;与此同时;也;也罢;也好;一边;一来;二来;一面;一头;一则;二则;再则;一者;二者;以及;既;又;又是;除了;一方面;又一方面;另一方面;再者(姚双云 2008:77—78)。这也从侧面说明了"一个"作为平行并列标记的临时性。但是在科技文本中,对于有些必须用并列标记明示的句子,如果去掉标记,则会让句子的逻辑关系混乱,给话语受众额外增加理解上的困难,如:

(42)〈一方面〉,寿命的长短决定于植物本身的遗传性,〈同时〉,〈也〉和种子贮藏期的条件有关。(《植物学》/科技文本)

(43)*寿命的长短决定于植物本身的遗传性,和种子贮藏期的条件有关。

例(42)中"植物本身的遗传性"和"种子贮藏期的条件"是制约植物

寿命的两个同等重要的条件,但是删除标记后的例(43)则会让人倾向于认为"植物本身的遗传性"是影响植物寿命的主要条件。"一方面、同时、也"这些标记在句中的主要作用是使逻辑关系更为明晰,可以起到逻辑的明示作用,同时也能满足科技文本对语言精准性的需求。两种语体中的这种差异说明从某种意义上来讲,口语体中兼职标记与无标记情况的内在动因一定是非常相似的。

另外,本研究认为即使目前"一个"处在一个非必选阶段,但是语言又是一直处于动态变化中的,或许"一个……一个……"也将会发展成为典型的复现类标记,但是其本身具有的指称意义势必也会在其向典型并列标记发展的过程中施加阻碍力量。除了"一个"这样的临时类标记外,典型的并列标记"一面……一面"也经历过这样的阶段,虽然《现代汉语词典》(第7版)(第1536页)也列出"一面"单用的用法(如:说着话,一面朝窗户外面看),但是对于"一面……一面"来说,复现用法在现代汉语中一定是占绝对优势的。另外,我们也找到了一些历时的证据,"一面"在明代的文本中单用例较多,如例(44)和例(45):

(44) 如卖已后,神奴来历不明,远近亲戚闲杂人等往来竞争,买主〈一面〉承当不词,不干买主之事。(明·《朴通事》)

(45) 太师大悦,随发火牌令箭,差官往青龙关去讫,〈一面〉又点神威大将军邱引,交代镇守关隘。(明·《封神演义》)

这也能从侧面说明此类复现式、链式标记的从非强制到准强制性的演变过程。不难看出,在口语体中,无论是兼职成分兼作平行并列标记,还是无标记表征逻辑关系的现象,其根本原因都是自然口语是一种具有非准备性特征的语体,而这个特征也正是由于现场性因素的初始设定激活而来。

5.2 标记密度

5.2.1 逻辑关系密度和标记密度

平均句长(mean length of utterance, MLU)是一个常见的语言能力衡量指标。首先,不在少数的研究认为句子的长度是反映语篇难度或者说话者语言能力的最直接指标,如 Sinnemäki(2011)就认为"一个语言表达形式的长度是其构成复杂性的直接反映",我国学者如刘颖(2014b)也曾认为平均句长是衡量句子复杂程度的重要标志,如刘颖(2014a:225)就曾观察余华小说和莫言小说的平均句长,其观察结果是余华小说的平均句长要比莫言的长,其结论是"余华小说的文本复杂度更高一些"。但是,本书观点是自然语言的长度和复杂性之间的关系并不总是确定的,影响话语复杂程度的因素也很复杂,而且句长与逻辑结构标记的使用之间也存在着错综复杂的关系。Mitchell(2009:96)就曾提到 Lloyd 在研究中曾罗列出来自不同学者所使用的复杂性测量方法,长度(length)或规模(size)则是一种较为常用的测量方法,但是 Mitchell 以人类基因数量为例对此方法予以质疑。Mitchell 认为"长度"可能成为一个测量参数,但这却是不确定的。如,芥菜类植物(鼠耳芥 Arabidopsis)所含的基因数量与人类基本相当,因此,基因组的大小就不应该是复杂性的一个很好的测量手段。人类复杂性的起源远比这层次更深。

在一个特定的文本中,其所含所有句子的长度总和与句子总数的商就是该语体文本的"平均句长",用公式表示就是:

$$\overline{Ls} = Lt/Nse$$

式中:Lt 表示文本的长度总和(字符或汉语词的总数),Nse 则表示文本中的句子数,两者之商就是该文本的平均句长 $\overline{Ls}$。刘颖(2014a:

221)也认为根据不同的研究需求,除了以句号、问号、叹号、省略号等标点符号为句子终结的标志外,还可以用一些具有句中停顿意义的标点符号(如逗号、分号)为标记来作为分句的标志。由于本书研究对象是逻辑结构标记,本研究认为有必要去计算部分语体的平均分句句长,以观察分句长度与逻辑结构标记数量之间是否存在一定的相关性。计算平均分句句长的表达公式如下:

$$\bar{Lc} = Lt/Ncl$$

式中:Lt 表示文本的长度总和(字符或汉语词的总数),Ncl 则表示文本中的分句的总数,两者之商就是该文本的平均分句句长$\bar{Lc}$。

而"文本中逻辑结构标记密度"可以用以下方法计算:

$$文本中逻辑结构标记密度 = \frac{文本中逻辑结构标记数量}{句子数量}$$

但实际上,逻辑关系密度和标记密度之间还存在着更为复杂的一种关系,即高逻辑关系密度并不蕴含高标记密度,不过高标记密度则能说明高逻辑关系密度。

5.2.2 逻辑结构标记密度的语体差异

基于以上公式,我们对所掌握的语体语料进行了平均句长和平均分句句长分析,除了计算语体的平均句长外,我们还在此基础上以约 2 万词为范围计算了自然对话、口语独白、论述类政论文本以及科技文本这四种语体中的逻辑结构标记平均密度,以更好地观察各类逻辑结构标记的分布情况。

在这几种语体中,我们不难发现两种贴近现实语境的语体"口语独白"和"自然对话"的平均句长甚至要长于某些书面语体,这其实是有些反常的现象。而其他有准备程度的口语,如情景剧对话或口语访谈类节目的转写文本语料,其平均句长就较短,均在 20 以下,在仔细观察语料文本后,我们不难发现,在自然状态下的独白语体,说话人有时会对一句话不停地重复,语句结构其实非常简单,只是语气停顿过多,如例(46):

(46)这一学校好几千学生啊,选才选出两个人来,其中就把她给选了去了,到那儿一去的话呀,一个月才多儿少钱哪,三十几块钱的生活费,三十多块钱。(北京口语语料库/口语独白)

但是从统计的结果来看,该语体的平均句长就较长,甚至长于某些书面语体,而且两种自然口语体中的句长离散度非常大,内部差异十分显著,但是书面科技文本句长内部差异就不是十分明显,这样说来,从两种自然口语体的平均句长就可以看出,句子越长并不等于标记的复杂化程度越高。因此,除了平均句长之外,本研究还计算了语体中的平均分句句长。具体数据如表5-2所示。

表5-2 语体平均句长统计表

语体类型	平均句长（词）	平均分句句长（词）	标记总量	句子总数	标记密度
口语独白	19.37	5.14	461	1037	0.44
自然对话	23.63	6.66	563	880	0.64
论述类政论文本	33.00	9.89	800	612	1.31
科技文本	28.37	9.31	587	635	0.92

为了观察逻辑结构标记密度与平均句长以及平均分句句长之间的关系,本研究对"平均句长——标记密度""平均分句句长——标记密度"这两对变量之间的关系进行初步检验,检验结果也表明平均分句句长同逻辑结构标记密度的关系更为密切。在四种语体中,论述类政论文本中的标记密度最高,口语独白中的标记密度最低。

5.2.3 假设关系标记密度的语体差异

上述是以自然对话、口语独白、论述性政论语体和科技文本这四种语体中的标记密度为总量所进行的分析,我们这里也以假设关系为例,对单一逻辑关系在不同语体中的标记密度进行简要分析。

表 5-3 逻辑结构标记基本情况统计表(自然对话—科技文本)

逻辑关系		广义并列						广义转折	广义因果			
		并列			承接	选择	递进	让步	因果	假设	目的	条件
		平行并列	对比并列	解注并列								
自然对话	总量	67	4	49	59	20	62	93	94	77	3	35
	占比	11.901%	0.710%	8.703%	10.480%	3.552%	11.012%	16.519%	16.696%	13.677%	0.533%	6.217%
科技文本	总量	157	37	62	38	8	54	59	91	19	35	27
	占比	26.746%	6.303%	10.562%	6.474%	1.363%	9.199%	10.051%	15.503%	3.237%	5.963%	4.600%

通过表 5-3,我们可以看出,在自然对话和科技文本两种语体中,在广义因果大类标记中,两种语体中表示条件和典型因果关系的标记数量差距并不明显,数量相差较大的是目的关系标记和假设关系标记,目的关系在口语中标记度较低的原因是口语中的目的关系经常通过连谓结构来表达(详见"5.1.1.3 目的关系低标记程度语体"),目的关系在口语体中的逻辑关系密度并不低,只是目的标记密度较低。至于假设关系,本研究发现其在各语体中的逻辑关系密度不同,也就更进一步导致了标记密度的不同。这同目的标记在口语体中的少量机制是不同的。

根据表 5-3,假设类标记仅占科技文本标记总量的 3.237%。在自然对话中,除了这些典型的假设关系标记外,还有部分其他类别的关系标记会带有假设义,或者说是向假设义发展。从表 5-3 也可以看出,科技文本中并不是排斥假设关系,虽然数量少,但是也仍有一定的用

例,如例(47)至例(49):

(47)〈如果〉完全浸于水中或埋在坚实的土中,以致正常的呼吸不能进行,胚〈就〉不能生长。(《植物学》/科技文本)

(48)〈如果〉温度降低,酶的作用〈也就〉减弱,低于最低限度时,酶的活动几乎完全停止。(《植物学》/科技文本)

(49)〈要〉了解植物的结构及其形态建成的规律,有必要从认识植物细胞着手。(《植物学》/科技文本)

从标记所联的内容项上来看,科技文本中假设标记也更重视事实的推理性,更注重某种现象或事情发生时的条件性,其语体主要功能是信息的传达,因此语句也很少涉及非现实性描写,其信息中蕴含的不确定性也较自然口语大幅降低。我们在此也更大胆地设想,在广义因果类关系范畴下,在自然对话和科技文本之间,存在一种所联内容的非现实性与现实性之间的连续统,而相应的也是不确定性的维度连续统(见图5-4)。

非现实性　　　　　　　　现实性

⬅━━━━━━━━━━━━➡

自然对话　　　　　　　　科技文本

图5-4　语体间的(非)现实性连续统

我们发现在目前已有的语料中,自然对话中表示非现实语义的语言手段较多,其中包括假设关系标记以及逻辑结构标记转化而来的估测标记(如"或/或是/或者",详见"3.2.2.2 转为情态性估测标记")等等所占的比例较大。从信息熵的角度来看,这些标记在所在的语句中也具备"扩域"的功能,即提升了所在语句的不确定信息量。因此,本研究对此的基本观点是在非现实语义表达手段较多的语体中,其信息"熵"就更大,而所在文本的复杂性也就更大。这其实也是口语体复杂化的一种方式。

我们在前述分析中也提到过，Halliday认为"书面语比口语具有更高的复杂性"这种观点是错误的，口语体同书面语的复杂性是同等的，只是复杂的方式有所不同。从上述信息熵的观点中，我们也可看出，口语体确实有着其特有的复杂度表现形式，这些语句所蕴含信息的不确定性也就是信息的熵。由于语言系统外的各驱动性语体因素不同，因此，不同语体中语言的复杂化手段也各有相异，而且可以通过不同的手段去观察和测度。

5.2.4 语体次类型逻辑结构标记密度差异

5.2.4.1 论述类与报告类政论文本

经过初步分析，本书发现两类政论语体中所使用的逻辑结构标记在数量上就差异巨大，报告类政论文本中的逻辑结构标记非常少，而正是这种标记的少见导致了该类语体中关联标记研究所获关注少之甚少，但是我们认为政论语体中的逻辑结构标记分布和使用情况对我们理解逻辑结构标记在语言中的整体使用情况至关重要。两类政论语体中所使用的逻辑结构标记的具体数量和分布见表5-4。

虽然同属政论语体，但是论述类和报告类政论语体在其内部的语言结构、语言成分等的使用上却呈现出巨大差异，这种语言形式上的分野，其较为根本的一个原因就是"话语意图"的不同，也就是论述和报告的区别，"话语意图"这一外部驱动因素的分化继而导致一系列其他语体因素发生变化，最后在语言产出层面呈现出质的不同，在本研究所涉及的逻辑结构标记上也自然有所体现，其最大的不同首先是逻辑结构标记数量的多寡，其中含有标记数量较多的论述类政论文本，其显性关联标记的总量甚至超过科技文本中的数量，含标记量少的为报告类政论文本，该语体中甚至根本不使用某些类别的逻辑关系标记，如假设类标记。

我们也关注了两种语体文本的平均句长和平均分句句长这两个指标，具体情况如表5-5所示。

表 5-4 政论语体内部逻辑结构标记分布情况表

逻辑关系		并列			承接	选择	递进	事实让步	虚拟让步	假转	说明性因果	推论性因果	假设	目的	充分条件	必要条件	无条件	总量
		并列	对比	解注														
论述类政论	总量	162	47	31	19	4	76	118	14	10	56	1	143	3	64	34	18	800
	占比	20.250	5.875	3.875	2.375	0.500	9.500	14.750	1.750	1.250	7.000	0.125	17.875	0.375	8.000	4.250	2.250	100
报告类政论	总量	14	0	0	0	0	8	1	0	0	0	0	1	0	3	6	0	33
	占比	42.424	0.000	0.000	0.000	0.000	24.242	3.030	0.000	0.000	0.000	0.000	3.030	0.000	9.091	18.182	0.000	100

表 5-5　政论语体平均句长和平均分句句长数据表

语体类型	平均句长(词)	平均分句句长(词)
论述类政论	33.00	9.89
报告类政论	27.03	9.42

论述类政论语体的平均句长为 33.00,从句长上看,该语体至少是一种较为典型的书面语体。而带有部分口语特色的报告类政论语体的句长为 27.03,句长明显长于自然对话,这说明该语体虽然也有通过口说传播的机会,但是其口语化程度并没有那么高。

报告类和论述类政论语体的内部语句面貌及逻辑关系复杂化的方式大有不同,如表 5-4 所示,论述性政论语体中的假设关系标记有 143 个,在该类语体中所占比例较大,马清华(2017)也提到"虚拟(假设)语气常带衔接性、关联性,汉语里主要反映逻辑关系",具体如例(50)至例(51):

(50)〈如果说〉中日关系有点问题,〈那就是〉中国人民担心日本有很少一部分人,其中可能有的是有政治影响的人,存在复活军国主义的倾向。(《邓小平文选》/正式谈话类政论文本)

(51)〈要〉摆脱贫穷,〈就〉要找出一条比较快的发展道路。(《邓小平文选》/正式谈话类政论文本)

假设关系标记的大量使用起码说明该关系是论述类政论文本中的一种重要语篇衔接或关联方式。说理性话语同话语主体的关系更为密切,也更能直接传递说话者对于某事的态度,那么则更进一步地说明越是议论性强的话语,其说理性就越强,而这一点也与逻辑结构标记的使用等方面关系密切。

以往研究中常提到的主观性因素也只是一个较为笼统的影响因素,而主观性因素本身也是一个多种因素互相作用而形成的综合性因素。主观性下位因素之一的"情感因素"中的情绪表达方面对诗歌等韵文类语体中的逻辑结构标记有较大的牵制性作用；而另外的"态度"因素方面则对"辩论语体、论述性政论文本"等语体有较为强烈的制约作用，跟描述性、说明性语言相比，论述性话语与话语主体的关系更为密切，也更为直接地传递了话语主体对某事某物的态度。"议论"和"思辨"在内核上是一致的，顾黄初（1982）就曾认为"对现实提供的思想材料进行逻辑分析，并进而有根有据地做出判断，这种功夫蕴之于内就谓之思辨，发之于外就是议论，口头的或书面的议论"，因此，两者对逻辑内核上的要求是相似的。而且相对于自然口语等语体，"思辨/议论"都属于语言运筹中处于较为顶端的、高级的操作，甚至需要经过专门的训练才可以具备此种能力。因此，仅从语言学角度来看，议论/辩论性语言似乎添加了更多的修饰性成分。许祖华（2016）就曾以鲁迅小说为例认为艺术语体中的议论性话语具备提升小说艺术境界的重要功能，并具有修辞的积极功能，此观点也从侧面说明了议论性话语的"非原初性"。从使用场合角度看，辩论性语言和论述性书面语也确实不是日常用语言。

议论性这一维度对逻辑结构标记的分化也更进一步说明"口语——书面语"绝对不是语体划分的唯一维度。张伯江（2007）提到了日常议论性口语和书面的评论性语体都属于"主观表达语体"，这也说明这两种都带有"评论性、议论性"的语体在"主观性表达"这一维度上得以汇合，并与其他语体分化，这也势必对各逻辑结构标记产生一定的影响。

5.2.4.2 上行公文与下行公文

同为机构性话语，政府工作报告等报告类政论文本的受众是跨越各个行业、各个阶层的，是面向所有民众的，政府工作报告能同时以书面语和口语传播就能说明此问题；而牵涉各个层级政府机构的各类公文语体的受众范围要较政府工作报告语体小很多，如下例（52）的受众是某个城市的城区建设部门，例（53）所面向的是食品药品的相关从业人员，例（54）所传递信息的受众只是某个机构相关的办事部门或办事人员。

公文语体中也含有指令性语句,如例(53)中虽然含有"……不得超过 30 日;……可以延长"等指令性的语句,但也使用了一定的逻辑结构标记;各类下行语体更是使用了不在少数的逻辑结构标记,以转折关系标记"但"为例,不管是在通报、议案、会议纪要,还是在各级政府机构部门的各种规定等公文大类的子语体中,这一关系标记都比较常见,如例(52)和例(53):

(52) 近年来,随着我市经济的快速发展,城区建设管理工作取得了长足进步。〈但〉与市委、政府提出建设国际旅游度假城市总体目标要求还有较大的差距。(《关于加快推进城区建设,提升城市建设管理水平的议案》/公文下行语体)

(53) <u>查封、扣押的期限不得超过 30 日;情况复杂的,经食品药品监督管理部门分管负责人批准,可以延长,</u>〈但〉延长的期限不得超过 30 日。(《食品药品行政处罚程序规定》/公文下行语体)

(54) 现在县商业局分配我司一辆南京牌货车,需用资金 15 000 元,〈但〉我们没有这笔固定资产基本折旧金。(《××食品公司关于请拨购买南京牌货车资金的请示》/公文上行语体)

同政府工作报告语体相比,同样是权力机构发出的指示,前述讨论的政府工作报告中却鲜有此类转折标记出现,那么两种语体之间为何还会发生如上这种语言分化差异?经过对语料的分析,本研究认为信息的受众范围(也就是信息接收者的数量或规模)对语言形式会产生一定程度的影响。

人际交往研究中有这样一对术语——"轴性交际/网性交际",即人际关系所具有的过滤作用,存在于语言中的一种"过滤"趋势,也就是面向的受众越多,其使用的语言就越要经得起受众的"检验",因此会过滤掉不少语言成分。而我们通过对比政府工作报告和公文语体,即在事务性语体内部也发现了这样一种规律:受众越少的语体,其使用的逻辑结构标记数量就越多,说明性的成分就越多。如例(52)至例(54)分别取自"议案、规定、请示",但是这些语言信息的发出者在进行"指示"的同时,也都对为何要做"指示"进行了阐释和说明。而反之观察政府工作报告语体,被"过滤"掉的语言成分恰好也是逻辑结构标记和一些其他相关的标记,这说明逻辑结构标记本身在语言中也属于相对外围的位置,也进一步说明了逻辑结构标记的修饰性和修辞性特征。

人际关系因素会导致不同语体间逻辑结构标记的程度产生差异,这在公文语体语言中表现得尤为明显,如权位关系的差异会导致公文语体下不同子语体在逻辑结构标记的使用上有所不同。将上行和下行公文对比就较容易观察到其中的差异,上行体语言的信息发出者在行政地位上通常较接收者要低,而在这类问题中,句子通常都是具有显性主语的,而且会使用一定的逻辑结构标记以及一定的修辞手段(如排比),如例(55)和例(56):

(55) 在推进工业化发展中,〈尽管〉**我们**做了很大努力,〈但〉客观地讲,〈由于〉**兰西**的底子薄、欠账大,发展中积淀的矛盾和问题仍然存在。(《中共兰西县委员会兰西县人民政府经济情况汇报》/上行公文语体)

(56) **兰西的工业发展**〈尽管〉已经迈出了坚实的一步,〈但〉我们深知,在这方面我们还有很多工作要做,一些方面的工作安排还比较浅,请各位领导多多批评指正。(《中共兰西县委员会兰西县人民政府经济情况汇报》/上行公文语体)

上述例句中的"尽管、但是、由于"等逻辑关系标记在"下行"类公文中非常少见,虽然在本研究所掌握的公文语料总库中这类表示因果、转折的关系标记的总数就很少,但是罕有的这些标记也倾向于出现在"上行"类文体中。本研究认为这正是由信息发出者与信息接收者之间存在的权威差距决定的,换句话说,就是上行类语体中更允许逻辑结构标记和其他超常规语法形式(修辞方式)的使用,如下例(57)中对"排比"句的使用,是各种逻辑结构标记与修辞手段的连用:

(57) 从这次各地交流的经验看,**只谈保护,不谈利用,**就会使"遗产"变"遗物",制约旅游经济乃至整个经济发展;**只谈利用,不谈保护,**〈就〉会损害风景名胜资源,使"遗产"成"遗憾",〈最终〉也必将丧失风景名胜利用的基础。〈因此〉,搞好保护与利用,认识到位是前提。(《参加国家重点风景名胜区市长专题研究班学习情况的汇报》/上行公文语体)

(58) 目前,我司只有一部载重2吨的井牌货车,是井市街道工业产品,质量较差,经常出毛病,早已破烂得无法再修。生猪、鲜肉、饲料等都是请搬运社的架子车和其他单位的汽车代运。每年要付出运费约9 000余元,〈还〉经常出现供不应求现象;〈加之〉屠场离门市部约有5华里,职工中老弱病残〈又〉多,用架子车拉肉到门面上,困难〈也〉确实很大。**〈为了〉贯彻招待搞活经济的总方针,促进大好形势,减轻职工劳动强度,改善经营管理,我公司急需购买货车一辆。**现在县商业局分配我司一辆南京牌货车,需用资金15 000元,〈但〉我们没有这笔固定资产基本折旧金。(《××食品公司关于请拨购买南京牌货车资金的请示》/上行公文语体)

例(58)也是取自上行类语体"请示"类文本,这段文本也是连续使用了多个不同类别的逻辑结构标记,并且以小句的排比"促进大好形势,减轻职工劳动强度,改善经营管理"来增强语势。在上行类文本中,信息发出者要对事物、自己的需求或请示进行尽可能详细的描述以期信息接收者最大限度地理解,因此,这种需求的驱动促使信息发出者会采取超出基本命题表达的语言表征手段,首先是各种虚词的使用(包括各类逻辑结构标记),之后当这些都满足不了基本的表情表意需求后,便会启用修辞手段,在各种修辞手段中,首先启用的则是在各种篇章修辞手段中较为基本的"排比、递进"等,如例(57)中以"只谈……不谈……;只谈……不谈……"形成的排比句,这也是在公文、政论等正式度较高的语体中最为常见的修辞手段。而不管是连续使用逻辑结构标记还是各种基本类修辞手段,其在"下行"类语体中都较为罕见。

语法和修辞是一种连续统,已经有不少学者就此观点加以论述。但是连续统中间又有哪些环节?这种连续统又是如何一步一步地进行演变?基于上述分析,本书认为逻辑结构标记及各种逻辑关系表征方法是语法和修辞这一连续统上非常重要的一环。

5.3 标记深度

5.3.1 逻辑关系深度和标记深度

如果说语句长度可以体现描述语言所带来的难度(difficulty of description),那么语句的逻辑关系深度则是系统构成/形成方面所体现出来的难度(difficulty of creation)。再次陈述本研究的基本研究观点,即语言是一种动态的复杂巨系统,其内部的复杂性特征也是多方面的。质和量是一对相互依存的矛盾,组织深度(organizational depth)高是复杂系统区别于简单系统的数量特征。对语言而言,组织程度高是指多维度(multi-dimensional)、多层次(multi-level)、多阶段(multi-phasic)[Andrason 2014;转引自马清华、汪欣欣(2016)]。从语言作为复杂系统视角来看,学界对语言系统的"高组织深度"研究关注较少,而仅有的一些研究更多关注的是语言形式的构成/组织深度及相关的复杂度测量。

较为相关的研究是对句子深度的分析,如吴世伟(2016)对句子成分的结构等级所进行的分析,其研究从句子成分构成方式的角度将句子分成七级结构,具体如下:

一级结构：主谓；

二级结构：a. 主[动宾]谓；b. 主[状中]谓；c. [定中]主谓；d. 主[中补]谓；e. 状[主谓]中

三级结构：a. [定中]主[动宾]谓；b. 主[动[定中]宾]谓；c. 主[状[动宾]中]谓；d. [定中]主[状中]谓；e. 主[状[中补]中]谓；f. 主[[中补]动宾]谓；g. [定中]主[中补]谓；h. 状[[定中]主谓]中；i. 状[主[动宾]谓]中；

四级结构：a. [定中]主[动[定中]宾]谓；b. 主[状[动[定中]宾]中]谓；c. [定中]主[状[动宾]中]谓；d. 主[[状[中补]中]动宾]谓；e. [定中]主[[中补]动宾]谓；f. [定中]主[[中补]动宾]谓；g. 状[[定中]主[状中]谓]中；h. 状[[定中]主[动宾]谓]中；i. 状[主[[状中]动宾]谓]中

五级结构：a. [定中]主[状[动[定中]宾]中]谓；b. [定中]主[[状[中补]中]动宾]谓；c. [定中]主[[中补]动[定中]宾]谓；d. 主[[状[中补]中]动[定中]宾]谓；e. 状[[定中]主[[中补]动宾]谓]中；f. 状[主[[状[中补]中]动宾]谓]中

六级结构：a. [定中]主[[状[中补]中]动[定中]宾]谓；b. 状[[定中]主[[状[中补]中]动宾]谓]中

七级结构：状[[定中]主[[状[中补]中]动[定中]宾]谓]中

这种方式也确实较单纯的形式复杂度分析更进一步。其对句子分级所依据的理念是"复杂的句子由于要表达多层的语义，这一类的高级构型需要依靠定语、状语、补语来安排基干表述的谓语。语义结构是多维立体的复杂网络，句法在组合时，句内各种语义连续体进行分块分层的模化，力求每个成分与句内的联系是有机的，最终投射为线性结构"。此研究中的"七级结构"反映的是句型结构和句子成分的"构成性"方面的复杂度等级，而且多层的语义为非线性连接，在一定程度上表征了句子的深度。

但上述测量方法是针对小句内部所进行的复杂度测量,对于复句来说,形式和句子成分上的深度似乎也并不能准确地描述复句在构成方面的复杂程度。因此,我们在此引入了"逻辑深度(logical depth)"的概念,Lloyd(2001)依据复杂系统的描述、形成的难度以及组成的等级(degree of organization)对以往的一些复杂系统复杂性度量方面进行了分类,其将逻辑深度归到"形成难度(difficulty of creation)"这一分类,而逻辑深度这一指标(由数学家Bennett引入)是一种测量一个对象构建难度的方法。在Bennett看来,"具有逻辑深度的对象会包含其是由长计算或难以模拟的动态过程形成的结果的内部证据"(Mitchell 2009:96)。

但是,逻辑深度这一术语毕竟是从数学领域借用而来,Massip-Bonet(2013)就曾认为"逻辑深度"等一些复杂度测量手段多是吸收或源自动态热力学、信息理论或计算理论的概念,它们有益于思考语言和复杂性的一些方面,但是这些度量方法又很少能准确地描述任何真实世界的系统,单独一种简单的测量是不可能捕捉到语言系统复杂性的精髓所在的。

本研究在之前所论述的标记化、标记方式以及标记程度、标记密度的基础上,试图进一步探求复句的逻辑深度,并认为以多重复句入手研究较为合适。"标记深度"也是标记基于逻辑深度的具体表现。

5.3.2 并列标记的逻辑深度

5.3.2.1 书面语体中的包孕复句

在实际言语场合或书面语篇中,只含有两个分句的"纯净复句"并不是复句的全貌,实际上还存在一定数量逻辑关系错综复杂的多重分句。这些多重复句之间存在着逻辑语义的包孕关系(也有研究称为"嵌套关系"),这种复杂关系的最直接体现就是逻辑结构标记的使用。经过我们的初步观察,这种包孕关系无论在数量上还是分布上,其在不同语体中都呈现出了差异性的表现。因此,我们在本小节利用四种语体中的多重复句（包括一定数量的句群）来对包孕关系下的逻辑结构标记进行分析。所使用的语料有两种书面语：论述类政论文本、科技文本；两种口语体：口语对话和即兴演讲。我们对四种语料进行等距抽样，每种语体取约2万词。

为了解句子的逻辑深度与逻辑结构标记使用间的关系，本章节主要关注多重复句中的逻辑结构标记，首先需要剔除多重复句中的部分"虚假嵌套"，即关联词语的"混合使用"，王维贤等（1994：326）就曾提到关联词语的混合使用是指在"一个分句里，使用了两个层位相同而关系不同的关联词语，即在同一层次里表达了两种不同的结构语义关系"，该文就认为"并列"和"转折"关系是相容的。因此，下例（59）中的"却"和"又"分别表示转折关系和并列关系，但是并不属于逻辑结构标记的嵌套，两者属于标记的并用，如：

(59) 这山极是雄美，却又令人绝望。(《文房两篇》/散文)

我们在前文曾不止一次地强调各种逻辑结构标记在汉语篇章中的脉络作用，而本研究的目标就是要探索逻辑结构标记在不同语体形成中起到的作用，因此有必要在研究中将"句群"这一现象也纳入研究视野。句群是篇章中句子同句子之间所构成的产物，过往不少关联标记的相关研究都将"句群"剔除在研究范围外，但是通过实际的语料分析则不难发现，一定规模的逻辑关系是跨句群存在的，如例（60）：

(60) 富尔顿的成功，也使人们深深认识到了轮船的威力，它正式揭开了航运史上轮船时代的序幕。〈因此〉，〈尽管〉在富尔顿之前造轮船的人，有菲奇、薛明敦等不下10人，〈但〉世界公认的轮船发明人是富尔顿，他是理所当然的"轮船之父"。(《搏击万里海疆》/散文)

如果我们仅以句号为标记识别多重复句,那么则会忽略例(60)这种跨句以句群方式表达逻辑关系的例子,也会进一步导致对不同语体中的逻辑关系观察的片面性。我们认为只有关注了句群,才能识别出例(60)"因此"与前一句之间存在的这种因果关系。不过本研究在识别句群时采取的是狭义上的概念,即"指话语中相连的几个在语义和结构上都紧密联系的句子"。广义的句群则泛指话语中句子与句子的组合,甚至整个篇章都可以算是句群,因此广义的句群概念并不利于我们的研究,在此说明。王维贤等(1994:367)认为狭义句群中句子之间的逻辑关系同多重复句中各小句间逻辑关系大多相同,其文中也提到有研究认为狭义的句群就是由复句分化而成的。

基于前文对多重复句的定义以及句群的定义,我们对科技文本、论述性政论文本、演说语体和自然对话四种语体中的包孕单元进行了统计,以包孕单元的最外层逻辑关系为类别进行分类,详情见表5-6。

表5-6 多重复句中逻辑结构标记分布情况表

语体类型	联合包孕	占比	假设包孕	占比	因果包孕	占比	转折包孕	占比	条件包孕	占比	目的包孕	占比	包孕单元总量
科技文本	13	19.12%	3	4.41%	31	45.59%	16	23.53%	2	2.94%	3	4.41%	68
论述政论	18	16.98%	20	18.87%	30	28.30%	24	22.64%	12	11.32%	2	1.89%	106
演说语体	4	7.69%	3	5.77%	18	34.62%	26	50.00%	1	1.92%	0	0.00%	52
自然对话	5	9.80%	7	13.73%	21	41.18%	14	27.45%	4	7.84%	0	0.00%	51

首先我们可以明确的是,逻辑结构标记的包孕就意味着复句中各分句,或者是句群中各小句在逻辑语义上的"交织",这种交织就表明复句或句群的语义生成或处理都是非线性的,这从某种程度上而言会提

升一定的语言复杂性,因此,在同约2万词的语料中,从最为正式的论述类政论文本,至科技文本,再到有一定准备程度的演说语体,最后是准备程度最低或纯粹即时发生的自然对话语体,其包孕单元的数量是越来越少的。这在一定程度上可以表明,多重复句或具有嵌套关系句群的存在,可能会给书面语体带来一定程度的处理复杂性。

从表5-6中很明显可以看出,每种语体中数量最多的包孕类别基本落在因果和转折关系上,这首先可以说明这两种逻辑关系的包孕能力是最强的,从数量上来看,这两种关系在四种语体中都基本保持领先。这与陆丙甫、金立鑫(1988)和王维贤等(1994:316)研究的结论基本保持一致,即在各逻辑关系中,说明性因果和事实转折这两种关系的包孕能力是最强的。本研究认为说明性因果和事实转折这两种逻辑关系的强势包孕能力是跨语体存在的,这是四种语体中多重复句包孕表现的一个相同点。

但是不同点在于,同样是并列类别的标记,其在书面和口语语体中的使用呈现出差异,如前两小节所述。如果同其他类别的包孕标记相比,以并列关系为原型的联合关系范畴(包括对比并列、递进关系等)在所能包孕的层级数量上要较其他偏正类标记多,即所能嵌套的关系类别,本研究将其称为"包孕深度"。

在本研究所掌握的语体中,一般来说,以平行关系为最外层包孕关系,其句群可以包孕联合类其他关系(如:对比并列、解注并列、递进等关系),以及偏正类的大多数关系(如:假设、因果、假转、转折等关系),其包孕深度可达到三至四层,形成一个语义完备、逻辑紧密的语段。除了平行并列关系外,在以平行并列为原型的联合关系内部,其他并列关系也都表现出类似的包孕深度,如例(61)就是以对比并列为最外层包孕关系的逻辑单元,其包孕深度亦可达到三层以上:

(61) 一般种子萌发和光线关系不大,〈无论〉在黑暗或光照条件下〈都〉能正常进行,〈但〉有少数植物的种子,需要在有光的条件下,〈才能〉萌发良好,对这些种子,光就成为萌发的必要条件之一,〈如〉烟草、杜鹃等植物。〈相反〉,也有少数植物的种子,〈如〉苋菜、菟丝子等,〈只有〉在黑暗条件下〈才能〉萌发。(对比并列包孕)(《植物学》/科技文本)

以偏正类关系为包孕最外层的逻辑单元,其包孕深度一般都为两层,一般不会超过三层,而又如表5-6所示,偏正类包孕又以因果或转折为最外层标记的单元多,如下例(62)中就是由"(由于……因此……)。但是……"组成的"转折包孕因果"的二层句群:

(62)〈由于〉这些物质都是亲水性的,〈因此〉,细胞壁中一般含有较多的水分,溶于水中的任何物质都能随水透过细胞壁。〈但是〉,在植物体中,不同细胞的细胞壁组分变化很大,这是由于细胞壁中还渗入了其他各种物质的结果。(转折包因果)(《植物学》/科技文本)

另外,一般情况下,科技文本中的联合包孕单位也要长于口语体中的包孕单位,例(63)是口语独白语体中的一个以因果关系为最大逻辑层级的包孕单位。可以看到,其使用的"(有的呢……有的呢),所以……"等标记的语篇凝聚功能就稍差于科技文本中的标记。

(63)有时候儿公家的菜吧,嗯,那个,〈有的呢〉是便宜一些个,嗯,〈有的呢〉是,还没有自由市场的这个便宜,〈所以〉有时候儿我们就愿意上自由市场去买菜。(北京口语语料库/口语独白)

我们认为科技文本料中的联合关系标记表现出更为强大的语篇能力。陆丙甫、金立鑫(1988)曾认为"联合复句几乎可以与其他任何复句互相包孕,不可能形成严格的等级关系,联合复句无所谓等级,包孕是可逆的"。根据复句系统的繁殖序列,即"联合＞说明性因果＞顺接假设＞逆接假设＞虚拟让步/事实让步/充分条件/推论性因果＞必要条件/目的/无条件/连锁"(马清华 2012b),在这一复句系统衍生过程中,每一个步骤所形成的逻辑基础都是积累性的,也是渐趋复杂的。

在此依旧沿袭前文的观点,即均词 2 万的四种语体语料中,其逻辑关系是否包孕、包孕单元的多少以及包孕标记的多寡的动因都要溯源至语言外部的驱动因素,与语言系统运筹的终端产物"文本"并无直接关系,而目前有研究的观点倾向于认为"句长与包孕标记有直接关系",其蕴含的观点就是"包孕意味着更多的逻辑结构标记",如梁珊珊、杨峥琳(2016)就认为复句间多个逻辑结构标记的连用会导致信息组合过长,会给受话者以一定的理解困难。首先,基于本次研究,包孕单元的数量或逻辑结构标记的数量与句长并无直接关系。经过我们对四种语体语料的平均句长进行测算,可以发现书面语体的句长未必就显著长于口语体,如科技文本的平均句长为 28.37,而口语即兴演讲的句长也基本与其持平,为 28.25。其次,最明显的一点就是"论述类政论文本"是四种语体中含多重复句单元最多的一种语体,含 108 个多重复句或句群单元,但是该种语体语料的平均句长仅为 19.38,是四种语体中最短的。因此,从这种现象上得出的直接推论就是多重复句单元或句群的形成,与所使用的逻辑结构标记数量及句子长度没有直接关系。

5.3.2.2 并列标记的包孕能力

将句群纳入研究范畴有助于我们发现一些更深层次的现象,并列关系作为几种最为基本、最为原初的逻辑关系,退可以关联最低层次的两个语素词,如"爸和妈""桌和椅";进则可以关联一个句群,如在本小节所考察的两种书面语料中,"第一……,第二……,第三……""一方面……,另一方面……""一种……,一种……"等这类并列关系标记也常作为最外层逻辑关系标记来包孕一个句群,如:

（64）我们的教条主义者在这个问题的错误，就是，〈一方面〉，不懂得必须研究矛盾的特殊性，认识各别事物的特殊的本质，〈才〉有可能充分地认识矛盾的普遍性，充分地认识诸种事物的共同的本质；〈另一方面〉，不懂得在我们认识了事物的共同的本质以后，还必须继续研究那些尚未深入地研究过的或者新冒出来的具体的事物。(《矛盾论》/论述类政论文本)

（65）细胞体积之所以小，主要受两个因素的影响。〈其一〉，是细胞核在细胞生命活动中起重要作用，它指挥和控制细胞质中很多活动的进行，因此，细胞核和细胞质体积之间的关系，对细胞显得非常重要。然而，一个细胞核所能控制的细胞质的量是有一定限度的，细胞的大小受细胞核所能控制的范围的制约；〈其二〉，是在细胞生命活动的过程中，必须与周围环境不断地进行物质交换，〈同时〉，进入细胞的物质，在内部也有一个扩散传递的问题，细胞体积小，它的相对表面积就大，这对物质的迅速交换和转运都比较有利。(《植物学》/科技文本)

从前文表5-6中不难看出，以联合关系为最外层包孕关系的逻辑单元在两种书面语体中占比较大，而经过进一步分析，在两种书面语体中，上述例(64)和例(65)这类以"第一……，第二……，第三……""一方面……，另一方面……""一种……，一种……"复现式偶对标记为最外层标记的包孕复句在所有联合类包孕复句中所占比例较大，在两种口语体中，则较少出现此类标记为最外层关系的包孕复句。

上述现象首先可以说明并列关系并不是一种低级的逻辑关系，上述几例处在最外层的并列标记不但可以包孕其他偏正关系(因果、条件、让步等)，而且可使逻辑层次关系更为明晰，语篇也得以严密而连贯。因此，基于实际语料分析，我们认为由于书面语媒介、时空等条件的限制，"复现式并列关系标记"表现出了强大的语篇层面致联作用。虽然作为一种原初的、基本的句法关系，但联合关系标记在严密程度、精准程度较高的书面语篇中却呈现了这种较为高级的句法功能。从复杂性的视角来看,并列关系也呈现出一种螺旋回归的作用,既可肩负小句内部的关联作用,又可肩负起句群内部的关联作用。

但是在书面语体中,我们却发现了联合关系标记这种可在所有逻辑关系之上的语篇连接功能,这也说明联合关系并非只能用以低层次的、简单的逻辑关系连接。复杂化是语言运筹的一个目标,但是语言不可能向着极端或无限复杂的方向发展,语言发展到一定程度后,由于交际、媒介等方面的需要,很可能还存在向原始句法操作形式回归的趋势。从语体间逻辑结构标记的使用上就可以观察到这种微妙的变化,这也是在科技文本中有为数不少的联合包孕单位存在的原因之一。

并列标记基本可以分为单标和偶标,马清华(2005:289—385)对两者的形式、形成机制进行了详尽而全面的探讨,其形式的机制有所差异。以并列关系为包孕最外层的逻辑关系的单元,其所采用的标记策略于单标和双标之间呈现出了语体的分野,两种书面语体倾向于使用偶标形式大类中的"复现类-复合小类"(如:一方面……一方面……)、"链接式-指称小类"[如:第一……第二……(序数)]以及"链接式-关系小类"(如:一是……二是……);而在两种口语体中,首先是以并列关系为最外层包孕关系的逻辑单元在数量上要低于两种书面语体,而口语体中虽也有以并列关系为最外层包孕关系的逻辑单元,但是所使用的标记以单标为主,如"……。同时呢……""……。另外一个呢……""……。另外……"。单标和偶标形成方式不同,单标的形成方式是范畴化和语法化,而偶标的形成方式是格式化(马清华 2005:289)。这种观点说明两者在形成上所受到的驱动差异,本研究认为两类标记在使用上也一定有不同的外力制约。

不同语体中的包孕复句(多重复句)也可以视为语言复杂化的一个指标,也可以通过"逻辑深度"等指标来观察。总之,本研究的观点是语言系统外界的驱动因素导致各语体的复杂化方式有差异,所展现出来的复杂性维度也就不同,而观察复杂性或测量复杂度的手段或方法也颇为多样化。

5.4 小结

本章从量化的角度对逻辑结构标记的标记程度、标记密度、标记深度进行观察和思考,进一步呈现了逻辑结构标记本身的复杂性。

在标记程度方面,各种逻辑关系在不同语体中的被标记能力是不同的,其最终受制于人际因素(如:语言受众对象的规模等)、指令性、语言信道等语体因素。任一因素的变动均会扰动逻辑关系的标记程度。在标记密度方面,从所有类别逻辑关系上看,口语体中的标记密度较低,要明显低于政论语体和科技语体,各语体次类型的标记密度差异最终也受制于说理性、人际因素等语体因素。在标记深度方面,科技语体也有较为显著的表现,本研究以多重复句和句群为主要研究对象,发现其逻辑深度和包孕深度都较口语体表现出更深的层次,因此也更多地利用可扩充式的并列标记,这也说明并列关系确实不是一种低级的逻辑关系,其在句子复杂化和多样化方面起到非常重要的作用。

逻辑结构标记的标记程度、标记密度和标记深度体现了语言的复杂性。如果不首先厘清什么是复杂性,对逻辑结构标记的复杂化和复杂方式有所掌握,就不能获得恰当的语言复杂度测量手段,也就不能深刻地揭示语言复杂性现象之间的内在联系和复杂化机制。

第六章 | 主要语体的逻辑结构标记特征

基于本书第三、四、五章节对逻辑结构标记化和逻辑结构标记方式语体差异的分析,以及从标记程度、标记密度、标记深度等角度对逻辑关系标记的量化分析思考,不难发现每种语体中各逻辑结构标记的特征群都有较大的差异。因此,本章节将依据前述章节对逻辑结构标记化、标记方式、标记程度、标记密度和标记深度等逻辑结构标记特征进行以主要语体为纲的再分析。

6.1 自然口语体的标记特征

6.1.1 语法化活动活跃

自然口语体主要涉及自然对话和口语独白语体。在标记化特征方面,不管是非逻辑结构标记成分语法化成为逻辑结构标记(详见"3.2.1.1 情态标记""3.2.1.2 核心词附类"),还是逻辑结构标记的再语法化活动(详见"3.2.2.1 转为话语标记""3.2.2.2 转为情态性估测标记"),逻辑结构标记的语法化活动在自然口语体中都更为活跃。

除以上单项逻辑结构标记在自然口语体中的语法化活动外,经过本研究观察,偶对逻辑结构标记的格式化活动在自然口语体中也非常活跃(详见"3.3.1.1 指称标记的格式化""3.3.1.2 名词附类的格式化");另外,还有一些标记化程度、复杂化程度较低的标记也更容易在自然对话语体中出现(详见"3.3.2 逻辑格式的精细化")。特定关系类别的逻辑格式在自然对话中也较易表示相关类别的逻辑关系(详见"3.3.3.1 对比标记的语义偏移")。

整体来看,逻辑结构标记和逻辑格式的语法化、再语法化活动在该语体中都表现得比较活跃,这也说明语法化活动总是更倾向于在口语中发生,之后再经过长时间的使用、标记的语义发生磨损,再经历语法化等阶段,渐而固化在书面语体中。

6.1.2　标记方式灵活

在标记方式方面,自然对话语体中的标记方式更倾向于在形式上进行删略(详见"4.1.1.1 单标策略"),或是在标记形式上加以紧缩,或是彻底不调用逻辑关系而选用其他的组织方式(详见"4.1.2 口语体中的标记缺失"),这些句法手段都更符合语言的"不完整性"。

由于自然口语体具有现场性等语体特征,同时为了加强情感表达的需要,同类逻辑结构标记还可以叠加使用(详见"4.3.1 口语体中的标记叠加")。另外,自然口语体中还大量运用了假设、条件义的紧缩复句,以及各种逻辑关系构式,进一步多样化了逻辑关系的标记方式(详见"4.7 逻辑关系构式")。

6.1.3　无标记占据优势

从逻辑结构标记的量化角度看,相对于科技文本等书面语体来说,自然对话语体的标记程度较低。以目的关系为例,由于实现类目的关系在自然对话语体中经常通过"来/去"等形成的连谓结构表达,所使用的显性目的关系标记较少,这就导致该语体中的目的关系标记程度较低(详见"5.1.1.3 目的关系低标记程度语体")。

在标记密度方面,从所有类别逻辑关系上看,自然对话语体中的标记密度较低,要明显低于政论语体和科技文本(详见"5.2.2 逻辑结构标记密度的语体差异")。本书认为,逻辑结构标记数量方面的参数正是逻辑结构标记化的另外一个侧面,由于自然对话语体具备现场性特征,这就导致该语体可以更多利用言外因素对语言符号系统加以补充,另外,由于较为活跃的语法化活动,很多非逻辑结构标记成分还未语法化为典型的逻辑结构标记,这都是该语体总标记密度较低的原因。

从单一关系类别看,自然对话语体中的假设关系标记密度明显高于其他类别逻辑关系的标记密度。虽说自然口语体受到现场性因素的作用,但是任何语体都不仅仅只受到一种语体因素的影响,语体功能等任何一个因素都可以对语体中的语言形式进行影响,同前述的"现场性"互相作用。我们认为自然对话语体中假设关系标记度高也正是自然口语受到"非现实"语义表达需求的影响。

6.2 网络语体的标记特征

6.2.1 标记化方式新奇

本书的网络聊天语体主要涉及即时性的网络聊天文本,除此之外,还利用了BCC语料库中收录的部分微博语言。整体来看,在标记化方面,网络聊天语体基本与自然对话语体保持一致,在非逻辑结构标记成分语法化为逻辑结构标记以及逻辑结构标记的再语法化方面都有所体现,对各类语体构式的使用也与自然对话语体较为相似。

在标记化方式方面,某些网络聊天语言会较自然对话语体来说形成更为新奇的语言形式,这其中就包括网络聊天语体(如:微博语言)对逻辑结构标记的更进一步压缩(详见"4.2 标记的长度")。标记方式的新奇性导致该语体中的标记被删略的可能性较大,因此标记程度也较低。

6.2.2　调用新兴逻辑结构标记

网络语言具有虚拟空间特征。因此,较自然口语而言,网络聊天语体又进一步剥离了现实空间因素的影响,因此在语言形式上可以不受空间因素的束缚,同时也在一定程度上摒弃了会话的礼貌原则等。与虚拟空间特征相关的一个特征是语言形式的"碎片化"。曾亚军等(2013)曾认为索绪尔的广义语言概念为后现代主义提供了理论上的支持,后现代主义注重发展语言的符号和代码方面的功能。后现代主义这种探索的直接结果,导致了语言的碎片化。而具体到网络环境中,语言的碎片化表现在文字只是零碎意象的堆积,甚至只是无意识、偶然的大杂烩式的复制和拼凑,这种语言的重新组合带来的是让人惊奇的意外效果。

"碎片化"是网络语言的一个重要特征,微博、微信朋友圈甚至网络直播的兴起,这些新媒体形式对传统媒体都施加一定的冲击。上述媒体中信息"碎片化"的形式实际上也是信道对信息的压缩。微博和微信由于其强大的社群能力与惊人的传播速度,近几年来受到大量用户的青睐,而且尽管其碎片化的信息传播和接收方式屡受诟病,人们的交际方式还是因此改变很多,其特殊的传播方式以及对字数的限制当然对语言形式也有所影响,本研究也发现不少网络流行语中都蕴含着一定的逻辑关系。信息要在受限的信道空间(如微信朋友圈或微博语体对字数都设有限制)进行传输,并引起别人的注意,就要调用相应的语言手段。

6.2.2.1　新兴逻辑结构标记

对各种新兴网络词语的使用就是其中一个较为重要的手段,如人为地对一些典型的逻辑结构标记进行创新性改造,对标记进行语音或字形上的改造或修饰以增强其在语言中的活力,一则可以使整个语篇中的语句更为活泼,二则可以大幅提升标记本身的语义强度,如例(1)中的"然鹅"就是对转折标记"然而"的改造,例(2)中的"讲真"则是对

"说实在的/讲一句真话"的压缩性修饰。

(1) 这届的中国奥运健儿简直了:你以为她是美妆博主?〈然鹅〉,她去奥运会花样游泳了……她是木平;你以为她是玩摇滚乐的?〈然鹅〉,她是中国女足门将……她是赵丽娜;你以为她是游泳池的颜艺担当?〈然鹅〉,她……就是段子手!她是傅园慧!(微博)

(2) 中国男乒夺得冠军!刘国梁激动地亲吻张继科和马龙,原因竟然是替两个女儿亲的?〈讲真〉,真的不是你自己想亲吗?!(微博)

在网络语言中,话语发出者最主要的目的就是以话语吸引受话方的注意。实际上,标记化和标记演化造成了语言表现力与表达功能的扩张延伸(马清华 2005:394)。当语言中现有的关联手段、由非关联范畴发展而来的手段形成的语言表现力又显笨拙时,便会催生新一轮标记化活动。通过这一次又一次螺旋式上升的循环,语言系统变得更为复杂或完备,其功能也更加强大。我们认为在网络聊天语体中,上述新兴逻辑结构标记的使用正是语言寻求表达能力提升的一种手段。

6.2.2.2 特定类别逻辑结构标记

由于网络聊天语体具有碎片化特征,尤其是微博这种有字数限制的新媒体,其对语言形式的长度要求就更为严格,而在一定文字空间的限制下,语义内容则要更加引起受话方的注意。我们发现网络聊天语体中会常使用"并不/并没有"这类否定-转折类标记来达到这个目的。

(3) 关于剑三猫表情的事儿,我和西山居沟通过了,也知道了这件事,〈但〉〈其实〉〈并不〉涉及对我的侵权,感谢大家的关心。(微博)

(4) 喜欢这类人,也因他们〈并不〉在乎别人是否喜欢他们。(微博)

(5) 说的很理性,〈然而〉我〈并不〉觉得类似蔡洋的人会理解作者想表达什么。(微博)

(6) 说句大实话,走在街上认不出的人,我〈并不〉想跟你见面,看着心烦。(微博)

(7) 已然放假,〈并不〉轻松。(微博)

(8) 可乐饼据说是从法国引入日本的,虽叫可乐饼,〈但是〉〈并没有〉可乐的哦。(微博)

(9) 都想去大理,〈其实〉大理〈并没有〉什么在等你。(微博)

"并不/并没有"在句法功能上基本相当于表转折的"其实",亦可归入广义转折类标记,我们在这里再次引用邢福义(2001)对"广义转折类"的定义,即是以事物间的逆转性或矛盾对立为聚合点。基于此,本研究认为"并不/并没有"在该语体中最主要的作用便是凸显其前后所衔接内容之间的"相悖性"。而张京鱼(2008)也认为"并不/没有"最主要的作用并不在于加强否定,而是在于"增强语篇的衔接性,'并'的语篇衔接功能,相当于而且可以用'其实/事实上'替代,语用功能是表达直接否定拒绝;而'又'的功能相当于转折副词'但是'的功能,表达的是间接否定拒绝。它们的差异在于连接两种不同的语篇衔接关系,启用两种不同的逻辑推理机制,进而表达两种不同方式的否定拒绝",其研究将该标记所在的句式称之为"事实性直接否定拒绝",凸显命题之间的相悖性。

虽然"并不/没有"在句法功能上相当于"其实",但是其前后所连命题之间的相悖性程度要远强于一般的让步、转折类标记,本研究认为这也是网络聊天语体去空间化的一个结果,也就是说,此类语体可以在一定程度上摒弃会话礼貌原则的束缚而使其能引起受话方注意,但是语义表达更加直接。

另外,除去这种强逆转性标记本身带来的"意外"义外,上述几例中的"并不/没有"也常同"但、其实、然而、但是"等典型让步、转折类标记叠加使用,这无疑又增加了其所在语句的意外语义。

综上所述,网络作为一种交际场所,这种场所允许人在匿名的状态下进行发泄,这就使其可以违背交际的礼貌原则、委婉原则等,而这种对交际原则的违背便会直接体现在句法形式上,网络聊天语体的去空间化特征和碎片化特征也正是促使这些句法手段被使用的主要动因。

近年来,网络语言的研究得到了学界颇多关注,其中受到关注较多的是词汇方面(网络流行语的研究)、特殊句式的研究(如新兴被动句的研究——被下岗/被离婚/被代表……),对网络聊天语体中的逻辑关系表征手段关注较少,如张玉玲(2008:28)曾提出"网上交际一般以单句、短句、省略句居多,追求词句的直白、诙谐",其研究还列举了一个网络化语言的例子,并认为其大量地省略主语、关联词。但是本研究认为这种论断并不完全符合实际语言情况。我们必须承认网络语言较科技文本、政论语体、公文语体等确实较少使用典型的关联标记,但是这并不意味着网络聊天语体没有表达逻辑关系的需要。相反,在其语言载体(微博、微信等新媒体)层出不穷的前提下,语言也会做出一定的调整以适应新的语言载体,因此,我们认为将网络聊天语体同其他语体一同观察,并在逻辑结构标记化、标记方式、标记程度、标记密度、标记深度这一标记特征系统的视角下进行观察,更有利于观察到网络语体的特有性质及形成机制。

6.3 诗歌语体的标记特征

6.3.1 标记联项突破常规

在标记化方面,诗歌语体中的某些标记化与自然对话等口语类语体是相似的,如将某些语气副词作为逻辑结构标记(详见"3.2.1.1 情态标记")。另外,诗歌语体也较多地使用了各种同言构式以表达逻辑关系(详见"4.7 逻辑关系构式"),这也是诗歌作为一种主观性较强的抒情语体所体现出的主要特征之一。除各种逻辑关系构式外,诗歌语体中复句关联项之间的关系在很大程度上都超越了原有逻辑结构标记所能表达的逻辑关系,而且大多数语义内容都在"现实"与"非现实"之间往复,有时关联项之间已经完全谈不上存在某种逻辑关系了,如例(10)至例(12):

(10)因为全世界都那么脏,才找到最漂亮的愿望。(《四月雪》/诗歌)

(11)我讨厌这种无聊的生活,所以我要时刻准备着,准备着有一天变成一只鹅。(《太平盛世之小西天》/诗歌)

(12)她的怀里抱着一只猫,于是我就爱上了她。(《地铁钻出地面的时候》/诗歌)

而关联项之间的逻辑关系也可能并不直接具有逻辑关联,至少是在现实生活中很难将之联系到一起的内容,如:

(13)风雨过后不一定有美好的天空,不是天晴就会有彩虹,所以你一脸无辜不代表你懵懂。(《人间》/诗歌)

而例(13)中虽然使用了关联标记"所以",但是其关联项"风雨过后不一定有美好的天空,不是天晴就会有彩虹"和"你一脸无辜不代表你懵懂"两者之间的关系更近似于传统修辞中的"类比",所以从此用法中可以说,在诗歌或歌词语体中,逻辑结构标记有时会突破原有的逻辑关系表达作用而负载修辞手段,而更进一步地说,逻辑关系的表达本身就是语言运筹的一个步骤,其除了表达事理间的逻辑关系外,还负载了传统修辞手段中的某些作用,如果不考虑诗歌语体中逻辑结构标记使用情况的话,我们则看不到逻辑关系标记还具备上述修辞作用,也并不会发现逻辑结构标记在一定语体下所具备的这种超常的张力,这种张力的动因则是诗歌创作中作者的主观性情绪抒发的需求,可以说,诗歌是最能体现主观性情绪的一种语体。

6.3.2　情感抒发影响标记使用

情感抒发是诗歌语体非常重要的一种功能。基于前文发现,诗歌语体中的逻辑结构标记方式在很大程度上都受到韵律和节奏因素的影响,如标记的隐现。除标记的隐现外,诗歌语体对标记的单双音节也有一定的弹性适应策略。在标记程度方面,诗歌语体由于韵律因素的影响,不少逻辑结构标记会被压缩甚至完全省略,这也就导致诗歌语体(尤其是古体诗)中鲜有显性的逻辑结构标记。

基于本小节对诗歌语体中逻辑结构标记的标记化、标记方式以及标记度特征的总结,我们不难发现不管是韵律或节奏需求对逻辑结构标记施加的变则作用,还是强程度情感表达对逻辑结构联项语义的扰动,都是语言的情感抒发功能在产生影响。马清华(2011)曾提到在语言产生前的蒙昧阶段,人类会像动物一样发出直抒胸臆的情绪性吼叫,这就是人类语言的起点或是原始语言的发端(转引自卢梭 2003:14;赫尔德 1998:14;郭绍虞 1979:467)。那么现代语言中是否还具有这样的功能? 马清华指出叹词也可以按内容分为表情、表意、表态的功能,这是脱离于理性命题表达的功能。除此之外,语言中还存在一些表情、表意、表态等功能的语言手段,我们认为诗歌形式的语言其实也正具有这样的功能,塞缪尔·早川(Samuel Hayakawa)等(2015)甚至断言"人类将语言用作纯粹说明事理的工作,是语言发展史上比较新近的事"。诗歌形式的产生最主要的功能就是抒情为主、叙事为辅,虽然叙事诗也存在,但是这也并不能完全否定诗歌的抒情作用。这也是诗歌、歌曲等形式存在的意义所在。

诗歌语体的语言容积(即"语言形式")为何如此短小? 本书前文已经有所论述,最主要的原因还是韵律需求的驱动。另外一个原因是诗歌、歌词都属于艺术语体,而艺术语体的一个目的就是要通过一种小的形式去传递与形成规模不相称的语义内容,更小的形式资源传递更加丰富的意义内涵。实际上,这也是艺术语体的一种策略,丰富的语义内涵要通过更小的形式去表达,此时则无从通过常规手段去表达,有时甚至会通过一些特异结构去表达。这种非常规表达的结果就是常常不用来传递与现实世界相称的语义内涵,通常是非现实的意义表达,是想象世界的表达,而诗歌或歌词所传递主要内容则正是信息发出者想象世界中的内容,张炼强(1994:408)也认为"文学语言的理不在逻辑自身之内,而在文学自身之内。文学语言具有'虚而不伪'的特点"。

最初诗歌形式的产生都是为了吟唱,通过有声渠道传播,而文本记录只是其辅助性的传承手段。在日常生活中,我们也会经常听闻某首歌曲的旋律即引起情感共鸣的经历,有时甚至会忽略实际的歌词,但是却依稀记得旋律,类似现象背后的道理都是相似的,都似乎说明无关乎内容的声音本身就是有表达情感的作用的,这种情感的力量似乎冲淡了歌词实际所表达的语义内容。因此,本研究认为在抒情功能较强的诗歌语体中,由于韵律、旋律等因素的作用,其对内容的语义精准性要求就相对较低,这同时也导致了诗歌语言的灵活度更大、语义的非现实程度更高,诗歌的语义内容也就可以高度脱离现实、脱离逻辑而存在,其所指涉的内容通常在现实中没有具体的事物,如"花开放的声音""心里的冰雪""摇太阳"等都是在现实世界完全不可能存在的事物或不可能发生的行为。

语言是一种象征符号系统,塞缪尔·早川等(2015)曾在研究中引入"前象征用法(presymbolic)"的概念,即"将言辞当成有声音的、表达情感的姿势运用,而前象征用法与语言象征系统在语言中同时存在"。本研究也恰好说明前象征用法与语言象征系统在语言中的"同时存在"在不同语体中是有所体现的。韵律或节奏等声音上具有表情作用的"前象征用法"与语言符号形成的象征系统则会形成一种抗衡性的、此消彼长的关系。从另一种角度来说,这也是前象征用法和语言象征系统的一种互动。显而易见,逻辑结构标记的标记化、标记方式和标记度等特征都表明前象征成分的用法在诗歌语体中更处于优势位置。在这种制衡作用下,逻辑结构标记除发挥基本语义表达作用外,还要辅助韵律的实现,继而实现诗歌语体的抒情作用。相对来看,在科技文本、法律语言等以表义为主的语体中,语言象征系统则占绝对性优势。

过去对诗歌语体语言的研究更多关注的是语言是否符合规范以及其中的超常搭配,又如歌词中的修辞分析等,如胡明扬(1996)。已有研究中罕有将诗歌语体与其他语体语言联系综合观察。基于此背景,本研究的观点是,如果不将诗歌语体纳入此次研究,我们则很难观察到韵律因素对逻辑结构标记的影响情况。诗歌语体和科技语体在韵律、情感抒发作用上是处于一个连续统的两个极端,只有兼顾这两个极端,才可以全面把握各语体的形成机制以及语言系统运筹的状态。

6.4　操作语体的标记特征

有研究曾对操作语体进行了如下定义:"操作指南语体(有时也称'操作语体')指的是用书面语或口语指导用户(读者/听者)完成某个具体任务的语言形式。由于完成任务、达到目的一般需要一些过程和步骤,这种语体也被称作过程语体"(陶红印 2007)。对于操作语体,在句法方面,学界关注较多的是论元的有无或是论元结构的实现与成因(陶红印 2007),或是对"了、着、过"等成分的研究(刘林、陈振宇 2012),或是对该语体中的一些高频句式进行分析,如操作语体中的"把字句"(张姜知 2012),或者对"将字句"的分析。目前,学界对操作语体中关联标记的关注则非常少。本研究则关注了三大类语料:操作指南、操作说明、操作流程,并发现各文本间的逻辑结构标记存在极其明显的差异。在同约 2 万词的语料中,标记的总量和占比详见表 6-1。

表 6-1 操作语体逻辑结构标记基本情况统计表

逻辑关系		并列大类					转折大类			因果大类						标记总量
		并列	对比	解注	承接	选择	递进	事实让步	虚拟让步	假转	说明因果	推论因果	假设	目的	充分条件	必要条件	无条件	
操作说明	总量	48	0	3	53	5	5	9	3	12	8	0	98	54	4	2	2	306
	占比	0.157	0.000	0.010	0.173	0.016	0.016	0.029	0.010	0.039	0.026	0.000	0.320	0.176	0.013	0.007	0.007	1.000
操作流程	总量	5	0	12	23	1	104	3	0	3	3	0	74	35	8	2	2	275
	占比	0.018	0.000	0.044	0.084	0.004	0.378	0.011	0.000	0.011	0.011	0.000	0.269	0.127	0.029	0.007	0.007	1.000
操作指南	总量	40	0	0	84	0	0	0	0	0	0	0	0	0	0	0	0	124
	占比	0.323	0.000	0.000	0.677	0.000	0.000	0.000	0.000	0.000	0.000	0.000	0.000	0.000	0.000	0.000	0.000	1.000

6.4.1 操作指南中的联合关系优势

在标记化方面,操作指南语体由于具有较强的时间顺序性,导致"……时/时候,……"等时间状语这类非逻辑结构标记成分经常在该类语体中兼作条件关系标记(详见"3.2.1.2.1 时间和方位名词"),也使得部分逻辑结构标记发生再语法化,如并列标记"并"在该语体中有向承接义发展的倾向(详见"3.2.2.3 转为其他类别逻辑结构标记")。

由于操作指南语体是一种指令性特别强的语体,其语体本身较为排斥说理性语言,这就导致偏正类的逻辑结构标记在该语体中有所缺失(详见"5.1.1.2.2 操作指南语体"),相对来说,并列、承接等联合关系的逻辑结构标记更多地出现在该语体中。

6.4.2 操作说明中的因果关系优势

与操作指南语体有所不同,从具体的逻辑结构标记类别上看,操作说明语体中占比最高的是假设关系标记,为 32%,其次是目的和承接关系标记,占比相当,均不足 20%(详见表 6-1)。其中假设关系主要是用来说明各种电子产品在使用中可能会出现的种种情况,如例(14)和例(15)中就使用了假设关系的标记"若……,则……""如果……"。

(14)〈若〉退出速冷后,改变设定温度,〈则〉按实际温度显示直到新设定的温度。(《海尔冰箱使用说明书》/操作说明)

(15)〈如果〉在洗衣机工作时按动该按键,洗衣机将暂停运行,指示灯持续闪烁。(《万宝洗衣机说明书》/操作说明)

目的关系标记也具有相似功能,即说明产品使用过程中的各种情况,如例(16)和例(17)中的"为了……,以免……""……,以……"。

(16)〈为了〉您更好的使用,请定期与海尔售后服务部门联系

维护保养,〈以免〉造成损失。(《海尔冰箱使用说明书》/操作说明)

(17) 检查基础是否符合设计图纸的要求,〈以〉保证起吊就位的顺利。(《风冷型屋顶式空调机说明书》/操作说明)

除了说明产品使用中可能发生的各种情况外,操作说明语体最重要的任务依旧是要向用户示范如何按步骤操作,因此要使用一定数量的并列类标记完成此功能。说明书中并列关系标记的语例如下,如例(18)中表递进关系的"……,并……",以及例(19)中表承接关系的"先……,再……"。

(18) 进行清洁时,请务必停止运行,〈并〉关闭电源开关。(《美的空调说明书》/操作说明)

(19) 清洗分配器盒时,〈先〉将分配器盒拉出,〈再〉轻轻向下按,继续向外拉出,取下后,用水冲洗干净再重新装好。(《海尔洗衣机说明书》/操作说明)

三类操作指南语料都使用了一定数量的并列标记,只是操作说明语体中的并列类标记相对较少。如果以"说理性/指令性/陈述性"特征(汪欣欣 2018)对文本进行刻画,那么操作语体的三个子类在这组特征上有不同的体现。操作说明语体应属于说明性、条件性甚至论证性更强的语体,处于"说理性"程度较高的一端,操作指南语体等时序性更强的文本则更具"指令性"特征。

6.4.3 操作流程中的并列关系优势

从逻辑大类上看,操作流程中逻辑结构标记的整体分布与操作说明有相似之处,均是并列大类和因果大类占据优势,但是操作流程中占比最大的一类是并列大类中的递进标记,占比 37.81%,而绝大多数均是由连词"并"和"同时"连接,如例(20)和例(21):

(20) 采购食品添加剂时应认明包装标签上"食品添加剂"字样,〈并〉索取检验合格证或化验单,入库前严格验收。(《某食品添加剂贮存和使用操作流程》/操作流程)

(21) 开场前半小时,打开所有设备,进行低分贝预热,〈同时〉检测所有设备及线路。(《音响操作流程、维护保养及注意事项》/操作流程)

如例(20)和例(21)中的"并""同时",一般都表示递进关系,强调的是在事理上有更进一层的关系。

操作流程书占比次于递进标记的是假设标记和目的标记,这一分布情况与说明书相似。且假设标记中大多为单标,且以单音节标记为主,这也说明了操作语体语言的简明性,如例(22)和例(23)中的"如……""若……":

(22) 〈如〉有必要和可能,立即对问题做出裁决,尽快帮助客人解决问题。(《某酒店前厅部管理实务》/操作流程)

(23) 〈若〉有事先安排接车、订票等代办服务的,应与客人确认,〈并〉具体说明。(《某酒店前厅部管理实务》/操作流程)

操作语体一直属于语体研究中的小众对象,这种实用语体中的语言现象一直未得到充分关注。本书对以上三种在功能意图上差异较大的实用语体文本进行研究,可进一步了解汉语语体作为一种动态复杂适应性系统的"弹性"与"极限"。

6.5 政论语体的标记特征

政论语体是语体语法研究中非常重要的一类语体。本书涉及的政论语体包括报告类政论文本、论述类政论文本、正式谈话类政论文本。

以往政论语体研究多关注以下几个方面：一是句类的使用，如政论语体中对祈使句的使用（张乃立 1987）；又如科托夫、董达武（1986）则分析了政论语体中外语借用词"加以、给以、给予、予以"等动词的使用。二是一些学位论文对政论语体中的常用词、零形回指等指标进行统计分析。政论语体中的关联标记研究是学界较少涉及的一个领域，尤其是报告类政论语体中的逻辑结构标记使用，已有研究更多关注的是字、高频词、句子结构等问题。可以说，对逻辑结构标记的研究是此前政论语体研究的一个缺失。

在传统语体分类中，本书所涉及的三类政论语体何以聚类成为一种政论语体大类，主要还是由具体语言内容以及话语发出者的身份和话语发生场合决定的。但实际上，同其他语体大类相似，政论文体内部各子语体也并不完全同质，但是以往大多数关于政论语体的研究都默认政论语体内部是同质的，而就其特点而言，有研究认为"政论语言的目的是阐述社会生活中的某个问题，其主要的交际目的就是促使人们为解决所提出的问题而'积极行动'"（张乃立 1987）。本研究的观点是政论语体内部也会因为不同的语体影响因素而发生分化。

在标记方式方面，与报告类政论语体相比，论述类政论语体的说理性更强，因此会较多地使用偶对标记强化联项之间的逻辑关系（详见"4.1.1.2 偶标策略"），这与说理性较强的辩论口语体之间存在一定的相似性。正是由于上述标记方式，论述类政论文本中的各类别的标记密度和假设关系的标记密度都要远远高于报告类政论文本。另外，由于正式谈话类政论文本中包括《邓小平文选》等颇具口语性质的语料，因此该类语体也表现出了一些与口语类语体相似的标记特征，如对逻辑构式的使用（详见"4.7 逻辑关系构式"）。正式谈话类政论文本中的这些逻辑结构标记特征都与口语类语体存在一定的相似性，这也更进一步说明语体分化界限的模糊性。在标记深度方面，论述性政论文本则表现出与科技文本相似的特征，即也倾向于选用并列关系标记形成逻辑深度较大的句群（详见"5.3.2 并列标记的逻辑深度"）。

6.5.1 积极修辞代偿显性标记

政府工作报告是一种兼具书面语体和口语语体、政论语体和应用语体多重特征的特殊语体(楼志新 1999),所以长句和短句的配合使用、整句和散句的交错出现,就自然成了它表情达意的鲜明风格。

政论语体内部逻辑关联方式存在差异,其根本原因也在于传播媒介等语言外部因素的制约,即与自然口语等即时交际的语言相比,报告类政论文本所蕴含的语义内容是相对更为凝练的,但是囿于其传播方式,既要受其口述传播方式的影响,又要适应在口述传播过程中听话人的一些语言处理困难,如更符合时间象似性的关联方式更易于受话人处理。因此,本研究认为报告类政论文本中的语言为适应这一语体外部因素的制约而选择了一些处理复杂性较低的关联方式,从标记方式上看,报告类政论文本使用了如无标记并列、流水句等联合关系的关联方式(详见"5.1.1.2.1 报告类政论语体"),而且无标记的并列也可以使得文章更为紧凑,报告类政论语体中也经常调用紧缩句来表达逻辑关系(详见"4.6.1 假设和条件关系紧缩复句"),这一点与各口语体很类似,这也间接地说明报告类政论语体内部的复杂性。除此之外,该语体中还大量运用祈使句或意志句。

如果从修辞学的角度来看,报告类政论文本中大量存在以谓语重复形成排比句等无标记并列方式来展开语篇,另外,在该语体中,还出现了一定数量的"层递"式语段表达,而"排比、层递"都是非常典型的语段、篇章修辞手段,陈望道(2008:161—163)就将"排比、层递"视为章句上的积极辞格,我们在前文也已经发现报告类政论语体大量运用了如上这种以"要、必须"形成的意志句/祈使句或主要句子成分(多是"谓语")重复而形成的篇章上的"排比"或"层递",这在某种程度上说明该语体已经调用了"积极修辞"。我们认为逻辑结构标记等虚词类也可以视为一种修辞的手段。如果单以传统修辞学的视角来看,我们只是将其归属于消极修辞,而报告类政论文本中显性逻辑结构标记又非常少,那么至少从该种语体可以看出，积极修辞（排比、层递）与消极修辞（逻辑结构标记）之间似乎存在着一种动态的互动活动，一种语体的语言何时启动积极修辞，一定也在条件允许的情况下才会发生，其中可能会涉及话语准备程度、言语发生场合的正式程度、言语是否现场发生等，只有在言语存在被反复打磨的可能性的时候，这种大量的排比、层递辞格才会使用，这可以理解成为一定条件下修辞策略（积极修辞——消极修辞）的调用。从整个语言系统来看，这也可以理解成为在一定语体因素的作用下，整个语言系统运筹的发生。因此，语言系统内部使用的这种策略，或者说发生的这种代偿活动，也受到一系列外部语体因素的制约。只有当外界条件允许时，特定的语言形式才会出现。

　　由于包括政府工作报告在内的政论语体都带有一定的号召性，即更多关注语言的言后行为，所以其中的语言由于运用了上述"排比、层递"等手段，也确实更具有表现性，因此该种语体也是更多地调用了"积极修辞"手段。我们在前文也已经提到政府工作报告中大量的祈使句、意志句都不涉及逻辑真值，而陈望道（2008：39）也确实认为在积极修辞中，"只要能够体现生活的真理，反映生活的趋向，便是在现实界所不曾经见的现象也可以出现，逻辑律所未能推定的意境也可以存在"。此推断与我们基于逻辑结构标记实际语料分析所得出的结论是吻合的。

　　也正是由于逻辑结构标记在报告类政论文本中体现出如上的标记方式以及并不过多涉及逻辑真值的表达，这就使得报告类政论语体的总标记密度和假设关系标记密度都非常低（详见"5.2.3 假设关系标记密度的语体差异"）。

　　另外，由于报告类政论文本所表现出来的这种不涉及逻辑真值关系表达的强指令性，使得该语体中较为排斥语气较为委婉的标记，如表示微转折义的"其实"，在此次研究使用的语料中，我们并未在报告类政论文本中发现"其实"的用例。另外，某些涉及不确定语义的逻辑结构标记也在该语体中呈现非显著性分布（详见"3.2.2.2 转为情态性估测标记"）。

6.5.2 凸显不同文本特征

整体来看,现代汉语政论语体在清末民初阶段吸收了大量西方语言特征,相对于日常语言,政论语体等应用型语体所经历的欧化程度更为深刻。报告类政论文本和正式谈话类政论文本中大量表示并列关系的流水句正是汉语在自身意合特征与欧化之间做出的最优选择。王克喜(2015:64—65)指出有观点认为印欧语注重的是自然时空,偏重空间的自然真实性;王文斌(2018)也指出汉语注重心理空间,尤其偏重于时间的事理性。这种时空观的对立,反映在句法层次上,则表现为印欧语言的空间型构造和汉语流水句式的时间型样态。具体来讲,印欧语以限定动词为核心来控制句内各种成分之间的关系,因此句子的复杂化只能通过扩充句内各成分的丰满度,递相叠加来实现。而汉语则按逻辑事理的顺序,横向铺排,意合、流动、气韵三位一体,这也就是对流水句的使用。报告类政论文本和正式谈话类政论文本中虽然大量使用流水句,但是其复现的内容也大多围绕句中谓语进行,这在一定程度上吸收了印欧语视动词为核心的特征,同时亦保持了部分汉语意合特征。

从前文对于三种政论文本的分析,发现报告类政论文本大量使用流水句进行陈述,用并列关系的祈使句表达意愿,较少使用显性的逻辑结构标记,也就是很少进行推理性解释。政府工作报告主要用来向人民汇报工作,要求文风朴实生动、简洁严谨,报告类政论文本的逻辑表达特征与此目的也是相符的,另外该类文本也使用了语力等级中等的祈使句,也体现出一定的指令性;谈话文本虽然较报告文本具有更强的说理性,但是其文本中大量出现的并列关系复句说明其同样具有一定的陈述性和指令性;论述文本则是毫无疑问地以说理性为主。基于上述分析,可看出三种政治话语在逻辑关联策略方面呈现的数量和方式差异,其在文本的说理性、指令性和陈述性上也有分化,这三种政治话语也可以由"说理性/指令性/陈述性"这组特征进行刻画,具体如表6-2所示。

表 6-2　三类政论语体文本特征表

文本类别 \ 文本特征	说理性	指令性	陈述性
论述类政论文本	＋		
正式谈话类政论文本	＋	＋	＋
报告类政论文本		＋	＋

汉语的逻辑表达异于印欧语言。王克喜(2015:139)认为中国人传统的思维特征很适宜非形式逻辑,同时提及著名学者诺尔特(J.Nolt)也曾指出如果中国人真的迈向非形式逻辑的领域,会极大地丰富逻辑学。汉语应用型语体在近百年来变化较大,都不同程度地经历了欧化过程。汉语逻辑表达一方面在印欧语的影响下渐渐与处于强势的意合性有了一定的差异;另一方面,这种差异表现在各语体中又是不均衡的,在各应用型语体中表现得尤为明显且呈现系统性的关联。

6.6　公文语体的标记特征

王德春、陈瑞端(2000:130)将政论语体、科学语体、事务语体和报道语体合称为"实用语体",其中划分出来的"事务语体"也常常被称为"公文语体",并将其定义为公文语体(事务语体)适用于公众行政事务领域,其语境类型是国家机关、社会团体、企事业单位乃至个人之间行政事务的交往场合。事务语体的任务是在行政事务中进行管理、联系、传达、通知,它以特定的公文程式,如实地、符合行政规范地反映客体。

我们在开篇文献综述时已经提到以往研究对不同语体间关联标记的使用差异关注较少,这些研究更是罕有对公文语体中关联标记的研究,多是着重考察口语语体、文学语体、新闻语体和科技语体这四类受关注较多语体中的关联标记。经过本次研究,我们发现公文语体是"语体大连续统"中的一个重要环节,其内部的一些子语体不仅与其他语体相似,如下行公文语体与报告类政论语体在逻辑结构标记的使用上较为相似。上行和下行公文语体之间的逻辑结构标记也会由于人际关系因素而表现出数量和分布的差异。

首先,在标记程度方面,下行公文语体由于其指令性较强,因此更少地使用显性的逻辑结构标记,这也就导致下行公文语体中各类逻辑关系的标记密度都较低(详见"5.2.4.2 上行公文与下行公文"),而上行公文语体中的标记密度则相对更高。在标记化方面,由于公文语体的书面语性质,该语体就较为排斥一些尚处于语法化过程中的逻辑结构标记成分(详见"3.2.1.1.2 '其实'""3.2.2.1 转为话语标记")。

综合观察公文语体以及政论语体中的逻辑关系表达方法,我们发现人际关系因素在减少语言交际不确定性(uncertainty reduction)所采取的策略上发挥着重要作用,当信息发出者的权势(主要是社会、政治等地位)远高于信息接收者时,文本中一般采取不涉及逻辑关系的祈使句、意志句等指令性语句。而这种策略的使用从信息论视角上也是可以解释的,公文下行语体(如通知、规定、通报、对下级所上报意见的批复)与报告类政论语体所面对的信息接收者都不是某个个人,一般其受众都是相当有规模的。越是受众多的语体,越是倾向于过滤掉具有特殊性的语言表征手段,倾向于为信息接收者降低信息的不确定性。另外,公文语体具有强大的目的性。王德春、陈瑞端(2000:131)就指出事务性语体的任务是处理事务,是实用性的应用话语,用这种话语进行交际的目的、任务和对象具体而明确,效率要求特别高,显示出充分的权威和约束力量。因此,本研究认为这种语体语言的目的性要高于其他一般性交际语体。这就导致上下行类公文语体所使用的逻辑结构标记策略有所差异,Berger(1982)将减少不确定性的策略分为三类:被动式、主动式、交互式。我们认为下行公文语体所使用的策略可以视为信息发出者主动降低不确定性的一种策略。

"精确简明"是公文语体对语言方面的根本性要求,同时,语言又是复杂的,马清华、汪欣欣(2016)提到不确定性和不完整性是语言的复杂性特征之一,这种观点也已经获得学界的共识,而封宗信(2012)也曾就语言的这种不确定性进行探索,并认为"客观世界是复杂多样和模糊的,人对客观世界的认识、推理、判断、预测和决策大多是在信息不完整、不确定、不精确或模糊的条件下进行的。试图对客观事物进行清晰和条理分明的范畴化和系统化描述,会因为描述这些复杂过程的自然语言本身无法达到清晰和精确而无法实现"。也就是说,客观世界的不确定性决定了自然语言的不确定性。

但是由于公文语体的精准性需求所致,加之人际关系所带来的复杂性(非"一对一交际"模式),公文语体语言要最大限度地去克服和消解语言的这种不确定性。首先,我们已经在前面的章节就提到过,"熵"就是语句中所蕴含信息的不确定性的多少,而语言的交际就是消除不确定性的过程,由于语言在不同的场合受到的言外驱动因素不同,其所采取的不确定性消解策略就有所分化,这也是语言形式分化的一个方面。公文语体由于其信息发出和接收双方有时会存在明显的权势差,上行语体和下行语体的区分(以及这种区分的共识)就是这种权势差的证明;另外,信息接收者数量的不确定性及变化也在某种程度上增加了信息的不确定性。作为一种目的性极强的语体,公文语体的工具性特征也尤为明显,该语体最主要的目的也就是要采取一定的语言策略消除或降低信息接收者在接收信息时的不确定性。

通过对本章6.4、6.5、6.6小节的分析,我们并不难看出报告类政论文本、操作指南语体中的指示语是期望信息接收者无条件地执行所发出的指示,因此上述两种语体中多用祈使句、意志句,很少使用显性的因果等关系标记对为何执行某项操作或行为进行解释。而下行公文语体中虽然亦含有祈使句,但是数量并不太多,公文语体大类下的各子语体多用陈述句客观而严谨地阐述事件的理由和事实,也可以进一步认为这是有条件地执行所发出的指示。

在本研究所涉及的诸多语体中,操作指南语体与报告类政论文本在句法策略方面存在一定的相似性,即也是使用大量的无主句,如对无主"把字句"的使用,但是由于正式度、信息发出者主观意志的强度等因素的差异,操作指南语体中逻辑结构标记的分布又显示出了一定的不同。在具体的语言应用中,"指令性——说理性"是使逻辑结构标记的分布情况得以分化的一对重要因素,指令性的强弱、说明性的强弱以及推论的正式程度,还有以这些因素为基础的再生因素都对逻辑结构标记的使用及分布有分化作用。

通过对指令性语体中的偏正类关系标记缺失原因的分析,我们发现操作指南语体和报告类政论文本都是较少地使用逻辑结构标记,下行公文语体也是在一定程度上体现出了指令性对语言形式的一种制约,而更深一层次的动因是因为这三类文本中都较少涉及推论(inference)和判断(judgement)。但是,操作指南语体和报告类政论文本在各自的上位语体操作语体和政论语体中也都属于相对极端的语体,如操作指南语体相对于操作说明语体就更少地使用假设类标记,报告类政论语体相对于《矛盾论》等论述类语体也更少地使用各种逻辑结构标记。这就说明缺少"推论、判断"也并不是菜谱语体和政府工作报告语体较少使用逻辑结构标记的唯一原因,影响逻辑结构标记使用的语体因素是来自多个层面的。

6.7 科技语体的标记特征

6.7.1 标记成熟完备

在逻辑结构标记化方面,同口语类语体、艺术类语体相比,逻辑结构标记化活动的活跃度都大大降低,不管是在非逻辑结构标记成分语法化成为逻辑结构标记方面,还是逻辑结构标记的再语法化,其表现出来的活跃度都较低。自然对话语体中逻辑结构标记化的活动较为活跃,而科技语体中的逻辑结构标记化活动的活跃度则大大降低。标记化活跃度较低导致其最常调用的是一些书面性较强的标记词,其虚化程度较高、大多数都已经是单纯的连词,在语言中的活力较低,一般情况下,这些标记词已经位于语法化途径的末端。

在标记程度方面,科技文本中的目的关系标记度较高(详见"5.1.2 低标记程度和零标记度的关系");在标记密度方面,科技文本的标记密度较自然口语和论述性政论语体来看都要更高(详见"5.2.2 逻辑结构标记密度的语体差异");在标记深度方面,科技文本也有较为显著的表现,其逻辑深度和包孕深度都较口语体等表现出更深的层次,因此也更多地利用可扩充式的并列标记(详见"5.3.2 并列标记的逻辑深度"),这也说明并列关系确实不是一种较为低级的逻辑关系,其在句子复杂化和多样化方面起到非常重要的作用。

我们在前文总结口语语体和艺术语体的标记方式时看出,这些语体中的标记方式更倾向于在形式上进行省略、紧缩和压缩,如对单项标记的使用、对紧缩句及各种语体构式的使用等,这些句法手段都更符合语言的"不完整性"。而科技文本的标记方式则与口语、艺术等语体有着不小的差异,科技文本更倾向于使用形式完备的逻辑结构标记(详见"4.5 标记的扩充")。

由于科技语体对语言的精准性有很高的需求,在该语体中,表解注义的并列标记在数量上也呈现出一定的优势,我们认为这是由于证据引入的需要使用了大量的"例如、如、即"等标记,这在口语语体中则很罕见,我们认为这都是书面语的对句子语义范围精确限定的需求所致,而且由于书面语体缺少在场的互动,使得例证也成为可能。另外,科技文本中也较少出现含糊性标记,如"比方说、就打个比方"等,这种精准性不足的类比会降低语体的科学性,这也正是由于科技语体需要客观地反映事物、现象和其内在规律,因而其语篇呈现就会受到这种需求的压力。

基于此,我们认为,在随意程度和即时程度更高的语体中,如发生在街头巷尾的自然即兴对话,模糊程度较高的逻辑结构标记便会增加,从典型的口语语体到典型的书面语体,这其中很可能存在一个逻辑结构标记模糊性逐渐降低的连续统,当然,这也需要在以后的研究中纳入更多的语体进行计量性研究。

6.7.2 并列方式多样

本章主要就各主要语体中的逻辑结构标记特征进行梳理和总结。经过分析,我们发现除在各语体中呈现出的一些特征外,某些特征是超语体性的,如以无标记的形式表示并列关系在不同语体中都是存在的,我们认为这是一种超语体的低标记度特征。马清华(2005:199—200)曾将无标记子句的并列分成无序并列和有序并列两类,其中无序并列和有序并列又分成若干类,无序并列包括"叠加、延时、交替、互释、交换、列举、对比",有序并列包括"追补、微承接、微递进、单向解释、单向补充、前提、辅衬",无序与有序兼具的有"并存、同时、微因果"。

本研究认为虽说上述无标记并列呈现出超语体的性质,但是不同语体对其调用的动因还是有一定差异。在科技文本中,除带有逻辑结构标记的复句和明显的单句外,其余则以小句链居多,即多个小句共享一个话题,话题在小句链起始位置显性出现一次,在其后的小句中便以零形式或代词回指形式多次出现,继而形成一个小句话题链(吴碧宇 2010:2),如下例(24)就属于无序并存,该句对于标记的俭省可以在一定程度上满足科技文本的精准性要求。

(24) 19世纪中叶,李善兰(1811—1882)与外人合作编译《植物学》一书,该书是根据英国林德勒的《植物学纲要》中的重要篇章编译而成,∅[①]共八卷,∅为我国第一部植物学的译本。(《植物学》/科技文本)

在科技文本中,还存在着对某一事物或现象进行单向描述或解释的需求,如例(25):

---

① ∅表示无标记。

（25）植物界的发生和发展是一个漫长的历史过程，它是随着地球历史的发展，∅由原始的生物不断地演化，∅其间经历了30多亿年的漫长历程，∅形成现在已知的50余万种植物。（《植物学》/科技文本）

例(25)中"随着地球历史的发展""由原始的生物不断地演化""其间经历了30多亿年的漫长历程"以及"形成现在已知的50余万种植物"这四个子句都是对"植物界的发生和发展"进行一种单向性的解释，利用零形回指则可以在一定程度上降低语篇的主观性，增强科技文本的信据力。池昌海、曹沸（2012）也认为零形回指延续性强，可及度高，一般不能间隔出现，多数以最小值实现篇章衔接。本研究认为这也就满足了科技文本凝练度高的需求。胡壮麟（2004：188）也曾提到Halliday将突出名词化的语篇称为雅式，把大量使用简单小句的语篇称为土式，他认为科技语篇为了表达更复杂的经验和更高度的认知，它的句型基本上是雅式的，这就是说，科技语篇已完成了从简单的小句被"打包(pack)"成词组的过程，或从两三个小句"打包"成一个小句的过程，这种观点其实是一种语体的思想。

第七章 语体因素分析

基于本书第三、四、五章对逻辑结构标记在各个语体中的标记化、标记方式和标记量化方面的论述,以及第六章对各主要语体中逻辑结构标记特征群的系统性分析,我们不难看出语言系统在任何时刻都会受到言外因素的制约。因此,进行语体语法研究时不可避免地要涉及对语体因素的分析,以往研究较多关注如交际目的、交际方式、角色关系等因素,而较少地对语体形成的基础性因素进行分析,更少去对各个语体因素之间的关系进行梳理。本书则从语言运筹角度切入,兼顾分析语体形成和运作过程中的多种影响因素。

7.1 现场性因素

时间因素和空间因素对句法形式会施加一定的影响,时间和空间因素也对塑造语体起着不容忽视的作用,也已经有部分研究就时间或空间因素进行了分析。刘林、陈振宇(2012)发现不同的说明语体也有不同的时间性质,如说明某一性质或功能是否需要过去事件作为条件等。本书认为,"现场性——非现场性"的设定在逻辑结构标记的使用上也有较为明显的作用,还会激活一系列相关的影响性因素。

现场性因素分化出来的一系列因素在影响逻辑结构标记的众多因素中占据了一个相对初始的位置。我们认为现场性的设定对于语言形式的形成具有初始条件作用,它会顺势激活其他一系列语体因素的相关设定,如"有准备——无准备""即时性——非即时性""互动性——非互动性""说话人身份是否明确"等设定,如图 7-1 所示。

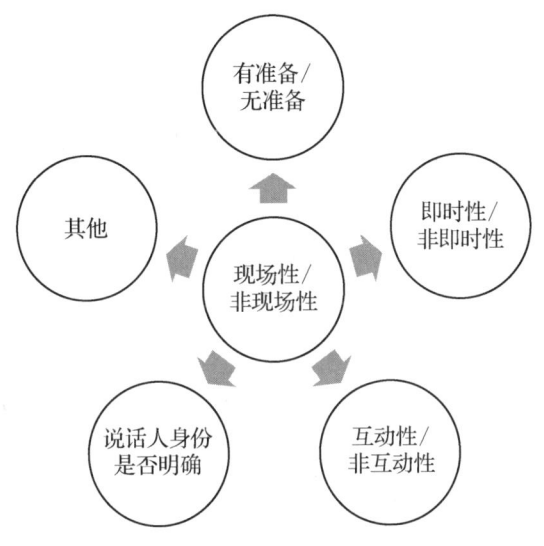

图 7-1　现场性/非现场性因素与下位因素关系示意图

实际上,在"现场性——非现场性"激发出来的一系列语体因素中,各因素之间还存在着错综复杂的作用关系,也正是这些因素的存在,才会在不同的场合中形成形态万千的具体语体,最终形成语体上的对立。例如,自然对话语体中的互动性是较易被触发的因素之一,我们认为"现场性"和"互动性"并不是两个权重相当的影响因素,两者之间存在着一种因果关联,即要先以话语双方的在场或不在场为先决设定,才能有双方的互动,自然对话中话轮的频繁交替使说话人有机会或有必要发表自己的观点,且期望话语能引起接收方的注意。

具体到特定语体的分析,基于本书对自然对话语体中逻辑结构标记化和标记方式等方面特征的总结,我们发现"现场性"是制约其中逻辑结构标记的重要因素之一,各语体中的逻辑结构标记会受到现场性因素及相关参数设定的影响而表现出显著分布趋势。例如,由于自然对话语体有现场性因素的设定,很多非逻辑成分便可以兼作逻辑结构标记,也就促进了自然对话语体中逻辑结构标记语法化的活跃程度。

自然对话语体中语句即时发生且无纸质媒介凭依。在这种压力的驱动下，口语体中的语句长度短小，以减轻听者的记忆压力。将复杂的语义稀释在若干个小句中会使句子的长度和冗余度减少，这是降低范式复杂性的一种方法，详见马清华、汪欣欣（2016）。但是，在这一过程中，记忆容量并未减少。类似原理，在记忆容量依旧等同的情况下，以模式化的方式对语句进行缩合形成紧缩句也可以降低听说双方的理解难度，也就相应降低了处理复杂性。除了逻辑结构标记这种显性的标记手段，汉语中还有其他的关联手段，只有在特定条件因素刺激下，特定的关联手段才会被激发。

从复杂性上来讲，自然口语体的复杂性并不低于科技文本等书面语体，由于口语体传播媒介的性质所致，口语具有其特有的复杂性，紧缩复句、连谓句等句式或结构在一定程度上就证明了口语的复杂性。Halliday（1989）也曾指出相对于书面语来说，口语仍旧是高度结构化和组织化的，口语具有其特有的复杂性。另外，Halliday（1989）也曾经非常形象、到位地观察到了口语的复杂性，并认为书面语言将现象作为结果或产物表征，而口语则将现象作为过程表征，书面语言的表征方式是概要式的（synoptically），而口语的表征方式是动态的（dynamically）。根据本书第四章的论述，自然口语体中常以紧缩复句、连谓句来表征逻辑关系，而不管是紧缩复句，还是连谓复句，都是倾向于过程性描述。我们认为口语体中的过程性描述也正是由于现场性因素决定，现场性决定了"话主身份是否明示或隐身"，从而决定了其视角，如果是在场视角，说话人作为现场发生事件的参与人或作为现象的直接观测人，也更多地会描述一种过程；而书面语的非在场性自然决定了该语体更多地呈现的是一种结果。因此，Halliday 认为如果表示同样的意思，书面语中更常用动词性表达，而口语体中则更常用名词性表达。

在自然对话语体与科技文本之间，与现场性因素同时被激活的还有话语的"准备程度"设定（有准备——无准备）。刘大为（2013）将现场性因素继续分化为"言谈现场"和"情景现场"，并认为"言谈现场"使得交谈双方都能即时就对方的话语做出言语反应，"情景现场"要求的只是言谈中所涉及所描述的对象就在言语活动所处的情景之中。而口说和书写两种语言表达形式的不同也正是"现场性"因素激活的最初起点。以自然对话语料为例，其具有[言谈现场]设定，因此又具有即时性特征，其话语的准备时间也就相对较少，而科技文本具有[非现场]设定，与之相关的是"非即时性"和"有准备"因素。而经过我们对语料的进一步分析，这一系列的语体因素的顺次激活对不同语体中的逻辑结构标记使用确实存在着分化作用。

7.2 主观性因素

主观性是人类语言最为普遍的特征之一，在逻辑结构标记的标记化和标记方式方面也有所体现。不过，目前主观性及主观化研究也存在一定的问题，首先是相关研究在一定程度上趋于泛化，不少研究会将某些语言现象归因于主观性。其次，对于某一语言现象，如果找不到合适的理论，则会较为简单且轻率地将其归因为由主观性造成。本研究认为主观性相关研究需要完善的另一个方面是主观性和主观化研究需要在一个更为系统化的视角下进行，本研究则从语言运筹的角度对主观性因素、与主观性因素相当的一些其他语体因素，以及主观性因素的下位语体因素等位于不同层次的因素进行系统化的分析。

总体看来，主观性理论的基本内容就是人们在进行交际时不可避免地会将自己的视角、感情和认识带入语言中，影响词法和句法等层面。本研究观察发现，由于语体所受的制约因素不同，逻辑结构标记的语法化或再语法化的情况也会随着语体有所变化，如对同一个词的义项使用倾向、同一类结构在不同语体中的表现差异等。

尽管学界已经认可这样的观点，即任何言语行为都会受到主观性的影响，但是主观性在不同的语体中会有不同的表现，话语主观性的形成也必然有各种言外因素的影响，研究也必须从主观性后移一步去寻找影响主观性强弱的因素。而且,"主观性"还可以更细分为多个子影响因素。在主观性相关研究中,主观性通常被分解为视角、情感、认识这三大因素,之后再对这三种因素在语言形式上的差异性表现进行分析,不过沈家煊(2001)指出这三个方面之间也存在一定的交叉和联系,区分也只是为了叙述上的方便。

情感因素(affect):表达情感或态度是话语主体在口语交际中的能力和需要。我们在此取 Ochs & Schieffelin(1989)的定义,这里所讨论的情感比情绪(emotion)一词更为宽泛,其中包括同人物和情况相连的感觉(feelings)、心情(moods)、性情(dispositions)以及态度(attitude)。如由于情感或态度的作用,嵌入联合关系标记间的内容会有语义强度上的不对等,联合关系标记便会转指其他逻辑关系,因此,我们认为情感因素常常会促使自然对话语体中的对比并列标记向递进关系偏移(详见"3.3.3.1 对比标记的语义偏移");又如在口语体中,部分构式(如:你 V 你的 A,我 V 我的 B)也可以用来表明说话人的态度和立场,这种态度和立场的传达通常带有强烈的主观性(详见"4.7 逻辑关系构式")。

视角因素(perspective):"视角"就是说话人对客观情状的观察角度,或是对客观情状加以叙说的出发点(沈家煊 2001)。同情感因素和认识因素相比,视角因素更具综合性,说话人视角是基于自身认知和经验等因素形成的,在对话中,说话人常需要就话题做出回应,这些言语行为便会受其视角的影响,如视角因素也会对部分语体下的联合关系标记语义产生影响,致使其发生一系列的语义偏移。

认识因素(epistemic modality):任何言语活动都是话语主体基于交际场合和交际目的而选择的结果,因此语言还会受到个人认识因素的影响,如对自然对话语体中的联合关系标记也有影响,涉及认识因素时,部分解注并列标记容易向偏正类中的假设义偏移。

(1)推行小排量车也不一定非通过税收的方式,也有一些其他的措施,〈比如说〉降低小排量汽车的价格,或者是控制一下大排量

车上路。(MLC语料库/自然对话)

(2) 推行小排量车也不一定非通过税收的方式,也有一些其他的措施,〈假如说〉降低小排量汽车的价格,或者是控制一下大排量车上路。

如例(1)中"比如说"后面是说话者就推行小排量车提出的一些措施,体现了说话人对这一事件的认识,如果我们用典型的假设义标记"假如说"对其进行替换,如例(2),句意并不改变,即是说话者基于自身的认识和视角做出的假设和预想。

而下例(3)对话中的"就是说"也恰好可以体现听者对说者所述事件的认识,我们也可以将其删除后添加典型的假设关系标记"……的话"变成"整个做下来的话",如例(4),句子亦保持原意不改变,这也进一步证明"就是说"在此语境下吸收了假设义。

(3) A:我们一般是一个星期之内,要让你试一次样子,然后再待三四天就可以取了。

B:〈就是说〉整个做下来,从我选完料子,到量体,拿到手里穿上,有十天时间?(MLC语料库/自然对话)

(4) 整个做下来〈的话〉,从我选完料子,到量体,拿到手里穿上,有十天时间?(MLC语料库/自然对话)

上述标记的语义偏移不是自然对话语体的需求,更不是语言偏误,这是自然对话不可避免地受到认识因素影响而产生的结果。

本研究的观点是可将情感、认识和视角这三种主观性因素归为基础层语体因素。视角、情感、认识这三方面因素还会受到言外世界的制约性因素,如传播方式、交际目的、话语功能之下的一系列下位因素,这些下位因素综合作用而形成了话语发出者的视角,促成其所持有的情感,导致了其对言语命题的认识,主观性也会随之变化,最终在语言形式的运用上会有所体现，这里可以用一个流程图更明晰地表现整个过程（见图7-2）。

```
┌─────────┐    ┌─────────┐    ┌─────────┐    ┌─────────┐
│ 言外语体 │ ⇒ │情感、视角、│ ⇒ │主观性强弱│ ⇒ │语言形式上│
│  因素   │    │认识等主观性│    │         │    │的不同体现│
│         │    │  因素    │    │         │    │         │
└─────────┘    └─────────┘    └─────────┘    └─────────┘
```

图7-2　语体因素影响语言主观性强弱流程图

纵观一定数量的语体场合，各个语体之间形成了一个主观性程度强弱的维度连续统（见图7-3）。

主观性（抒情）　　　　　　　　　　　　　　客观性（说理）

⇐================================⇒

诗歌、散文诗、日常口语　　　　　　　　　科技语体

图7-3　语体间主观性程度连续统

因此，在主观性这一维度上，诗歌语体位于"主观性"一端，随着所涉及的主观性和情绪性的逐渐减弱，才是散文诗、日常口语等语体，科技语体、操作等要求精准表述的语体则位于维度的"客观性"一端。不过，要注意的是，"主观性"也并不是制约诗歌语体语言形式和语义表现的唯一因素。

7.3　信道因素

信道，指信息传输的媒体。廖美珍（2009）认为从某种意义上来讲，从亚里士多德到现代的符号学，绝大多数的交际基本建立在语码模式（Shannon-Weaver交际模型）这一模式基础上，具体可用图7-4表示。从该语码模式图中可以看出信道在信息传输、语言交际方面的重要性，只有通过信道的内容才可以被称为信息，从"信号"到"信息"，信道会对语言的交际过程产生一定的影响。

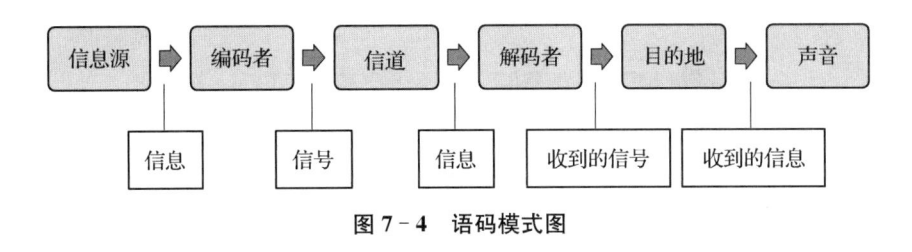

```
信息源 → 编码者 → 信道 → 解码者 → 目的地 → 声音
          ↓         ↓       ↓         ↓         ↓
         信息      信号    信息    收到的信号  收到的信息
```

图 7-4　语码模式图

通过分析，本研究发现网络聊天、诗歌等语体会受到信道大小的限制，尤其是对文字字数有限制的语体所受影响更大。与其类似的是新闻标题，新闻标题同样追求语言形式上的简洁。在这些语体中，逻辑结构标记的长度会被压缩，甚至在部分语体中还会出现零标记程度的情况。

诗歌语体除受到传输空间大小的限制外，还在很大程度上受到韵律因素的牵制，可以说，同诗歌等韵文类语体相比，新闻标题、网络聊天语体等受到信道的影响更大。

7.4　韵律因素

从汉语的历时发展路径来看，连词、关联副词等逻辑结构标记似乎是打破汉语韵律性的一个破坏性因素。通过语料分析，研究发现在韵律因素作用下，诗歌语体中会使用逻辑结构标记的删略、添加、选择等策略。从前文对诗歌语体的分析中已经可以看出韵律对语言具有强大的变则和约束力量。在诗歌等韵文类语体中，格律的作用有时甚至超过了句法规则或词形固定等一般强制力（马清华 2005：164）。本研究也确实发现韵律对语言形式所施加的强大的调整作用。在现代汉语中，韵律体诗歌和歌词等文本材料最能体现韵律因素对语言形式的影响。

韵律因素对语言的影响也可以形成一个语体分布连续统（见图 7-5）。

```
韵律性                                          非韵律性
  ←──────────────────────────────────→
诗歌、歌词、散文诗                        科技语体、操作语体
```

图 7-5　语体间的韵律性连续统

韵律与语言之间又存在较为复杂的关系。刘富华(2006)对诗歌的本性进行了探讨,认为诗歌的本质不是言志或抒情,不是再现或表现,而是人类语言的音乐性(外在韵律)和隐喻性结构(内在韵律),是人的本然存在所寓居的语言显现方式。基于前文分析,本研究初步认为,韵律之于语言是一种相当基础性的特征,只是诗歌等韵文类语体通常会将此特征放大,即诗歌等创作者需要对韵律进行极致的利用以满足自己的情绪表达需求。因此,我们认为有必要对韵律与语言的关系以及韵律与诗歌的关系进行简单的梳理。

韵律不应仅是诗歌的特征,诗歌首先是语言的一种形式,先为语言再成诗,汉语语法学界也已经对"韵律——句法"接口领域有所研究,也在一定程度上证明了韵律对词法、句法等层面的制约。但是不少研究仍旧认为韵律是诗歌语言与日常语言在外在形式上相区别的本质特征,如赵彬(2005),而且还有不少观点认为韵律、押韵是汉语诗歌较为特殊的特点,这种观点在一定程度上否认了"韵律"的跨语言性。刘世生、朱瑞青在《文体学概论》(2006:270)中就列举了英语诗歌中的一系列押韵模式,其中包括押韵(rhyme)、头韵(alliteration)、元音韵(assonance)、辅音韵(consonance)、倒押韵(reverse rhyme)、头尾韵(pararhyme)、重复韵(repetition)。该研究中所列举的这些押韵方式都证明了对于韵律、押韵甚至对偶的追求并不专属于汉语,因此,我们也更认定韵律应该被视作语言的一种基本性特征。

本研究认为相对于自然语言来说,诗歌只是一种将韵律运用到极致的语言表达形式,王德春、陈瑞端(2000:79)就对建构艺术语体韵体的一些特征进行了总结,如对双声、叠韵、拟声、儿化、叠音、声调等语言手段的使用,这些语言手段都是为了话语韵律、节奏分明而服务,因此,我们不妨将诗歌语言视为"用韵"相对极端的语体。在这种情况下,诗歌语言中的逻辑结构标记使用情况则会彰显出语言系统的某些"最大张力"特征,也就越能体现语言作为复杂适应性系统的弹性。

冯胜利(2009:143)曾经提到"外因论(即从语言外部寻找原因)"是人类探索(韵律)骈偶机制的主要观点,主要有便于记忆、避免孤证、整齐文章和美学作用。但是该研究又表明语言中韵律的机制必须从语言内部去寻求。对于此,我们的观点是,语言系统内部的变化都可寻迹至语言系统外部,但是在外部因素刺激之后,语言系统内部的各个环节也会发生连锁式变化,语言中韵律的产生也需要首先从语言外部寻找根本原因,因为如果将语言视为一个复杂的自适应系统,那么语言系统内部的变化势必有言外因素的驱动。但是同样也不可割裂初始变化发生后,语言系统内部的各种变化,只有纵观语言系统内外的变化,才可更为清晰地了解语言系统的运转机制。

7.5 人际关系因素

人际关系因素(亦可称为"角色关系")对语体的影响在公文语体和政论语体中体现得较为明显,两者均可归为"机构话语"。胡范铸(2016)也曾认为当代修辞学研究对"个人话语"研究较多,但是在一定程度上忽视了"机构话语"的研究,即指政府、企业、学校、社团等各种机构的话语,对政论语体和公文语体的研究正是对此领域的一种探索。

刘大为(2013)在进行语体变量提取的相关论述时主要涉及功能意图、人际关系和传介方式三个变量,并且认为"离开这三个维度中的任何一个,言语活动就无由发生,而其中每一个维度都是一组可供行为者选择的行为方式,也就是一个语体变量"。在更早的研究中,如王维成(1987)也认为"思想内容、话语功能、角色关系、交际方式"基本属于地位相当的四种变量。从前述这些基本认识上,我们不难发现,学界对于语体变量的提取,以及某些主要语体变量的认识有一定的研究,均涉及"角色关系、人际关系"等因素,但是对于变量之间的进一步制约关系则涉及的不多。实际上,人际关系因素又蕴含着一系列可变的下位参数,如说者与听者之间的权位差、说者与听者之间的距离、说者与听者之间的数量差等参数,任何一个参数的变化都会影响语言形式的变化。

经过前文的分析,我们发现在政论语体中,信息发出者和信息接收者之间的关系模式也直接影响语言形式策略,对本研究涉及的三种政论语体存在较为明显的分化作用。另外,前文已经提到有学者认为政论语体最主要的交际目的就是促使人们为解决所提出的问题而积极行动,特别是报告类政论文本,其最主要的目标便是能让受众接受报告,并加以行动实现言后行为。

张乃立(1987)曾提到信息论区分了"轴性交际过程"和"网性交际过程",简言之就是交际过程中"一对一"或"一对多"的区别,张文中提到政论语体这种"网性"交际过程所面对的信息受众是广泛的,因此这种人际关系基础就给信息传递设下了较"轴性交际"多得多的障碍或"过滤器",如政府工作报告,也就是为数众多的信息接收者的心理定势都将检验这一语体的信息,并按照自己已有的观念来进行"过滤"。而该文中还提到要使政论语体负载的信息能经得起这种过滤,在信息中增加众多信息接收者共同理解和接受的因素是非常必要的,其中一种过滤方法是以"引文"的形式在政论语体中添加权威性和群众性的学者的话语以起到帮助信息通过和减弱"过滤"作用,如下例所示:

(5)<u>马克思说过</u>,科学技术是生产力,事实证明这话讲得很对。依我看,科学技术是第一生产力。我们的根本问题就是要坚持社会主义的信念和原则,发展生产力,改善人民生活,为此就必须开放。(《邓小平文选》/正式谈话类政论文本)

(6)<u>马克思说</u>:"任何神话都是用想象或借助想象以征服自然

力,支配自然力,把自然力加以形象化;因而,随着这些自然力之实际上被支配,神话也就消失了。"这种神话中的(还有童话中的)千变万化的故事,虽然因为它们想象出人们征服自然力等等,而能够吸引人们的喜欢,而且最好的神话具有"永久的魅力"(马克思),但神话并不是根据具体的矛盾之一定的条件而构成的,所以它们并不是现实之科学的反映。这就是说,神话或童话中矛盾构成的诸方面,并不是具体的同一性,而是幻想的同一性。科学地反映现实变化的同一性的,就是马克思主义的辩证法。(论述类政论文本/《矛盾论》)

以上两例都是通过添加引文来增加文本的权威性和论证力度,同时起到了一定的减少"过滤"的作用,但是这种方法是说话者有意而为之,仅是增加适当的内容以提升信息的可信度。而作为一种复杂的适应性系统,在这种巨大的"过滤"压力下,语言也会采取一定的自适应措施以适应变化。

7.6 语体因素间的关系

在各种语体因素的影响下,语体中表达逻辑关系的手段也会有所消长。换句话说,为适应语体的表达需求,不同的逻辑关系表达策略会依循需求而被调用,各种表达策略之间则存在一定的互补关系或补偿关系。马清华(2008)认为作为语言众多原则或特征之一,"补偿机制"的形成或运作规律都是由语言工具性本质和系统性特征造成的。语言的诸多原则或特征都可以从某些有限的初始特性中逐级推导出来,这种初始特性就是"语言的工具性",而该文中也指出"语言的工具性本质决定了语言必然具有效用原则和优化原则,补偿活动的可能性、合理性和实施细则有很大一部分是由这两项原则提供的"。

前文涉及的"现场性、主观性、信道、韵律、人际关系"等诸多语体因素的根源或形成动因就是"语言的工具性"特征,而这些语体因素也正是自然对话语体、科技语体、政论语体、公文语体、操作语体等各语体语言形成的原因。但是这些语体因素自身的产生也需要一定的动因,本研究认为对语体语言形式产生制约作用的各语体因素都是由一个根本性语体因素(或称"语言的根本性特征")衍生而来——语言的工具性,对于语言的工具性特征和各语体因素之间的关系,可以用图7-6表示：

```
          现场性
其他因素          主观性
          语言的
          工具性
 人际关系          信道
           韵律
```

图7-6 语言的工具性特征与各语体因素衍生关系图

语言工具性形成的最终根源则是人类社会的存在以及语言的社会性本质,具体可以用下面这一关系链表示：

语言的社会性→语言的工具性→各种外部语体因素的作用→语言形式

其内核理念就是,在人类社会中,人们会使用语言在各场合各领域进行广泛的合作,语言也正是最重要的基础工具,语言学中的会话合作原则也正是基于人类社会中人与人之间这种行为上的合作。语言终归是一种为人类交际所应用的工具。因此,基于语言的工具性特征,制约语言的种种语体因素在语言系统运筹过程中自然会出现一种近似于博弈的状态。

本研究主要识别了"主观性、韵律、现场性、信道、人际关系"等语体因素,按照系统运筹语法的动力公式去观察上述因素,发现主观性和韵律因素可以归属需要层,主观性可以视为口语、诗歌等语体的内容需要,韵律可以视为诗歌等韵文类语体的形式需要。现场性因素、信道因素、人际关系因素可以视为语言系统外部的基础条件,现场性是现实世界的基础,信道的作用是语言基础,人际关系是社会性基础条件;需要层因素和基础层因素共同决定逻辑结构标记所采取的形式策略,最终形成不同的语体结果,具体运筹过程如图7-7所示:

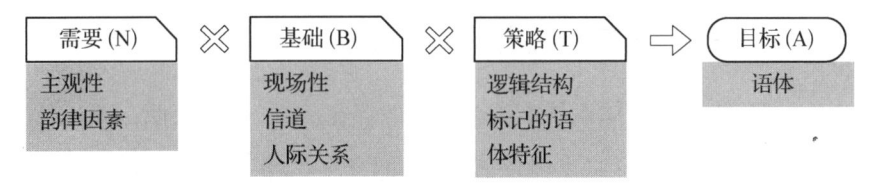

需要(N)		基础(B)		策略(T)		目标(A)
主观性 韵律因素	✕	现场性 信道 人际关系	✕	逻辑结构 标记的语 体特征	⇒	语体

图7-7 语体影响因素作用关系图

经过前文的分析,研究发现现场性是制约自然对话语体逻辑结构标记的重要因素之一;主观性因素是制约自然口语、诗歌等抒情类语体的重要因素;信道因素是制约网络聊天语体等压缩类语体的重要因素;人际关系因素是制约公文语体、政论语体的重要因素。

第八章 修辞研究与逻辑结构标记

8.1 语体的分类与语体的连续性

8.1.1 传统语体分类存在的问题

目前,由于对语体系统本质认识仍旧存在一定问题,因此传统语体分类也存在不足。以政论语体为例,我们在本次研究中发现报告类政论语体实际上很少使用显性的逻辑结构标记,整个语体样本中的各类标记使用量都非常之低,而论述类政论语体则相反。这种政论语体内部的巨大差异也可以进一步证明各种语体因素是影响是否启用逻辑结构标记的根本原因,而语体的分类也受到多种语体因素的共同影响。

从传统的语体分类角度来看,不少研究都以词汇为语体分类的标准,如王德春、陈瑞端(2000:102—108)在对政论语体的特征进行论述时就主要围绕政论词语、专门术语等,但是本书认为以词语这一表层策略作为语体聚类或分类的原则仍存在一定的问题,在本研究所涉及的与政治类相关的语体中,使用的词汇及术语方面也确实存在一定的相似性,如下列颇具政论色彩的词语:

唯物主义、实践、理性认识、教条主义、创新、稳定、协商、秩序、原则……

王德春等的观点是认为这类词语都已经政论化，是建构政论性话语的重要语料。我们虽然不能否认词汇以及某些特殊句型在语体聚类中的作用，但是如果从索绪尔的"组合关系—聚合关系"来看，在聚合关系上，上述政论性词语都是组合关系中某个位置能互相替换的符号或符号列，与那些非政治性词语之间是替换关系，这也就是狭义的聚合关系，而这些政论词汇在本质上也只是聚合关系上的待用单位。而真正制约语体底层/深层分化的则是组合关系，即语言符号的线性排列关系，这其中就包括本书所着力探讨的逻辑结构标记等虚词类。

　　因此，从索绪尔的这种"组合关系—聚合关系"视角观察传统的语体分类，则很容易发现其中的缺陷。也能看出，如将政论语体视为一个整体进行特征性分析一定会存在一些偏颇，也都说明了以词汇、典型句式（把字句、被字句等）为特点对语体聚类的不全面性。

8.1.2　语体的连续性特征

　　基于前述各章节的分析，我们发现语体并不是只受特定某一因素的制约，影响一种语体的语体因素可以形成一个"因素簇（cluster）"，而且各语体所受支配的语体因素间有一定的重合区域，如"现场性"因素影响多种口语体，如自然对话语体、演讲等典型的口语体；"人际关系"因素则影响政论语体、操作语体以及公文语体。这些因素的组合便形成了不同的语体，每种语体都会因为由不同的因素簇组合而表现出相应的特征，不同语体之间也由于受到某一相同因素的影响而表现出某些相似性。从这种机制来看，相邻语体之间的界限也确实是模糊的，而更明确一些地说，语体其实是一种连续统结构，而且不仅仅是一个以典型口语到典型书面语为两端的线性连续统，也就是说，各种语体之间的关系根本就不是一维的，更确切地说，各种语体系统之间应该是一个复杂的、多层次的动态系统。

　　在这种背景下，传统的语体分类在一定程度上是欠缺科学性的，基于此所展开的"语体研究"可信度也会大大降低。从语体的实际性质角度来分析的话,语体并不是一种二分岔的多级结构。在大多数教科书及研究成果中,以"口语—书面语"的分岔式多级结构其实只是为了教学或研究的方便,比如游汝杰、邹嘉彦(2016:40)就认为"由于说话的场合和外意图纷繁复杂,所以语体的种类也千变万化,难以列举"。但是正是这样的简化习惯操作会让我们忽视语体的本质性质,忽略了"语体因素"这一重要的研究切入口,从而也就阻碍了语体研究的进展。

更形象一点地说,不如说语体是一种更为立体化的连续性系统,不同因素的设定使得某一语言使用情况在这一连续性系统中获得一个位置,如果各制约因素中的一个发生了变化,该语体在整个语体连续性系统中的位置就会发生变化。随着新媒体的不断涌现,语体间的界限其实越来越难以严格地切分,因此本书认为语体是一个由若干子语体构成的连续统,我们在前文经常会使用自然对话语体和科技文本来进行比对分析,这也并不完全是因为两者是口语或书面语的区分,主要是两者之间的语言形式差异较大,便于入手分析。

我们不能否认语体研究正面临着研究范式上的更新,正如刘大为(2013)所述,作为学科对象的语体只能依托使用中的言语活动来考察,而不能像传统研究那样依托使用域来确定;语体研究不同于一般语言学研究之处在于它面对的是一种复杂现象,必须有一种方法对之进行分解和整合,我们对这种方法的探究就集中在语体变量这一概念之中。所以,从语体变量(或称"语体因素")入手应为推进语体研究的关键,依据使用域划分语体对语法在语体中何以变化的解释力是较为欠缺的,而且也是很难解释的。我们认为,传统的语体划分方法只是按照划分者已有个人或社团性的经验对文本进行的静态分类或者一次性分类,对语言的教学、语言的本体分析,特别是语体语法的研究并无非常大的推进作用。随着语言媒介形式的愈发多样化,决定语体的类属也变得越来越难,如网络即时聊天到底属于口语体还是属于书面语体,学界对此看法是存在分歧的,占文信(2014)将学界已有的网络聊天语体定性观点分为三种,即口语化的书面体、以书面形式表达的口语、独立的特殊语体(非口语体非书面语体)。从某种程度上来说,语体的类属从根本上就是一个界限十分模糊的概念,我们能确定的只能是某些显著语体的核心样本。对于此问题,宗守云(2013)的看法是"文本和场合是同等重要的,二者互相配合,才能决定语体的类属"。我们可以肯定的是,"文本"和"场合"一定是互相影响的,而且,语体因素一定不是简单地二分为内部因素和外部因素,因素之间的相互关系应是联动的,甚至这些因素变量之间都是有因果关系的。

对于语体因素的综合性特征,学界也已经有了一定的认识,朱军、卢芸蓉(2013)认识到语体是由"语言综合因素"的特点而非仅由语法决定,所以语体对语法的作用与影响更为凸显。我们认为朱军文中的"语言综合因素"便是多种语体因素的一种交互力量。更进一步地讲,本书认为语体是一种复杂的自适应系统,一个复杂适应性系统的性质也应是复杂的、动态的、非线性的,而且其稳定态仅是长期动态过程的一个阶段性状态,最终还是要走向新的状态。因此,不宜称一种语体具有相当的稳固性,在实际条件中,我们其实很难找出一个所谓的"稳固"的语体。有学者也认识到了语体(或体裁)的某些复杂性特征,如张滟(2008)认为"体裁的动态性是体裁的本质属性",而动态性也正是复杂适应性系统的一个显著特征。

本书并无意于去为每一种语体"描摹"其所有的语法特点,因为随着媒介的发展,语体会越细化,甚至于网络语言也都越来越细化、越来越立体,可进一步细分为"网络聊天语言、微博语言、网络直播语言……",任何一个语体因素的变化都会导致其语体的整体面貌发生改变。分语体进行语法研究与将不同语体中的语言视为同质是两种不同的研究观念,而两种语法研究观点所得出的规则和规律甚至存在着完全倒置的可能性。实际上,在面对多个语体时,我们甚至无法确定哪一种语体中的语言为"真正"的语法,是自然状态下的口语,还是教科书中的书面语?既然在如此简单基本的问题上我们都很难获得答案,这就更加说明了语体划分的难度。

因此,在这种交际场合、交际媒介和交际手段日益更新的时代,进行语体语法研究的最主要任务便是从语体因素入手,了解语体运作的机制,而不是受制于某单一语体,这样才更有助于现代汉语语法的继续研究,其研究结果也才能更为语言教学、自然语言处理等领域所用。

8.2 修辞视角下的逻辑结构标记

8.2.1 逻辑结构标记——一种消极修辞手段

语法和修辞是互动的——这一观点已经得到学界的基本认可。刘大为(2010a;2010b)提出"语法—修辞"连续统观点,马清华、汪欣欣(2016)还提到"修辞领域更多是强化的表达,修辞范式可被模式化,这种修辞上强化的衰减导致语法化和语法规则化"。而在同一研究中,作者也转引了 Dahl(2004:122)的观点,即"成熟的语法范式是修辞贬值(rhetorical devaluation)的结果"。以上共同指向了一个事实,即语法和修辞的界限是模糊的。

在传统修辞学的话语体系下,消极修辞就是使话语更加"明白"的语言手段。各逻辑结构标记以及逻辑结构标记语法化阶段可代偿的各种语言手段(如对语气副词、紧缩句式、各种构式的使用)都是使语言更加"明白",马清华(2012b)认为逻辑结构标记在语言中起到的最为重要的作用就是凸显和明示的作用,因此,从某种意义上来说,这就是一定程度的"明白"。而联系郭绍虞(1979)的研究,我们就会发现虚词大类在语言修辞方面起到的作用,这其中也当然包括本研究着力探讨的逻辑结构标记。陆俭明(2015)提到在一般文艺语体中很少使用关联标记以避免话语上的啰唆,其研究中以鲁迅描写祥林嫂的一段例子来说明文艺语体连续使用关联标记所呈现出的特殊表达效果。因此,就算从传统修辞学视角来看,对逻辑结构标记进行分析也是有必要的,因为自然语言中的逻辑推理本身就是语言的一种"修饰",如张炼强(1994:331)就认为"比喻推理就正是借助逻辑的力量来施展修辞的身手,使自己在修辞领域中占有一席之地,构成了比喻格中的引喻",其研究也系统地论述了各种修辞现象的逻辑推理依据。在传统修辞学话语体系中,不同语体中的逻辑结构标记对于语体来说就是一种消极修辞。而本研究的目的也恰在于了解语言作为复杂适应性系统的运作机制,而"修辞"在语言"复杂化—简单化"这一辩证统一的过程中也扮演着不可或缺的角色。

经过此次研究我们也发现,如果按照积极修辞和消极修辞的传统划分视角,不同语体之间逻辑结构标记的数量、性质、动因上存在明显的差异,这些标记的使用本身就是一种修辞,可归为"消极修辞"。陈望道先生在《修辞学发凡》中也提到消极修辞的标准为"意义明确、伦次通顺、词句平匀、安排稳密",这些标准与逻辑结构标记在语句中的作用是高度吻合的,当然,对逻辑结构标记的使用也只是众多可调用的消极修辞手段中的一类。既然如此,可以更进一步地认为其实大可不必纠结积极修辞和消极修辞的划分及定义,这两者在本质上都是语言系统运筹的某个阶段,而至于最后要进行到什么阶段,则要受到众多言外因素的影响。

8.2.2 修辞在语言运筹中的作用

本书是从语言复杂化与多样化角度对不同语体中的逻辑结构标记进行分析,那么从语言系统的运筹角度,"修辞"在语言复杂化和多样化过程中又扮演了哪一种角色?我们认为"修辞"对于语言系统来说就相当于"语言系统的运筹",郭熙(2004:19)曾认为修辞学除了研究语言的结构差异,还研究语言结构之外的差异,比如在语言材料相同的情况下出现的差异、语言自身矛盾运动引起的差异等。本书认为不同语体中的"修辞"也就是不同语体因素的组合对语言所施加的影响,以及语言内部随即发生的连动变化。陈望道(2008:2)在《修辞学发凡》的开篇就提到"修辞不过是调整语辞使达意传情能够适切的一种努力,既不一定是修饰,更一定不是离了意和情的修饰"。这就说明"修辞"本身就具有适应性,即是为了适应达意传情的目的而采取的一系列策略。也有研究早就指出"修辞是一个开放系统,它不仅要受到外在因素的影响,而且也受到内部不确定因素的制约,于是便会产生混沌理论中所谓的'蝴蝶效应',即在一定的阈值条件(语境)下,修辞效果或未来行为对初始条件中的变化极为敏感,一个微小的变动或偏差,将会导致未来前景的巨大差异,而这往往是难以预测的,或者带有一定的随机性"(高万云1998)。但是非常可惜,以往这类研究非常少,且鲜有深入地对某种语言现象进行系统性的分析。

以往的修辞研究缺陷正在于很少关注有哪些外在因素对语言系统内部产生影响,而系统内部又有哪些成分之间会发生连动性反应,语言系统的最终面貌又如何形成。这些问题都是本书所尝试讨论的问题,我们在书中还对逻辑结构标记进行了一定的定量分析,以弥补定性研究的不足。但是,作为一种复杂适应性系统,语体研究、语法研究乃至整个语言系统研究都不能采取完全公理化的研究。高万云(1998)也提到曾经有学者认为修辞学研究要突破瓶颈的方法就是公理化、逻辑化和量化,但是具体如何操作又未加以明确。而在语法研究领域,句法、语义结构的公理化、公式化、形式化则展开得较为广泛,但是形式学派的语法、语义研究发展得也不是特别顺利,特别是具体的句法、语义规则在自然语言处理领域的应用就遇到了很大困难,甚至阻碍了自然语言处理领域的发展,而直到20世纪70年代左右,基于统计的自然语言处理才重获新生。修辞学研究亦是如此,一定也要依托对于实际语料的考察分析,通过一定的统计分析而归纳出一定的规则。

我们认为从复杂系统原理进行此研究是一个可以尝试的方向,我们将语体和修辞问题放置于语言复杂化、多样化视角下进行研究也正是对语体研究科学化的一种追求,虽然研究仍有未尽之处,但是该方向值得努力。修辞研究或语体研究需要实现科学化研究。在很长一段时间内,语体研究似乎同文学研究关系更紧密,而且倾向于以文体分类等研究去辅佐文学的研究。近年来,语体语法的研究虽有进展,但是还远远没有上升到应用领域,当然语体语法的本体研究仍有很多工作需要继续,不过基于应用的本体研究会促使修辞或语体研究更快科学化。

总　结

　　本书从复杂系统原理视角切入,主要在系统运筹语法等理论下对语体系统的运作机制进行分析。研究以 20 种语体中的逻辑标记为研究对象,探析语体系统的分化情况和分化机制。研究主要结论为:语言系统在任何时刻都会受到言内因素和言外因素的共同制约,现场性因素、主观性因素、信道因素、韵律因素、人际关系因素等诸多因素共同对逻辑结构标记的语体特征施加影响。语言的发展历史包括语言化、结构化、标记化、结构复杂化、主观化等步骤,每一个步骤都是语言运转不可或缺的环节,而本书着力讨论的逻辑关系的标记化和标记方式等方面正是可以体现语言复杂化、多样化进程的重要步骤。

　　对逻辑结构的标记化研究发现,一是当逻辑结构标记在特定语体中被广泛而高频使用后,便可视为逻辑结构标记进入最为成熟且活跃的一个阶段。当成熟的标记渐渐不能满足语义表达需求时,或者说逻辑结构标记的语义受到磨损之后,便会激活情态标记系统、指称标记系统、结构标记系统和话语标记系统这四大标记系统之间的互动。具体表现为:情态标记、指称标记、核心词附类等,甚至是无标记手段也会被用来形成语义上的创新,以适应和满足各种新的交际性需求。二是部分逻辑结构标记会在各种语体因素的作用下开始新一轮的语法化进程,部分逻辑结构标记便会发生语义偏移,转而发展出新的逻辑语义表达功能。上述逻辑结构标记的语法化和再语法化过程在不同语体中的表现有很大的差异,整体来看,逻辑结构标记在自然口语体中的标记化活动较为活跃,在非自然口语体中也有相似的趋势,但是活跃度相对较低,在科技语体、公文语体等语体中的标记化活跃度则大大降低。

对逻辑结构标记方式的研究发现,标记方式在各种语体因素组合的共同作用下表现出程度极高的多样化,包括标记的隐现、标记的长度、标记的叠加、标记的停顿、标记的扩充等内容。如在标记的隐现方面,自然对话等语体优选单标策略,甚至当外部条件充足时,言外之义便可发挥作用使语言系统内部得以俭省,造成标记缺失等现象,这些句法手段都更符合语言本身的不完整性特征。而政论语体、辩论语体等说理性较强的语体则优选偶标策略。另外,韵律因素、信道因素等也可以在一定程度上制约和影响逻辑结构标记的方式。当一般复句中的逻辑结构标记不能满足语义表达需求,且句内的其他成分也不能完成逻辑关系表达需要时,便会使用紧缩复句、各种逻辑关系构式来表达逻辑关系,如口语和诗歌语体等对一系列压缩性句式的使用(紧缩、连谓等)。当以上所有表达手段都不能传达语义且不能达到引起人注意的要求时,新的逻辑结构标记便会应运而生,而且这种标记一般不会出现在较为正式的场合中,而是会出现在对新奇度接受程度较高且又能引起别人注意的言语场合,如网络聊天语体。相对于以上语体,科技语体、论述类政论语体等更倾向于使用形式完备的逻辑标记。

对逻辑结构标记的量化分析研究发现,各种逻辑关系在不同语体中的标记程度、标记密度和标记深度上都有不同。标记程度方面的分析就是从量化角度对逻辑标记的标记化进行观察。在标记密度方面,语体因素也时刻施加影响,其中自然对话语体中的标记密度较低,明显低于政论语体和科技语体等。在标记深度方面,科技语体也有较为显著的表现,本书发现其逻辑深度和包孕深度都较口语体表现出更深的层次,因此也更多地利用可扩充式的并列标记,这也说明并列关系确实不是一种低级的逻辑关系,其在句子复杂化和多样化方面起到非常重要的作用。量化视角下的逻辑结构标记分析更能体现语言的复杂性,对进一步揭示语言复杂性现象之间的内在联系和复杂化机制有重要意义。

在对逻辑结构标记的语体特征进行归纳时,本书以研究中的主要语体类别为纲,对逻辑结构标记的标记化、标记方式、标记度等特征进行再归纳和再分析,并基于标记特征群探析语体形成的动因,发现语言系统在任何时刻都会受到言外因素的制约。本书从语言系统运筹的角度入手,兼顾语体形成和运作过程中的种种影响因素,关注语体形成的基础性因素,如现场性因素、主观性因素等,并对各个语体因素之间的关系进行系统梳理。在不同语体因素的作用下,各个语体中逻辑关系的表达手段也会有所消长,为适应语体的表达需求,不同的逻辑关系表达策略会依循需求而被调用,各种表达策略之间则存在一定的补偿关系,而这种补偿机制的形成或运作规律都是由语言工具性本质和系统性特征造成的。语言的诸多原则或特征都可以从某些有限的初始特性中逐级推导出来,这种初始特性就是"语言的工具性",现场性、主观性、信道、韵律、人际关系等诸多语体因素的根源或形成动因就是"语言的工具性"特征,这些语体因素也正是自然对话语体、科技语体、政论语体、公文语体、操作语体等各语体语言形成的原因。

对于语体分类和语体的本质研究发现,传统语体研究、修辞研究的语体分类存在一定的问题,不管是以媒介为标准划分,还是以功能为标准划分,抑或是以内容为标准进行划分,都不能有助于我们把握语体的分化机制。本书的观点是当前学界对于语体的划分基本都是出于教学或文学研究的目的,实际上,如果从语体形成的机制上看,语体划分的难度是非常高的。随着新媒体的不断产生,划分的难度只会越来越高。对语体产生聚类作用的一系列语体因素,如现场性因素、主观性因素、信道因素、韵律因素、人际关系因素等,正是这些语体因素的不同组合,使得语体得以分化。因此,从语体因素考虑也应视为了解语体分化的关键。

本研究创新主要体现在以下三个方面。1. 探索语体语法研究范式,目前学术界对语体语法研究并无成熟的研究范式,本书从逻辑结构标记入手，观察其在不同语体中的标记化、标记方式以及标记程度等量化指标的不同，力求探析各个语体系统的分化机制。2. 建立逻辑标记特征系统。本书不只关注特定逻辑结构标记在各语体中的简单分布，而是选择从微观视角对逻辑结构标记化、逻辑结构标记方式、逻辑关系的标记程度、标记密度、标记深度等标记的形义特征进行分析，之后再以语体为纲，对各语体中的逻辑结构标记特征群进行系统性分析。3. 提取语体因素。本书在复杂系统原理背景下，将语言视作一种复杂动态适应性系统，力求从语言系统内外多方面寻求语体变异的动因，依循语言系统的运筹机制来提取对逻辑结构标记语体分化产生影响的各种语体因素。

参考文献

[1] [美]鲍尔·J.霍伯尔,伊丽莎白·克劳丝·特拉格特.语法化学说[M].2版.梁银峰,译.上海:复旦大学出版社,2008.

[2] 曹秀玲."说"和"是"与关联词语组合浅谈[J].中国语文,2012(5):437-446.

[3] 陈钒.语言节奏提取及其在文本分析中的应用[D].天津:天津大学,2011.

[4] 陈海霞.情态动词的语境假设转换指示功能分析[J].山东理工大学学报(社会科学版),2010,26(5):75-78.

[5] 陈衡.汉语词长的计量研究[D].杭州:浙江大学,2016.

[6] 陈柯言.现代汉语操作类说明语体中假设标记研究[D].开封:河南大学,2015.

[7] 陈睿.基于少数民族预科汉语教学的现代汉语话语标记研究[D].长春:吉林大学,2015.

[8] 陈望道.修辞学发凡[M].上海:复旦大学出版社,2008.

[9] 陈芯莹,刘海涛.语义、句法网络作为语体分类知识源的对比研究[J].计算机工程与应用,2014(2):10-14.

[10] 陈振宁.现代汉语条件标记语法化和条件关系研究[A].2014年"语言的描写与解释"国际学术研讨会[C].中国上海,2014.

[11] 陈中干.现代汉语复句研究[M].北京:语文出版社,1995.

[12] 池昌海,曹沸.回指形式选择的修辞制约及其功能[J].当代修辞

学,2012(1):56-63.

[13] 储泽祥,刘琪.制约"忽然"句法位置的若干语用因素[J].世界汉语教学,2014(4):498-507.

[14] 储泽祥,陶伏平.汉语因果复句的关联标记模式与"联系项居中原则"[J].中国语文,2008(5):410-422.

[15] 崔承恩.现代汉语情态副词研究[D].北京:中国社会科学院,2002.

[16] 戴耀晶.现代汉语时体系统研究[M].杭州:浙江教育出版社,1997.

[17] 邓耀臣,冯志伟.词汇长度与词汇频数关系的计量语言学研究[J].外国语,2013(3):29-39.

[18] 邓玉琼.现代汉语或然模态逻辑初探[D].南宁:广西师范大学,2006.

[19] 丁金国.语体构成成分研究[J].修辞学习,2007(6):8-14.

[20] 丁金国.语体的属性及其运行机制[J].烟台大学学报(哲学社会科学版),2014(2):104-115.

[21] 董淑慧."V+X+算+X"构式的语义功能及语义网络——兼及与"V+X+是+X"构式的转换[J].语言与翻译,2014(2):27-32.

[22] 董秀芳.汉语的词库与词法[M].2版.北京:北京大学出版社,2016.

[23] 方菁,郭继荣.系统聚类在英语外交新闻计量文体特征中的应用[J].情报杂志,2018(3):171-177.

[24] 方梅.语体动因对句法的塑造[J].修辞学习,2007(6):1-7.

[25] 封宗信.语言的不确定性与系统功能语法中的模糊性[J].外语学刊,2012(5):41-47.

[26] 冯胜利.汉语的韵律、词法与句法[M].北京:北京大学出版社,2009.

[27] 冯胜利.论语体的机制及其语法属性[J].中国语文,2010(5):400-412.

[28] 冯胜利.语体语法:"形式-功能对应律"的语言探索[J].当代修辞学,2012(6):3-12.

[29] 冯志伟.奇普夫定律的来龙去脉[J].情报科学,1983(2):37-42.

[30] 高顺全."与其 p,不如 q"格式试析[J].南开语言学刊,2004(1):93-98.

[31] 高顺全.过程语体的几种成品形式及其语体特点——以"菜的做法介绍"为例[J].当代修辞学,2012(6):61-70.

[32] 高万云.混沌理论对汉语修辞学的启示[J].修辞学习,1998(2):1-2.

[33] 高治宇.祈使句的逻辑性质及语用分析[J].攀枝花学院学报,2011(2):87-91.

[34] 耿直.基于语料库的比较句式"跟、有、比"的描写与分析[D].北京:北京大学,2012.

[35] 顾黄初.议论与思辨——略论"议论能力"的培养[J].扬州师院学报(社会科学版),1982(1):101-104.

[36] 郭绍虞.汉语语法修辞新探[M].北京:商务印书馆,1979.

[37] 郭熙.中国社会语言学[M].增订本.杭州:浙江大学出版社,2004.

[38] 贺阳.试论汉语书面语的语气系统[J].中国人民大学学报,1992(5):59-66.

[39] [德]J.G.赫尔德.论语言的起源[M].姚小平,译.北京:商务印书馆,1998.

[40] 胡范铸.理论与现象:当代修辞学研究的五十个问题(下)[J].当代修辞学,2016(3):13-23.

[41] 胡明扬,劲松.流水句初探[J].语言教学与研究,1989(4):42-54.

[42] 胡明扬.《牵手》歌词中的语法等三题[J].语言教学与研究,1996(3):94-96.

[43] 胡壮麟.认知隐喻学[M].北京:北京大学出版社,2004.

[44] 黄大祥.紧缩复句浅论[J].逻辑与语言学习,1990(4):37-40.

[45] 黄伟,刘海涛.汉语语体的计量特征在文本聚类中的应用[J].计算机工程与应用,2009(29):25-27.

[46] [苏]M.H.科任娜.俄语功能修辞学[M].白春仁,郭聿楷,赵陵生等,译.北京:外语教学与研究出版社,1982.

[47] [俄]A.M.科托夫,董达武.汉语句法现象的功能分层[J].复旦学报(社会科学版),1986(6):75-82.

[48] 李会荣."与其 p,不如 q"格式的语义关系新探[J].语文研究,2008(4):21-24.

[49] 李熙宗.语体学的研究方法探析[J].平顶山学院学报,2011(1):101-107.

[50] 李向农.现代汉语时点时段研究[M].武汉:华中师范大学出版社,2003.

[51] 李小荣.说"省得"[J].汉语学习,1992(4):3-11.

[52] 梁洁英.略谈公文语体[J].当代修辞学,1985(1):21-22.

[53] 梁珊珊,杨峥琳.韩国学生口语多重因果转折语篇使用情况分析[J].世界汉语教学,2016(3):356-367.

[54] 廖美珍.目的原则与交际模式研究[J].外语学刊,2009(4):62-64.

[55] 刘丙丽,牛雅娴,刘海涛.汉语词类句法功能的语体差异研究[J].语言教学与研究,2013(5):97-104.

[56] 刘大为.从语法构式到修辞构式(上)[J].当代修辞学,2010a(3):7-17.

[57] 刘大为.从语法构式到修辞构式(下)[J].当代修辞学,2010b(4):14-23.

[58] 刘大为.论语体与语体变量[J].当代修辞学,2013(3):1-22.

[59] 刘丹青.语序类型学与介词理论[M].北京:商务印书馆,2003.

[60] 刘富华.中国新诗韵律与语言存在形态现状研究[D].长春:吉林大学,2006.

[61] 刘华林.汉语"超词形式"关联词语研究述评[J].云南师范大学(对外汉语教学与研究版),2019(5):78-83.

[62] 刘立华.语体变异研究的范式流转[J].福建师范大学学报(哲学社

会科学版),2015(2):95-99.

[63] 刘林,陈振宇.从"了、着、过"看操作和说明语体问题[J].当代修辞学,2012(6):71-82.

[64] 刘世生,朱瑞青.文体学概论[M].北京:北京大学出版社,2006.

[65] 刘艳春,胡凤国,赵艺.辩论与演讲语体多维度、多特征对比研究[J].语言教学与研究,2016(6):103-112.

[66] 刘艳春.汉语语体变异的多维度分析——基于17个语体72项语言特征的考察[J].江汉学术,2019(3):100-110.

[67] 刘颖,肖天久.《红楼梦》计量风格学研究[J].红楼梦学刊,2014(4):260-281.

[68] 刘颖.统计语言学[M].北京:清华大学出版社,2014a.

[69] 刘颖.环境语言输入与儿童语言习得相关性计量研究[J].语言教学与研究,2014b(5):43-51.

[70] 楼志新.浅析朱总理《政府工作报告》的语体特征[J].浙江海洋学院学报(人文科学版),1999(4):41-45.

[71] [法]卢梭.论语言的起源[M].洪涛,译.上海:上海人民出版社,2003.

[72] 陆丙甫,金立鑫.关于多重复句的层次问题[J].汉语学习,1988(5):4-7.

[73] 陆俭明.消极修辞有开拓的空间[J].当代修辞学,2015(1):1-8.

[74] 骆健飞.韵律、语体、语法:汉语动词辨析及教学的新视角[J].云南师范大学学报(对外汉语教学与研究版),2015(1):34-40.

[75] 吕叔湘.汉语语法分析问题[M].北京:商务印书馆,1979.

[76] 吕叔湘.现代汉语八百词(增订本)[M].北京:商务印书馆,1999.

[77] 马清华.关联成分的语法化方式[J].中央民族大学学报(哲学社会科学版),2003(3):120-124.

[78] 马清华.并列结构的自组织研究[M].上海:复旦大学出版社,2005.

[79] 马清华.语义的多维研究[M].北京:语文出版社,2006.

[80] 马清华.偶举成分的并列格式化条件[J].汉语学报,2007(3):16-30.

[81] 马清华.补偿:语言的一种共时动态机制[J].修辞学习,2008(4):1-13.

[82] 马清华.错综关系下例外的形成——汉语离合词成因再探[J].语言科学,2009(2):172-187.

[83] 马清华.论叹词形义关系的原始性[J].语言科学,2011(5):482-496.

[84] 马清华.系统原理下的语言问题[M].上海:上海人民出版社,2012a.

[85] 马清华.复句的系统复杂化与自繁殖[J].山西大学学报(哲学社会科学版),2012b(1):38-48.

[86] 马清华,汪欣欣.何谓语言的复杂性[J].当代修辞学,2016(3):24-39.

[87] 马清华.汉语情态统辖结构的整合与变异[J].山西大学学报(哲学社会科学版),2017(1):74-84.

[88] [瑞典]麦蒂森,[英]韩礼德.系统功能语法:理论之初探[M].黄国文,王红阳,译,北京:高等教育出版社,2009.

[89] 孟晓亮,侯敏.话语标记的语体特征研究及应用[J].中文信息学报,2009,23(4):34-39.

[90] 聂绛雯.图像化变量与新闻播报的语体变化——从纸媒新闻到电视新闻[J].当代修辞学,2014(3):14-28.

[91] 钱韧韧.现代汉语虚词与现代汉语诗歌研究[D].武汉:华中师范大学,2014.

[92] [美]塞缪尔·早川,艾伦·早川.语言学的邀请[M].柳之元,译.北京:北京大学出版社,2015.

[93] 沈家煊.不对称与标记论[M].南昌:江西教育出版社,1999.

[94] 沈家煊.语言的"主观性"和"主观化"[J].外语教学与研究,2001

(4):268-275.

[95] 沈家煊.超越主谓结构——对言语法和对言格式[M].北京:商务印书馆,2019.

[96] 盛蕾,张艳华.现代汉语拷贝结构的研究现状及展望(1984—2018)[J].云南师范大学学报(对外汉语教学与研究版),2018(6):65-80.

[97] 施春宏.句式分析中的构式观及相关理论问题[J].汉语学报,2013(2):23-38.

[98] 石毓智.肯定与否定的对称与不对称[M].北京:北京语言文化大学出版社,2001.

[99] 宋晖.话语标记研究三题[J].外语教学,2014,35(4):29-32.

[100] [日]太田辰夫.中国语历史文法[M].蒋绍愚,徐昌华,译.北京:北京大学出版社,2003.

[101] 谭方方.广义转折关系的语义新分类与句法验证:以汉英语为例[J].外语教学与研究,2014(5):678-690.

[102] 陶红印.试论语体分类的语法学意义[J].当代语言学,1999(3):15-24.

[103] 陶红印.操作类说明语体中动词论元结构的实现及语用原则[J].中国语文,2007(1):3-13.

[104] 陶红印,刘娅琼.从语体差异到语法差异(上)——以自然会话与影视对白中的把字句、被动结构、光杆动词句、否定反问句为例[J].当代修辞学,2010a(1):37-44.

[105] 陶红印,刘娅琼.从语体差异到语法差异(下)——以自然会话与影视对白中的把字句、被动结构、光杆动词句、否定反问句为例[J].当代修辞学,2010b(2):22-27.

[106] 涂梦春,刘颖.余华与莫言长篇小说的计量统计和分析[J].中文信息学报,2019(2):131-142.

[107] 万光荣.现代汉语二合复句中分句语气异类组配研究[D].武汉:华中师范大学,2012.

[108] 汪欣欣.有标紧缩复句量范畴分析与构式语块教学法研究[D].沈阳:辽宁大学,2014.

[109] 汪欣欣.认知隐喻视角下的文学成像分析[J].北京教育学院学报,2015(3):19-24.

[110] 汪欣欣.基于逻辑结构标记的政治话语体系内部分化机制研究[J].当代修辞学,2018(5):74-84.

[111] 王安节,鲍海涛.中华书面语词典[M].长春:吉林文史出版社,2003.

[112] 王灿龙.重动句补议[J].中国语文,1999(2):122-125.

[113] 王崇.百年汉语语体演变与社会变革关系研究[D].哈尔滨:黑龙江大学,2015.

[114] 王德春,陈瑞端.语体学[M].南宁:广西教育出版社,2000.

[115] 王洪君,李榕,乐耀."了$_2$"与话主显身的主观近距交互式语体[J].语言学论丛(第四十辑),2009:312-333.

[116] 王瑾.语码转换研究的系统功能语言学视角[J].中国外语,2011(3):38-44.

[117] 王珏.语言内部补偿论[M].香港:天马图书馆有限公司,2001.

[118] 王克喜.语言与逻辑[M].北京:中国书籍出版社,2015.

[119] 王力.中国现代语法[M].北京:商务印书馆,1985.

[120] 王力.古代汉语常识[M].北京:北京出版社,2015.

[121] 王姝,王光全.论叠加结构[J].汉语学习,2014(4):22-29.

[122] 王天佑."与其"句式历时演变的规律及诱因[J].延安大学学报(社会科学版),2010(2):90-94.

[123] 王天佑.取舍主体人称的选择对"与其"句式表达的影响[J].山西大学学报(哲学社会科学版),2011(1):65-70.

[124] 王维成.超语言因素和语体分类[J].当代修辞学,1987(1):5-8.

[125] 王维贤,张学成,卢曼云,等.现代汉语复句新解[M].上海:华东师范大学出版社,1994.

[126] 王文斌.从独语句的存在看汉语的空间性特质[J].当代修辞学,2018(2):44-54.

[127] 王希杰.汉语修辞学[M].北京:商务印书馆,2014.

[128] 王晓雯.现代汉语起始体研究[D].上海:上海师范大学,2012.

[129] 王洋,刘宇凡,陈清华.汉语言文学作品中词频的 Zipf 分布[J].北京师范大学学报(自然科学版),2009(4):424-427.

[130] 吴碧宇.汉语句子话题链的认定及其意义研究[D].北京:中央民族大学,2010.

[131] 吴军.数学之美[M].2版.北京:人民邮电出版社,2014.

[132] 吴世伟.新加坡小学华文教材的句子复杂化问题研究[J].宏观语言学,2016(5):109-148.

[133] 萧申生.G.Herdan 的言语风格统计学[J].语言研究,1982(3):104-117.

[134] 邢福义.汉语复句研究[M].北京:商务印书馆,2001.

[135] 徐赳赳,(美)Jonathan J W.复句研究与修辞结构理论[J].外语教学与研究,1999(4):16-22.

[136] 徐默凡.网聊语体示情手段研究——兼论传介方式对不同语体示情手段的制约作用[J].当代修辞学,2014(4):19-32.

[137] 徐晓羽."一+名"式双音节词的词汇化和语法化及相关问题研究[M].上海:复旦大学出版社,2014.

[138] 许彩云.汉语指令性语体研究[D].上海:上海外国语大学,2014.

[139] 许钟宁.修辞手段与语体手段[J].宁夏大学学报(人文社会科学版),2007(5):8-11.

[140] 许祖华.鲁迅小说中的议论性话语及修辞的意义[J].山西大学学报(哲学社会科学版),2016(2):25-35.

[141] 杨百顺.祈使逻辑的特征及应用[J].逻辑与语言学习,1987(5):2-4.

[142] 杨黎黎.认识情态词向让步标记的发展[J].汉语学报,2012(4):

16-23.

[143] 姚双云.复句关系标记的搭配研究[M].武汉:华中师范大学出版社,2008.

[144] 姚双云.连词与口语语篇的互动性[J].中国语文,2015(4):329-340.

[145] 姚锡远.试论语体的深层对立[J].河北大学学报(哲学社会科学版),1990(S1):54-57.

[146] 姚尧."或"和"或者"的语法化[J].语言研究,2012(1):49-54.

[147] 叶林海.语体的形成与语言外部因素[J].阜阳师范学院学报(社会科学版),1994(1):86-90.

[148] 游汝杰,邹嘉彦.社会语言学教程[M].上海:复旦大学出版社,2016.

[149] 袁晖.论语体词[J].修辞学习,2004(3):15-20.

[150] 袁毓林.现代汉语虚词模糊划分的隶属度量表[J].汉语学报,2005(4):12-21.

[151] 袁毓林.汉语配价语法研究[M].北京:商务印书馆,2010.

[152] 原苏荣.汉英关联副词语篇衔接功能的共性[J].西安外国语大学学报,2009(3):22-26.

[153] 原苏荣.汉语特殊类词语——副词性关联词语的性质特点和界定标准[J].西安外国语大学学报,2015(1):12-15.

[154] 曾亚军,曾益,李泽娟.传播视域中网络语言的碎片化及应对策略[J].编辑之友,2013(12):59-61.

[155] 占文信.关于网络语言语体的定性研究[D].南昌:南昌大学,2014.

[156] 张伯江.功能语法与汉语研究[J].语言科学,2005(6):42-53.

[157] 张伯江.语体差异和语法规律[J].修辞学习,2007(2):1-9.

[158] 张伯江.汉语限定成分的语用属性[J].中国语文,2010(3):195-207.

[159] 张伯江.以语法解释为目的的语体研究[J].当代修辞学,2012(6):13-22.

[160] 张伯江,方梅.汉语功能语法研究[M].北京:商务印书馆,2014.

[161] 张聪.汉语词频的历时演化研究[D].杭州:浙江大学,2017.

[162] 张聪,刘海涛.词频计量指标与汉语语体演化[J].外语教学,2018(2):19-24.

[163] 张惠民.语言逻辑辞典[M].西安:世界图书出版社,1995.

[164] 张姜知."把"字宾语的指称类型及其语体相关性[J].当代修辞学,2012(2):53-56.

[165] 张京鱼.汉语直接否定拒绝句式"并不/没有"的语义背景和使用条件[J].世界汉语教学,2008(1):49-57.

[166] 张炼强.修辞理据探索[M].北京:首都师范大学出版社,1994.

[167] 张璐."问题是"的话语标记化[J].语言研究,2015(2):28-32.

[168] 张乃立.政论语体与交际过程模式诸变量[J].上海大学学报(社会科学版),1987(3):92-96.

[169] 张雪平."如果"类假设连词的语义功能与语用分布[J].汉语学习,2014(1):69-74.

[170] 张滟."拓扑"视角下的动态体裁研究[J].修辞学习,2008(1):19-24.

[171] 张玉玲.网络语言的语体学研究[D].上海:复旦大学,2008.

[172] 赵彬.挣脱文字梦魇后的舞蹈与歌唱[D].长春:吉林大学,2005.

[173] 赵春利,何凡.副词"索性"的话语关联与情态验证[J].世界汉语教学,2020(3):367-378.

[174] 赵雅青.历时视角下的汉语有标紧缩句及其紧缩机制[D].武汉:华中师范大学,2014.

[175] 赵元任.北京口语语法[M].李荣,编译.北京:开明书店,1952.

[176] 赵元任.汉语口语语法[M].吕叔湘,译.北京:商务印书馆,1979.

[177] 甄珍.现代汉语主观极量构式"要多A有多A"研究[J].汉语学

习,2015(1):57-66.

[178] 中国社会科学院语言研究所词典编辑室.现代汉语词典(第7版)[M].北京:商务印书馆,2016.

[179] 朱斌.并列句关联模式的类型学问题[J].语言研究,2015(1):101-109.

[180] 朱德熙.语法讲义[M].北京:商务印书馆,1982.

[181] 朱德熙.现代汉语语法研究的对象是什么?[A].季羡林,主编.袁毓林,编.20世纪现代汉语语法八大家·朱德熙选集[C].长春:东北师范大学,2001.

[182] 朱军,李丽君."你A你的(X),我B我的(Y)"的构式化及其语体特征的复杂性[J].武陵学刊,2015(6):100-108.

[183] 朱军,卢芸蓉.语体与语法关系:制约与变量[J].云南师范大学学报(对外汉语教学与研究版),2013(4):42-48.

[184] 自然.汉语全量对举构式群"要A有/没/就A,要B有/没/就B"研究[D].湘潭:湘潭大学,2015.

[185] 宗守云.论语体的制约因素及原型效应[J].当代修辞学,2013(1):66-71.

[186] 邹玉华.异形词的语用值即标示值分析[J].语言文字应用,2005(1):51-57.

[187] 左思民.话语语法研究的性质、范围和对象[A].马庆株,编.语法研究入门[C].北京:商务印书馆,1999:281-293.

[188] Andrason A. Language complexity: an insight from complex-system theory [J]. International Journal of Language and Linguistics, 2014, 2(2): 74-89.

[189] Berger C R, Bradac J J. Language and social knowledge: uncertainty in Interpersonal Relations[M]. London: Edward Arnold, 1982.

[190] Biber D. Dimensions of register variation: a cross-linguistic

comparison[M]. Cambridge: Cambridge University, 1995.

[191] Biber D, Conrad S. Register, genre, and style[M]. New York: Cambridge University Press, 2009.

[192] Croft W. Typology and universals[M]. 2nd ed. Cambridge: Cambridge University Press, 2002.

[193] Dahl Ö. The growth and maintenance of linguistic complexity[M]. Amsterdam and Philadephia: John Benjamins, 2004.

[194] Degaetano-Ortlieb S, Lapshinova-Koltunski E, Teich E. Feature discovery for diachronic register analysis: a semi-automatic approach[C]. Proceedings of the Language Resources and Evaluation, 2012.

[195] Giménez-Moreno R, Skorczynska H. Analysis and register variation: a field in need of an update[J]. Social and Behavioral Science, 2013(95): 402 – 408.

[196] Goldberg A E. Constructions: a construction approach to argument structure[M]. Chicago and London: The University of Chicago Press, 1995.

[197] Halliday M A K. Spoken and written language[M]. Oxford: Oxford University Press, 1989.

[198] Halliday M A K, McIntosh A, Strevens P D. The linguistic science and language teaching[M]. London: Longman, 1964.

[199] Heine B, Kuteva T. World lexicon of grammaticalization[M]. Cambridge: Cambridge University Press, 2002.

[200] Hou R, Huang C, Zhou M, et al. Distance between Chinese registers based on the Menzerath — Altmann law and regression analysis[J]. Glottometrics, 2019a(45): 24 – 57.

[201] Hou R, Huang C. Robust stylometric analysis and author attribution based on tones and rimes[J]. Natural Language

Engineering, 2019b, 26(1): 1 - 23.

[202] Hunt K W. Grammatical structures written at three grade levels [R]. Illinois: National Council of Teachers of English, 1965.

[203] Köhler R. Quantitative syntax analysis[M]. Berlin: De Gruyter Mouton, 2012.

[204] Lamarre C. Teaching Chinese motion events to speakers of typologically distant languages[A]. 国际中国语言学学会第24届年会[C].北京,2016.

[205] Lloyd S. Measures of complexity: a nonexhaustive list [J]. IEEE Control Systems. 2001(21): 7 - 8.

[206] Lu X. Automatic analysis of syntactic complexity in second language writing [J]. International Journal of Corpus Linguistics, 2010, 15(4): 474 - 496.

[207] Massip-Bonet À. Language as a complex adaptive system: towards an integrative linguistics[A]. Understanding Complex System: Complexity Perspective on Language, Communication and Society[C]. Berlin and Heidelberg: Springer-Verlag, 2013: 34 - 60.

[208] Mitchell M. Complexity: a guided tour[M]. New York: Oxford University Press, 2009.

[209] Ochs E, Schieffelin B. Language has a heart [J]. The Pragmatics of Affect, 1989(1): 7 - 25.

[210] Popescu I I, Altmann G. Word frequency studies[M]. Berlin: Mouton de Gruyter, 2009.

[211] Schoenemann P T. Syntax as an emergent characteristic of the evolution of semantic complexity [J]. Minds and Machines. 1999(3): 309 - 346.

[212] Sinclair J. Corpus, concordance, collocation [M]. Oxford: Oxford University Press, 1991.

[213] Sinnemäki K. Language universals and linguistic complexity-three case studies in core argument marking [D]. Helsinki: University of Helsinki, 2011.

图书在版编目(CIP)数据

现代汉语逻辑结构标记的语体差异研究 / 汪欣欣著
. —南京：南京大学出版社，2022.12
　　ISBN 978－7－305－26412－2

　　Ⅰ．①现… Ⅱ．①汪… Ⅲ．①现代汉语－语义结构－研究 Ⅳ．①H136

　　中国版本图书馆 CIP 数据核字(2022)第 245624 号

出版发行　南京大学出版社
社　　址　南京市汉口路 22 号　　邮　编　210093
出 版 人　金鑫荣

书　　名　现代汉语逻辑结构标记的语体差异研究
著　　者　汪欣欣
责任编辑　荣卫红　　　　　　　编辑热线　025－83685720
照　　排　南京开卷文化传媒有限公司
印　　刷　南京百花彩色印刷广告制作有限责任公司
开　　本　718 mm×1000 mm　1/16　印张 16　字数 223 千
版　　次　2022 年 12 月第 1 版　2022 年 12 月第 1 次印刷
ISBN 978－7－305－26412－2
定　　价　68.00 元

网　　址：http://www.njupco.com
官方微博：http://weibo.com/njupco
微信服务号：njuyuexue
销售咨询热线：(025)83594756

﹡版权所有，侵权必究
﹡凡购买南大版图书，如有印装质量问题，请与所购
　图书销售部门联系调换